将军县的红色之源

安徽金寨干部学院
中共金寨县委党史和地方志研究室　编著

国家行政学院出版社
NATIONAL ACADEMY OF GOVERNANCE PRESS
·北京·

图书在版编目（CIP）数据

将军县的红色之源/安徽金寨干部学院，中共金寨县委党史和地方志研究室编著 . —北京：国家行政学院出版社，2022. 8（2022. 11 重印）
ISBN 978-7-5150-2693-0

Ⅰ. ①将… Ⅱ. ①安… ②中… Ⅲ. ①第二次国内革命战争—史料—文集 Ⅳ. ①K263. 06-53

中国版本图书馆 CIP 数据核字(2022)第 117046 号

书　　名	将军县的红色之源 JIANGJUNXIAN DE HONGSE ZHI YUAN
作　　者	安徽金寨干部学院　中共金寨县委党史和地方志研究室　编著
责任编辑	陈　科　陆　夏
出版发行	国家行政学院出版社 （北京市海淀区长春桥路 6 号，100089）
综 合 办	(010)68928903
发 行 部	(010)68928866
经　　销	新华书店
印　　刷	北京九州迅驰传媒文化有限公司
版　　次	2022 年 8 月北京第 1 版
印　　次	2022 年 11 月北京第 2 次印刷
开　　本	170 毫米×240 毫米　1/16
印　　张	16. 25
字　　数	319 千字
定　　价	75. 00 元

本书编写委员会

主　编　胡遵远

副主编　马贤军　胡本昌　乐登高

成　员　郑贤杰　沈雁明　王亚丽

序　　言

2019 年是中华人民共和国成立 70 周年，也是立夏节起义（也称商南起义）和六霍起义胜利 90 周年。

金寨，是中国革命的重要策源地、人民军队的重要发源地。90 年前，在中国共产党的坚强领导下，著名的立夏节起义和六霍起义不仅取得了全面胜利，而且迅速组建了红三十二师、红三十三师两支队伍，创立了豫东南、皖西两块革命根据地。随后，这两块根据地与黄麻起义建立的鄂豫边根据地共同形成了仅次于中央革命根据地的全国第二大根据地——鄂豫皖革命根据地。

90 年前，鄂豫皖苏区三大起义中，立夏节起义在金寨爆发，六霍起义主要在金寨爆发。这里先后诞生了红一军独立旅、中央独立第一师、中央教导第二师、红二十五军、重建的红二十八军等多支红军部队。金寨既是鄂豫皖苏区的核心区，又是抗战初期安徽乃至大别山区的领导中心。革命战争年代，金寨有 10 万优秀儿女参加了革命，绝大多数为国捐驱，解放后被追认为烈士的有 11000 多人，占安徽省革命烈士总人数的 1/5。英雄的金寨人民为中国革命的胜利和新中国的诞生作出了重大贡献。

回顾峥嵘岁月，缅怀革命先烈，传承红色基因。2019 年，安徽省、六安市、金寨县各级主办了包括召开“纪念立夏节起义（商南起义）和六霍起义胜利 90 周年大会”和“纪念立夏节起义（商南起义）和六霍起义胜利 90 周年研讨会”在内的一系列纪念活动。

其中，征文和研讨活动由中国人民解放军军事科学院军队政治工作研究院、中共安徽省委党史研究院、安徽省军区政治工作局、中共六安市委联合主办。共收到来自全国各地的征文 147 篇，经相关专家匿名评审，评出一等奖 4 篇、二等奖 11 篇、三等奖 17 篇、优秀奖 26 篇。这些文章体现了对金寨是“中国革命的重要策源地、人民军队的重要发源地”的考辩论证，对两大起义在中国革命史和人民军队建设史上的重要地位及伟大意义的深刻阐释，对“大别山精神”的历史思考和总结，具有较高的理论水平。

为了充分发挥各项纪念活动的持续效应，我们特将获奖征文进行精选并以《将军县的红色之源》为名结集出版（本书只收集了一、二等奖和部分三等奖文章）。这对于弘扬两大起义精神、传承红色基因必将起到十分积极而重要的作用。

不足之处，敬请各位批评指正。

胡遵远

2019 年 12 月

目 录

试论党在早期领导武装斗争中政治工作的经验与启示
——以立夏节起义、六霍起义为例 …………………………………… 1
土地革命战争时期鄂豫皖革命根据地妇女运动研究 …………………… 11
彪炳史册 永载千秋——浅议立夏节起义的历史地位和成功经验 ……… 20
浅析金寨县红色祠堂的功能
——以《红色印迹——金寨县革命遗址集萃》为考察中心 ………… 26
旧传统与新革命：中共对于皖西大刀会的革命动员述略 ……………… 32
立夏节起义的成功经验及重要意义 …………………………………… 41
新时代领导干部应从红二十五军长征中学习运用“六大思维能力” …… 50
立夏节起义前后豫东南地区党组织建设研究 ………………………… 57
简述鄂豫皖三年游击战争的历史地位 ………………………………… 65
试论中国共产党在六霍起义中的领导作用 …………………………… 74
“两大起义”的胜利与宣传发动群众的关系及当代启示 ……………… 83
简论金寨是人民军队的重要发源地 …………………………………… 90
激活“红色基因” 擦亮江淮底色
——从习近平总书记“共和国是红色的，不能淡化
这个颜色”谈起 …………………………………………………… 102
论鄂豫皖革命根据地的重要地位 ……………………………………… 111
大别山精神是金寨革命老区加快脱贫攻坚步伐的助推器和加油站 ……… 119
鄂豫皖苏区时期社会教育研究 ………………………………………… 127
试论商南起义在探索中国革命中的地位和作用 ……………………… 135
六霍起义的英雄精神及其时代价值 …………………………………… 144
皖西革命根据地创建期间的党风廉政建设 …………………………… 151
坚持党的领导是立夏节起义和六霍起义成功的根本保证 ……………… 160
从立夏节起义、六霍起义的胜利看中国共产党的责任担当 …………… 168

"不忘初心、牢记使命"主题教育视域下的大别山红色文化的价值与利用 …… 176
立夏节起义取得成功的因素浅析 …… 184
立夏节起义、六霍起义的卓越功勋 …… 192
大别山的脊梁——浅谈支撑鄂豫皖根据地的六大英雄群体 …… 198
立夏节起义的主要特点及历史意义 …… 204
盘活用好大别山红色教育资源　助推军校学员"传承红色基因、担当强军重任" …… 210
略论大别山红色文化的形成、内涵与传承 …… 216
论金寨"两源两地"的历史地位及现实启示 …… 223
霍山县苏维埃政府的历史贡献 …… 231
坚守与担当：红二十八军在三年游击战争中的历史贡献 …… 243

试论党在早期领导武装斗争中政治工作的经验与启示

——以立夏节起义、六霍起义为例

中国人民解放军军事科学院解放军党史军史
研究中心军事志研究室　郭芳

1927 年春夏，蒋介石、汪精卫相继背叛革命。数十万共产党员和革命群众的鲜血，使尚处于幼年时期的中国共产党经历了化茧为蝶的痛苦，得出了刻骨铭心的认识：不掌握军权，不创建一支新型的人民军队，不开展武装斗争，就没有共产党的地位，就没有无产阶级的地位，就没有人民的地位。党的八七会议正式决定实行土地革命和武装起义的方针。到 1928 年 6 月，中国共产党在全国范围内领导了规模不等的 200 余次武装起义。尽管这些起义在敌强我弱的形势下，大多遭受挫折或失败，但不同程度地打击了反动势力，扩大了革命影响，积累了斗争经验。尤其是保存下来的革命武装力量，成为各地工农红军最初的来源和骨干力量。在组织武装起义的斗争实践中，中国共产党吸取并发展了大革命时期党在国民革命军中开展政治工作的经验，总结并提出了一系列方针、原则，为人民军队政治工作后来的发展奠定了初步基础。

90 年前爆发的立夏节起义（又称商南起义），是中国共产党在鄂豫皖边区第一次取得全面胜利的武装起义。它和随后举行的六霍起义，沉重地打击了鄂豫皖地区的反动势力，极大地鼓舞了鄂豫皖边区党组织和人民群众开展武装斗争的信心和决心，推动了鄂豫皖边区斗争的发展，为创建主力红军和豫东南、鄂豫皖革命根据地奠定了坚实基础，作出了重要贡献。在组织发动立夏节起义、六霍起义的过程中，鄂豫皖边区党组织贯彻执行中共中央的指示，始终坚持党的领导，创造性地把农民运动和士兵运动结合起来，通过积极发动群众、组织群众，建立革命政权，推动了革命根据地建设和政治工作的发展，成为党在早期领导武装斗争中开展政治工作的典范。

一、加强党组织建设，坚持党领导武装斗争的方针

坚持党的领导、恢复和健全党的各级组织、加强党的自身建设，是立夏节起义、六霍起义取得胜利的根本保证。大革命失败后，遵照中共河南省委“整顿组织、积蓄力量、打入农村、以待时机”的指示，商城党组织于 1927 年秋成立了以蒋镜青为书记的中共商城县委，随后在县城建立了女小、县中、县城 3 个党支部，并建立了武桥、南司 2 个农村党支部。① 1928 年 2 月，蒋镜青到商南地区传达党的八七会议精神，讨论武装起义等问题。他在主持召开的全区党员大会上，宣布成立中共商南区委会，统一领导和区、乐区的工作。会议决定坚决贯彻党的八七会议精神，牢牢掌握已控制的枪支，尽可能打击恶霸劣绅，扩充自己的武装，并在斗争中吸收坚决勇敢、富有斗争性的积极分子入党，扩大党的组织。“这是大革命失败后商南党组织召开的第一次党员大会，大会驱散了人们心头的乌云，振奋了人们的精神，有了党的领导，大家有了主心骨，心里也就有了希望。”② 为壮大革命的武装力量，中共商南区委利用民团扩编的机会，派漆德玮、周维炯等共产党员打入其内部，以烧香结拜为兄弟等方式，教育争取贫苦出身的团丁。仅周维炯就在杨晋阶民团中发展党员 7 人、在附近农民中发展党员 4 人，成立了丁家埠党支部，并建立了党的外围组织“兄弟会”，为发动武装起义作了组织上的准备。4 月，中共商城、光山、潢川、固始、息县党组织负责人召开会议，总结经验教训，分析革命形势，决定成立中共商南五县临时特委，在革命力量雄厚的地区大力发展党的组织，准备举行大规模武装起义。从 1928 年春至 1929 年春，商城县中共党员已由百余人发展到 373 人，共青团员发展到数百人。3 月，商南党组织划归中共鄂东特委领导后，立即组成商（城）罗（田）麻（城）特别区委，开展武装起义的各项准备工作。

早在 1927 年 9 月 6 日，中共安徽省临委根据党的八七会议精神制定了《关于当前三个月工作计划纲要》，提出对本省党员举行重新登记，明确规定“对党不忠实者”“不同意中央八七紧急会议决定之新政策及在行动上言论上有机会主义的倾向者”等 5 类人员不许登记；在发展组织方面，提出“应努力向产业工人、手工业工人、雇农、佃农及自耕农方面去发展同志”，重点健全六安等地特

① 王玉田：《商南起义》，中共党史资料出版社 1988 年版，第 139 页。
② 王玉田：《商南起义》，中共党史资料出版社 1988 年版，第 140 页。

支的组织工作。[①] 这些措施在大革命失败后的严峻形势下及时纯洁了党的组织，进一步加强了党的建设。纲要同时强调应亟须注意农民武装问题，用各种方法夺取枪械，秘密组织农民军，直至暴动夺取政权。随后，省临委印发《“八七会议”文件讨论大纲》，派人分赴各地传达。包括六安在内的10多个县迅速恢复或建立了中共党组织，党员发展到250多人。这年10月，省临委先后召开3次常委会议和1次执委会议，研究武装暴动、夺取政权、建立苏维埃政府、实行土地革命等问题，决定以六安、霍山、英山、寿县、霍邱5县为第一暴动区，并成立中共皖中特别委员会，指导第一暴动区的工作，要求“尽可能夺取六安三百支枪；秘密组织工农武装；即刻发起零星暴动，在二三个月内发生大暴动；实行造党工作”[②]。1928年1月下旬，中共中央巡视员尹宽到达六安召开会议，决定撤销皖中特委，将六安、霍山、霍邱3县党组织合并，成立中共六霍县委（又称六安县委）。随后根据中央指示，六霍县委将发展党组织、指导农运作为中心工作，加强自身建设，注意吸收忠实的有阶级觉悟的工农及知识分子加入党组织。至当年底，六霍地区的中共党员已发展到347人，建立了8个区委、26个支部。[③] 1929年1月，根据斗争需要，六安、霍山两县分别成立县委。为进一步加强党组织建设，中共中央于8月给六安、霍山县委下发指示，指出“六安、霍山的党在组织上虽有相当的发展，但不是在斗争中发展起来的”，强调“党必须注意有计划地经常地发动和领导群众的日常斗争，促进广大的群众斗争的发展；必须使支部生活建立在群众斗争的一切问题上面”[④]。10月，中共六安中心县委成立，舒传贤任书记，领导六安、霍山、霍邱、寿县、英山、合肥6县的工作，确定当时的任务是“领导农民由群众示威的形势转变为地方暴动”[⑤]。六安地区的党组织随即投入准备发动武装起义的紧张工作中，中心县委领导人也分赴各地指挥，从而保证了党对武装起义斗争的坚强领导。

---

① 中国人民解放军历史资料丛书编审委员会编：《土地革命战争时期各地武装起义·安徽地区》，解放军出版社2001年版，第47—48页。

② 《中共安徽省临委关于党的工作决议给中共中央长江局的报告》，1927年10月28日。

③ 中国人民解放军历史资料丛书编审委员会编：《土地革命战争时期各地武装起义·安徽地区》，解放军出版社2001年版，第348页。

④ 《中共中央关于重视在斗争中发展党组织和开展群众斗争工作给六安、霍山县委的指示》，1929年8月17日。

⑤ 中国人民解放军历史资料丛书编审委员会编：《土地革命战争时期各地武装起义·安徽地区》，解放军出版社2001年版，第15页。

二、坚持农运兵运相结合，发展革命武装力量

不断摸索和总结经验、作出符合实际的决策、大力开展农民运动和士兵运动，是立夏节起义、六霍起义取得胜利的重要基础。地处鄂豫皖3省交界的商城、六安、霍山等县，早在大革命时期就在中国共产党的领导下，建立农民协会，开展了轰轰烈烈的农民运动。蒋介石、汪精卫相继背叛革命后，农民运动转入低潮期。当时，鄂豫皖地区活动着大批红枪会、大刀会及青红帮等会党武装，尤以国民党地方政权为维护地主豪绅利益而成立的地方武装民团为多。如商城南部行政区有亲区、乐区、和区3个区，分别由民团顾敬之部、杨晋阶部和柯寿恒部控制，势力很强大。他们霸占一方，经常刀枪相见，给党宣传、发动群众，开展土地革命，建立苏维埃政权造成诸多困难。“六安的大刀会和青红帮是有很多群众的。他们的分子以农民和游民无产分子占多数。他们在民国十三年曾攻破县城，把军阀的一团武装打得落花流水。但是他们尊崇老师①，迷信符咒，很容易为少数领袖利用去谋做官”②。据此，鄂豫皖地区的党组织适时调整对敌斗争策略，采取“重点打击其反动头目和骨干，将一般群众和反动分子区别开来”的政策。1928年3月，中共商城县委在全县范围内积极开展农民运动和士兵运动，并把商南斑竹园、丁家埠、吴家店、白沙河一带作为起义的重点地区。8月，中共商南区委在平头山穿石庙召开党员代表会议，决定一面深入发动群众，秘密发展农民武装，一面抓紧士兵工作，掌握敌人武装，择机起义。针对民团成员一般是贫苦农民的特点，中共商南区委决定派一批共产党员打入民团内部，采取利用矛盾、打击少数、争取多数的方针，以分化瓦解反动会党武装。漆德玮、吴承阁等打入县保安大队，担任中队长；周维炯打入乐区民团，担任教练兼班长；赵瑞祥在和区以“保卫家乡”为名，组织民团，自任队长；徐进生、周厚玉等分别打入县保安大队和民团内部。③ 他们在各处民团中发展党员，建立中共秘密组织。至1929年春，商南民团不足200人中就有中共党员40多名，“兄弟会”成员六七十人，控制了100多支枪，为民团的武装起义准备了条件。农民协会在这一时期也得到很大的发展。至1928年秋，商南地区已普遍成立秘密农民协会，提出“打土豪、分田地”的口号。1929年春，商城县的农民协会会员已达400

① 指反动枪会中的头目人物。

② 《王逸常关于六、霍工作情况给中央组织部的报告》，1929年3月13日。

③ 中国人民解放军历史资料丛书编审委员会编：《土地革命战争时期各地武装起义·安徽地区》，解放军出版社2001年版，第335—336页。

余人。

1927年9月，中共安徽省临委在《关于当前三个月工作计划纲要》中强调，“土地革命和建立农村中之农民政权为彻底的民权革命的唯一的保障”，要求各地“积极努力农运，并督促乡村中同志加倍努力去干”，同时就农民武装问题指出“各地农民，应用种种方法夺取枪械，秘密组织农军（农民得着的枪械绝对不能交给别人）”。[①] 10月15日在给六安特区委的指示信中明确指出：“六安现有枪支二百余支，你们可以抓到手中……武装农民，组织暴动，杀豪绅地主，杀贪官污吏，夺取财产，建立农会政权，形成皖中各县农民暴动的中心。”[②] 为做好武装起义的准备工作，中共六霍县委加紧恢复和领导农民协会，普遍开展了抗租、抗债、抗税、抗夫、抗捐的斗争，使农民协会得到迅速发展。同时注意把农民的经济斗争逐步引导到政治斗争和武装斗争中，组建秘密武装。1928年6月，中共中央指示安徽省临委：“应即利用各种问题，鼓动农民抗债、反抗地主、豪绅的斗争，进而游击的战争，再进而造成乡区的割据。”[③] 从1928年夏开始，在六安县的白浒圩、独山、南岳庙、七邻湾和霍山县的东北乡西镇等地，由共产党员和农民协会积极分子组成秘密武装小组，通过购买和夺取敌人的枪支武装自己。11月，霍山县农民协会成立，下辖5个区农民协会、150个分会。与此同时，六霍县委趁敌人扩充地方武装之机，派共产党员打入民团内部。六安县毛正初、王退之、李野樵、郭仲西、袁皋甫等分别打入徐集、江店、南岳庙、金家寨民团，任队长；霍山县刘淠西、朱体仁、胡祖祥等分别打入诸佛庵、戴家河、舒家庙等民团，任队长。他们在控制民团领导权后，利用合法身份和感情上的联络，灌输革命思想，启发阶级觉悟，教育争取团丁，发展中共党员，并选派农民协会会员进入民团当团丁，秘密建立党的组织，为发动民团起义创造条件。其中，仅毛正初就在徐集民团中发展了4名党员，成立了党小组，22名团丁被争取过来15名。[④] 立夏节起义后，为统一领导六安、霍山武装斗争，中共霍山县委书记舒传贤以省临委巡视员名义组建了六霍军事委员会，内设组织、训练、枪械、交通各部以及士兵委员会、游民无产阶级运动委员会，并组建了特务队。1929年8月，中共中央巡视员方英主持召开了六安县第三次党代会，确定不失时

① 中国人民解放军历史资料丛书编审委员会编：《土地革命战争时期各地武装起义·安徽地区》，解放军出版社2001年版，第50—51页。

② 中国人民解放军历史资料丛书编审委员会编：《土地革命战争时期各地武装起义·安徽地区》，解放军出版社2001年版，第55—56页。

③ 《中共中央关于职工运动和农村工作等问题给安徽省临委的指示》，1928年6月27日。

④ 中国人民解放军历史资料丛书编审委员会编：《土地革命战争时期各地武装起义·安徽地区》，解放军出版社2001年版，第476页。

机地在群众发动较充分的地方，如六安县的独山、金家寨，霍山县的西镇、诸佛庵等地，举行秋收大起义，组建工农红军，建立苏维埃政权，创建皖西革命根据地。会后，各级党团组织积极做好起义前的准备工作，把各地的群众斗争立即由经济斗争转入政治斗争；积极组织赤卫队，加紧军事训练；相机夺取反动民团的武装，壮大革命力量。至当年秋，六霍地区农会会员发展到5000余人，组成了几支公开、半公开的游击队，拥有枪百余支，且两县大刀会的会众也基本被共产党掌握，为发动起义准备了坚实的武装力量。①

三、重视宣传发动组织农民群众，开展革命斗争

“战争的伟力之最深厚的根源，存在于民众之中。”② 农民是中国革命最广大的动力，也是中国革命队伍的主力军。中国共产党的武装斗争，就是在无产阶级领导之下的农民战争。充分宣传发动组织农民群众，是立夏节起义、六霍起义取得胜利的根本原因。早在1927年10月15日，中共安徽省临委在给六安特区委的指示中就明确指出：“相信和领导工农群众力量，推倒一切反革命派，夺取政权，是我们唯一的政治方针和出路。”12月13日，中共湖北特委在关于组织武装起义给各地的指示中明确指出，“在暴动前后都须特别注意党的政治宣传（土地革命，苏维埃政权）”，并规定“随时随地注意发动群众，宣传群众”，纠正过去“一无宣传，二无群众的单纯的军事行动”，从而使“对土地革命与苏维埃政权的宣传，要在农村中尽量地扩大起来”。当时在鄂豫皖地区的农村，由于地主阶级残酷的经济剥削和沉重的政治压迫，广大农民挣扎在死亡线上。尤其是1928年出现旱灾，粮食大幅减产，原本穷苦的农民无以为生。1929年春更是雪上加霜，鄂豫皖地区又遇到严重饥荒，几乎家家断粮。为求生存，鄂豫皖地区农民在中国共产党的领导下，依靠农民协会，开展了声势浩大的分粮运动。商南地区千余农民就进行了数次均粮斗争，打开地主家的粮仓，把粮食分给参加斗争的及当地的贫苦群众。仅1929年春，就分了胭脂钱家坳洪家湾地主吴少群三四万斤稻谷，以及冈家山的闵德如、胭脂的毛天植、大埠口的陈其阶5万多斤稻谷。同年3月19日，中共安徽省临委在给霍山县委的指示中强调：“除经常的执行反帝国主义、反军阀战争、反改良主义、反封建势力四个主要的政治鼓动外，更要

① 肖裕声：《中国共产党军队政治工作史》上卷，军事科学出版社2012年版，第172页。
② 《毛泽东选集》第二卷，人民出版社1991年版，第511页。

注意于工农贫苦群众日常生活的要求，发动群众的经济斗争以至政治斗争。”① 5月24日又指示各县委各特区委，要“积极地指导积极分子深入群众去领导日常斗争，以争取广大群众于党的周围”，为“在群众中建筑党的基础”应“尽可能地向社会接近群众，深入群众中去，起我们的作用”。为进一步在斗争中开展群众斗争工作，中共中央于8月17日给六安、霍山县委发出指示，批评“六安、霍山的党，在工作上都有一种注意军事行动的倾向，因此便忽略了发动群众斗争的工作”，强调“农村武装组织必须使他们与农民群众有密切的联系，帮助群众斗争的发展，成为群众斗争力量，得着广大群众的拥护”，否则就会“完全失掉我们夺取武装的意义”。据此，六安、霍山等县的党组织在分粮、抗债、抗租运动中，注重深入发动群众，发展农民协会和组织，开展打土豪、分财物的斗争，宣传党的政治主张，同时注意发现并培养积极分子入党，从而极大地鼓舞了当地群众的革命热情，为党领导武装起义、开展土地革命奠定了较为坚实的群众基础。

鄂豫皖地区的党组织由于执行了正确的群众路线，开展了扎实有效的群众工作，“提高群众的斗争情绪，锻炼斗争力量”，使武装起义和土地革命深得民心。六霍起义的第一天，独山周围就有15个乡的数千农民手持大刀、长矛等武器，自发参加起义行动。随后六霍地区的党组织又继续发动群众、组织群众，在不到20天的时间内连续发动了西镇、桃源河、金家寨等地的农民举行起义，使参加起义的农民达到2万余人。起义烈火愈烧愈烈，范围由闻家店、燕子河迅速扩大到深沟铺、黄栗杪、上土市、杨家河、包家河、高山铺、太平畈等地，方圆百里全被农民武装占领，各乡都建立了苏维埃政权，使六安霍山红色区域基本连接起来。

四、坚定的理想信念，勇于斗争不怕牺牲

对党对革命无限忠诚、坚定不移的理想信念，是立夏节起义、六霍起义取得胜利的重要精神支柱。大革命失败后，革命力量遭到严重摧残。据不完全统计，从“四一二”反革命政变到1928年上半年，全国被杀害的共产党员和革命群众达33万人以上；党员队伍也由6万余人锐减至1万人左右。② 国民党反动派在安徽全省设立“清党”机构，叫嚣“宁可错杀一千，不可放过一个”，疯狂捕杀共

① 中国人民解放军历史资料丛书编审委员会编：《土地革命战争时期各地武装起义·安徽地区》，解放军出版社2001年版，第123页。

② 肖裕声：《中国共产党军队政治工作史》上卷，军事科学出版社2012年版，第105页。

产党人，摧残工农运动，致使中共安徽组织遭到严重破坏。1927 年 5 月，中共安徽临委在武汉成立。8 月初，临委成员先后返回安徽，与六安等县的部分共产党员建立联系，在敌我力量对比悬殊、斗争环境日趋困难的情况下，着手恢复党组织，开展武装斗争。1928 年 3 月 18 日，中共南五县特委领导的大荒坡起义失败后，国民党商城县政府和当地反动势力采取更加残酷的手段，大肆搜捕共产党员和革命群众。9 月，中共河南省委委员兼豫东南军委委员杨桂芳、张廷贵和商城县委委员马石生、钟启泰在商城县城被敌人抓捕。他们尽管身受酷刑，但始终严守党的机密，没有叛变投敌，后被杀害于潢川。正当商南地区的武装起义条件日渐成熟、择日待机之时，反动势力有所察觉，慌忙调来保安大队，派出“清乡”委员，督促各地加紧“清乡”，企图扑灭革命烈火。1929 年 1 月 18 日和 2 月 21 日，中共豫东南特委和商城县委连续两次遭到破坏，中共豫东南特委书记余锡珍、商城县委书记李惠民、峡口乡党支部书记丁树勋等领导人先后被捕牺牲。中共商城县委被迫从峡口转移至西乡施河小祈园，继续开展斗争。3 月，豫东南、鄂东两特委在光山柴山保举行联席会议，决定发动武装起义，打击敌人的反扑。鉴于商城县委迭遭破坏，豫东南特委和商南党组织的联系受阻，暂委托鄂东特委邻近指挥，成立商罗麻特别区委。此时，商南地区农民大规模的分粮斗争势若燎原，国民党商城县政府出动保安大队及民团，在白沙河一带“清乡”，对革命活动进行镇压。敌人到处搜捕共产党员和革命群众，对被捕人员严刑拷打，妄想从中打开缺口，破坏商南的中共党组织。农民协会领导肖杨升、吴承军以及许多共产党员先后被抓捕，遭敌杀害。是年春夏，鄂东特委派遣红十一军军长兼第三十一师师长吴光浩率 10 余人枪，前来支援商南地区的起义。当行至罗田腾家堡时，突遭民团的包围和袭击，吴光浩等全部在战斗中壮烈牺牲。立夏节起义、六霍起义相继胜利后，国民党立即调集正规军进行疯狂反扑，并纠集独山、两河口等地败退东窜的反动民团到苏家埠，以阻止革命势力向东发展，同时在六安、霍山城内大肆搜捕共产党员，镇压革命活动，“一面把六安城门占驻，断绝交通，遇有类似学生和农民的就加紧盘查，并且不准他们由城门出进；一面在城内挨户搜查，遇有稍涉革命书籍，即将看书的人逮捕下狱”。11 月 21 日，国民党军独立第十一旅和地方反动武装千余人，进攻麻埠、独山等地。中共六安中心县委组织部部长吴才干、军委主任朱体仁和六安三区区委书记许希孟等被捕牺牲，基层党团组织和农民协会亦遭到很大破坏，大批革命群众惨遭杀害，“在河口枪杀商团团丁全体十三名和附近的农民七名，独山枪杀十余人，苏埠枪杀数人”，“被捕在狱和在反动军队营部看管的约有一百余人”。①

---

① 《中共六安中心县委关于独山起义经过及经验教训给中共中央的报告》，1929 年 12 月 4 日。

革命不是一帆风顺，总是要流血牺牲的。在组织发动立夏节起义、六霍起义过程中，不断有党组织领导人、共产党员和革命群众壮烈牺牲。他们在面对凶残的敌人时，发扬不怕流血牺牲的大无畏革命精神，始终如一地坚守崇高的革命理念信念，英勇顽强，坚贞不屈，甘愿抛头颅洒热血，为夺取武装起义的最终胜利献出了自己的宝贵生命。

五、结语

不忘本来，才能开辟未来。回顾党在领导立夏节起义、六霍起义中开展政治工作的历程，总结蕴含其中的经验，获得弥足珍贵的启示，有利于在继承优良传统的基础上，更好地指导今后的工作。

启示一：党领导一切的原则丝毫不能动摇。习近平总书记强调，党政军民学，东西南北中，党是领导一切的。伟大的事业需要坚强的领导核心。中国共产党是伟大、光荣、正确的马克思主义政党，是领导中国人民不断开创事业发展新局面的核心力量。立夏节起义、六霍起义的胜利启示我们，党的领导是我们始终保持强大的凝聚力和战斗力、不断取得胜利的根本保证，永远不能变，永远不能丢。唯有保持高度的思想自觉、政治自觉、行动自觉，坚持党对一切工作的领导，不断加强和改善党的领导，方能成功应对各种重大风险挑战，克服无数艰难险阻，实现中华民族伟大复兴的历史使命。

启示二：强化理想信念。习近平总书记强调，理想信念是共产党人精神上的“钙”，没有理想信念，理想信念不坚定，精神上就会“缺钙”，就会得“软骨病”。理想指引人生方向，信念关乎事业成败。人的精神一旦被唤起，迸发出的力量是无穷无尽的。立夏节起义、六霍起义的胜利启示我们，理想信念是共产党人走向胜利的精神保障，是我们世代传承的红色基因和精神族谱，也是战胜任何困难、抵御各种诱惑的决定因素和重要法宝。唯有坚定理想信念，加强自我修养，在胜利和顺境时不骄傲不浮躁，在困难和逆境时不消沉不动摇，方能经受住各种风险和困难考验，自觉抵御各种腐朽思想的侵蚀，永葆政治本色。

启示三：坚持走群众路线。习近平总书记强调，历史是人民创造的，英雄的人民创造英雄的历史。要把人民放在心中最高位置，实现好、维护好、发展好最广大人民根本利益。立夏节起义、六霍起义的胜利启示我们，一切从人民的利益出发，一切向人民负责，全心全意为人民服务，是我党的根本宗旨、初心所在，也是我党的力量之源、生命所系。群众路线是我党的光荣作风和优良传统。唯有牢记宗旨，不忘初心，把人民利益摆在至高无上的地位，紧紧依靠人民，与群众生死相依，方能赢得人民的真心拥护和大力支持，战胜各种艰难险阻，取得伟大胜利。

启示四：求真务实创新发展。习近平总书记强调，在激烈的国际竞争中，惟改革者进，惟创新者强，惟改革创新者胜。创新之路永无止境，既没有终点，也没有休止符，必须做到“苟日新，日日新，又日新”，始终勇立时代的潮头。立夏节起义、六霍起义的胜利启示我们，克服困难和挫折，需要锐意进取、勇于创新，就是要打破常规，学会从多角度思考问题，走前人未曾走过的路。创新发展是中国共产党最鲜明的政治品格和工作态度，是党的事业兴旺发达的关键所在。唯有以创新的精神和科学的态度去认识、把握和遵循事物发展的客观规律，勇于破除思维定势，冲破传统观念桎梏，方能适应时代特色，紧跟形势发展，不断开拓前行。

土地革命战争时期鄂豫皖革命根据地妇女运动研究

战略支援部队航天工程大学政治工作教研室　刘若璇

恩格斯指出："妇女解放的程度是衡量普遍解放的天然尺度。"[①] 20 世纪二三十年代，剧烈社会变革催生妇女解放运动。土地革命战争时期，伴随鄂豫皖革命根据地的逐步形成，中国共产党领导下的妇女解放运动开展得如火如荼。妇女作为不可忽视的革命力量，在党中央的号召与部署下，建立妇女组织，积极投身革命，为苏维埃政权建设贡献力量，成为革命发展不可或缺的部分。

一、鄂豫皖革命根据地妇女运动开展的现实条件

土地革命战争时期鄂豫皖革命根据地妇女运动之所以能够得以开展，有赖于两点现实条件：从当时国内革命形势的时代背景看，妇女解放思潮兴起为鄂豫皖革命根据地妇女运动开展提供了环境氛围；而中共领导下逐渐建立完善的妇女组织从制度上为妇女运动开展打下良好组织基础。

一方面，妇女运动在全国范围内兴起，带动了鄂豫皖革命根据地。20 世纪初马克思主义在中国广泛传播，启蒙解放思想已唤醒民众，中国的妇女此时也逐渐认识到女性应当人格独立，接受平等教育，婚姻不再被包办，且农村妇女也应分有土地以保证经济独立。无产阶级革命家陈潭秋观察到 20 世纪 20 年代的中国，妇女运动已成为社会运动中很重要的运动。[②] 同时期李大钊在民国著名报刊《上海日报》也发文指出："20 世纪是被压迫阶级解放时代，亦是妇女的解放

---

① 《马克思恩格斯选集》第三卷，人民出版社 1972 年版，第 411 页。

② 中华全国妇女联合会妇女运动历史研究室编：《中国妇女运动历史资料（1921—1927）》，人民出版社 1986 年版，第 5 页。

时代。”[①] 由此可以看出，当时随着普通大众被民族主义和启蒙思想唤醒，妇女这个千百年来被忽视的群体开始备受关注。

鄂豫皖革命根据地在土地革命战争时期农村四处张贴标语，其中“结婚离婚自由”“男女教育平等”等标语的出现频率明显提升，关于妇女解放运动的宣讲频次较之“打倒土豪劣绅”“打倒帝国主义”的宣讲不相上下。妇女运动的氛围在鄂豫皖革命根据地不断浓厚。大别山地区广泛传唱的革命歌谣《妇女赶快要觉醒》歌词写道：“妇女，赶快要觉醒。汇入工农兵，参加闹革命。推翻旧礼教，废除包办婚，自由恋爱，男女平等，建立新家庭。”可见采取不同的方法进行妇女解放宣传，为鄂豫皖革命根据地妇女运动开展强化了环境基础。

另一方面，中国共产党领导下妇女组织不断建立完善为妇女运动提供了制度保障。“只有共产党，只有无产阶级的革命、社会主义的完全胜利，才能完全解放妇女。”[②] 中国共产党很早就意识到占人口一半的女性群体不仅有着高昂的革命热情，同时妇女在生产、拥红、扩红等革命工作方面发挥着不可忽略的力量。中国共产党在领导妇女工作中发挥了重要作用，为充分调动妇女群众的积极性，皖西北地区率先组建妇女组织。按照中共皖西北特委 1931 年对妇女工作的部署，妇女委员会成为领导妇女运动的主要组织。在县一级成立的妇女委员会由 5 至 7 人组成，特委要求必须保证其中 1 至 3 人脱离生产，专职负责妇女工作。下属支部设立妇女干事 1 人，区妇委每 3 个星期需召集各支部女干事开联席会 1 次，相互检查各自片区妇女工作，实行工作竞赛。截至 1931 年 4 月，六霍六县党组织发展的妇女党员中，六安 100 人，霍山 50 人，六安六区 30 人，商城正在发展。建立妇女工作组织的同时，还在苏维埃各级成立了妇女训育委员会，下设妇女职业改进社，这些业务类机构使妇女在不脱离生产的前提之下被专门培训宣传能力、群众工作能力和侦探送信能力等。原先在鄂豫皖革命根据地单纯号召“婚姻自由”，动员的只有年轻的妇女，号召“教育平等”又会忽视农村妇女。在中国共产党的正确领导下建立了负责妇女工作的委员会，从各个方面着手全面动员妇女，使得鄂豫皖革命根据地妇女运动开展有了制度保障。

二、鄂豫皖革命根据地妇女运动的主要内容

中国妇女解放运动肇始于戊戌变法之后，到五四运动后期中国妇女运动思潮

---

① 中华全国妇女联合会妇女运动历史研究室编：《中国妇女运动历史资料（1921—1927）》，人民出版社 1986 年版，第 49 页。

② 中共中央文献研究室、中央档案馆编：《建党以来重要文献选编（1921—1949）》第五册，中央文献出版社 2011 年版，第 498 页。

已在国内广泛传播。其核心内容主要围绕4个方面：一是谋政治权的平等，而妇女参政权的呼声举；二是谋经济权的平等，而妇女职业活动的开放兴；三是谋知识的平等，而男女同学的禁例开；四是谋道德的解放，而自由结婚、自由离婚的理论倡。[①] 土地革命战争时期，以大别山区为核心的鄂豫皖革命根据地妇女运动的主要工作从经济独立、婚姻自由、教育平等、助力革命4个方面入手。

（一）经济独立：妇女运动的要旨

马克思主义认为经济基础决定上层建筑，“权利永远不能超出社会的经济结构以及由经济结构所制约的社会的文化发展”[②]，经济权是社会其他一切权利的总根源。妇女群体自私有制产生、阶级出现后就开始失去生产资料的所有权，在人类社会乃至每个家庭中普遍处于从属地位。开展土地革命前，皖西、鄂东北地区广大妇女与中国其他地区的妇女一样都是“经济没有过问权”——没有土地权、财产继承权和支配权，即使是母家陪嫁的嫁妆，都归男子所有和支配。陈独秀在《妇女问题与社会主义》一文中指出，“妇女问题就是经济不独立。如果女子能够经济独立，那么必不受父、夫的压迫”。

土地自古是中国农民的立身之本，土地革命战争时期，鄂东地区的共产党领导和发动了著名的黄麻起义，揭开了鄂豫皖边区土地革命的序幕。随着鄂豫皖边区武装斗争的胜利开展，苏维埃政权逐步建立，党领导下的鄂豫皖边区的土地革命也全面地开展起来。鄂豫皖革命根据地广大妇女群众在妇女会的组织下，主要中心任务即参加土地革命斗争。1929年5月30日至6月9日，鄂东北特委召开了黄安、麻城、黄陂、孝感四县县委及红三十一师师委第二次联席会议，大会根据党的六大关于土地问题的精神，认真总结了鄂豫边半年多来土地革命的经验，制定了鄂豫皖边区第一个土地法令——《临时土地政纲》。在该纲领中，第四条内容为“分配土地男女有同样权利”。这一规定使得在土地革命中妇女和男子一样，享有土地的分配权利，满足了妇女的经济独立诉求，也可以推动土地革命向前进行。针对妇女胆小积极性不高、怕地主报复的心理以及固有的封建观念，鄂豫皖苏区加紧革命宣传，教育妇女要得到彻底解放，必须参加土地革命，与男子共同斗争，以彻底推翻整个敌人（自地主豪绅一直到军阀帝国主义）。在这样的号召之下，妇女依据《临时土地政纲》感受到了经济上的被尊重，参加革命斗争的热情更加高涨。为使妇女生产顺利进行，皖西北特委要求各区县都要设立妇女劳动教育委员会进行指导，请有经验的老农教妇女学习犁田、耙田，还动员小

① 吉生：《妇女运动底径路》，《妇女评论》1921年第20期。

② 《马克思恩格斯选集》第三卷，人民出版社1992年版，第12页。

脚妇女放脚，并鼓励她们赤脚下田。如此一来，不仅打破了妇女在经济上的从属地位，而且苏区农业发展和军队粮食供给也有了更坚强的保障。

（二）婚姻自由：妇女运动的核心

婚姻问题的解决和婚姻制度的改革始终是人们关注的焦点，是人类解放尤其是妇女解放的核心内容。毛泽东在《对于赵女士自杀评》中写道："这件事背后，是婚姻制度的腐败，社会制度的黑暗，意想的不能独立，恋爱不能自由。"① 以此强烈控诉封建婚姻制度对青年男女的迫害。包办婚姻、一个男子娶三妻四妾和收养童养媳现象原本在中国十分盛行，大别山地区也不例外。随着中国共产党下乡宣传婚姻自由和妇女解放思想，妇女的婚姻自由问题开始被关注，这类现象由于相关法令的出台得到及时的遏制。

关于婚姻的相关法令陆续出台，皖西地区在 1930 年 3 月 8 日纪念国际妇女节的大会上，通过了男女离婚、结婚绝对自由的原则。鄂豫边区在 1930 年 11 月前颁布了"在不妨碍革命进展的条件下，离婚、结婚绝对自由"的法令。妇女婚姻自由的法令修订工作是这一时期鄂豫皖革命根据地妇女工作的主要内容。有法令颁布就会有相关案件的审理，在皖西北地区，自婚姻法令颁布始，每天都有离婚的案件审判。通过案件的审判，法令也在不断趋于详细与完善。鄂豫皖苏区第二次苏维埃代表大会集体通过了一个比较全面系统的婚姻问题决议案，此决议案一共 13 条，包括结婚、私生子、离婚及其他相关条款，解决了之前案件中未涉及的规定。从此资料来看，妇女运动中婚姻自由的工作开展科学且卓有成效，风气开化现象显著。

中国共产党在乡村宣讲妇女解放需婚姻自由，大力推动了妇女工作的开展。妇女运动中新型婚姻制度颇得青年男女欢迎。"婚姻自由时代"的到来大大地激起了妇女的革命热情，也让妇女对党的政策十分信赖，在革命的动员下妇女纷纷送丈夫参军或自己主动参军，投身革命洪流。

（三）教育平等：妇女运动的基础

妇女不能单纯从客观形式上获得解放，更要从精神上和思想上得到充分的解放，这就离不开文化教育的推行。中国共产党坚持妇女解放和革命事业同步的原则，在我们党成立之初就将妇女教育纳入中国的革命事业和民族解放事业之中。1921 年 10 月中国共产党在上海创办第一所培养妇女干部的学校——平民女校，目的是培养妇女运动人才，为开展妇女解放运动创造条件。

① 《毛泽东早期文稿（1912—1920）》，湖南人民出版社 1990 年版，第 2 页。

鄂豫皖革命根据地很快就开始着手落实中央针对妇女教育提出的各项措施。首先，成立相应的组织进行教育。1930 年《中央关于劳动妇女斗争的纲领》提出："设立成年妇女补习学校，训练她们参加政权和政府机关群众团体的工作能力，如政治军事及普通办事的常识和学习生产技能，提高妇女职业地位。"① 1931 年 4 月通过的《皖西北特委妇女工作决议案》中针对妇女教育的组织问题提出："根据一般妇女要求识字，妇委必须领导各乡村苏维埃在'五卅'前均成立识字班，限 3 月毕业。苏维埃人员或本地小学教员及当地工作党员都可以上课，授课时间依据多数妇女的意见而决定。"② 成立识字班并配备授课教员使得鄂豫皖苏区妇女教育有了组织基础。其次，中共中央以法律的形式保证妇女的受教育权利。1931 年 11 月，《中华苏维埃共和国宪法大纲》以根本大法的形式赋予妇女教育权："中华苏维埃政权以保证工农劳苦民众有受教育的权利为目的。在进行国内革命战争所能做到的范围内，应开始施行完全免费的普及教育。"③ 最后，鄂豫皖革命根据地针对妇女教育开办妇女训练班问题，拿出了具体实施方案，1931 年 9 月 1 日，中共鄂豫皖中央分局下发的第 27 号文件就是针对开办妇女训练班的具体通知。妇女教育还采取墙报宣传、读报会、识字运动、讲演晚会等形式，配合当时当地的中心工作和政治任务来进行。墙报宣传的主要内容则是配合中心任务反映群众的生产和生活，像生产计划、介绍经验、扩大红军队伍等，对妇女群众起了很大的教育鼓动作用。

土地革命战争时期鄂豫皖革命根据地以多种妇女教育形式使妇女快速提高了阶级觉悟，积极投身到革命运动中来。

（四）助力革命：妇女运动的重要作用

列宁曾说过："没有广大劳动妇女的积极参加，社会主义革命是不可能的。"④ 鄂豫皖革命根据地妇女经过有效动员，逐步进入苏维埃体制，在推动革命运动过程中发挥了重要作用。妇女运动助力革命主要围绕如下 3 个方面。

一是积极参与生产活动。战火纷飞的时代背景下，物资短缺的大别山区，如何解决粮荒及军用物品补充一直是鄂豫皖苏区面临的最棘手的问题。由于战争已经使得农村大部分青壮年男性远离了家乡，参加生产的任务自然而然就落到了妇

---

① 中华全国妇女联合会运动历史研究室编：《中国妇女运动历史资料（1927—1937）》，中国妇女出版社 1991 年版，第 75 页。

② 张耀伦等著：《鄂豫皖苏区教育史》，河南大学出版社 1987 年版，第 200 页。

③ 中共中央文献研究室、中央档案馆编：《建党以来重要文献选编（1921—1949）》第八册，中央文献出版社 2011 年版，第 651 页。

④《马克思　恩格斯　列宁　斯大林论妇女》，人民出版社 1978 年版，第 277 页。

女的肩头上。为了克服困难，与男性拥有一样土地分配权的女性必须承担发展农业和生产军用产品的任务。苏维埃政府号召妇女“应用尽可能的力量参加耕田，特别是要复种瓜菜杂粮，以及短期间可以收获的食物”，“1930 年，在苏区党和政府的组织下，黄安、麻城、商城和霍山等县，妇女普遍地参加了生产，除犁田等重活外，插秧、车水等都能干，特别是放了脚的二十岁左右的女子，挑粪、担柴几乎像男子一样。1931 年上半年，青年妇女多半参加了生产队，少年先锋队组织中，十分之八是女子，如罗山少先队模范连全连是女子，主要从事农业生产。到 1932 年秋，在鄂豫皖中心苏区，妇女几乎成了生产中的主力军。”① 另外，在军用物品生产上，鄂豫皖苏区兵工厂、被服厂、缝纫厂都有大量女工，像河口八一针织厂，除了少数领导是男同志，百余名工人都是 16 ~ 20 岁的女工，专做单军服。由此可见，鄂豫皖革命根据地妇女参与生产工作几乎已经成为主力军，为输送大量后勤物资发挥重要作用。

二是拥红、扩红工作。鄂豫边政权建立之后，当时“赤区妇女斗争情绪最为高涨，特别是拥护红军的工作，她们认为是她们的中心工作，如组织洗衣服、做鞋、慰问队等，经常帮助红军、医院伤兵。她们时常积钱送去，伤兵被卧大部分是她们负责，鞋子也大部是她们负责，并经常慰问红军家属，组织代耕班，替代农民种田等”。妇女运动开展拥护红军工作，专门设立“拥护红军委员会”，安排乡村做鞋队专门负责替红军做鞋，做鞋队队长收集后统一交给拥红委员会。拥红委员会组织妇女鼓动自己的丈夫和兄弟及农民工人投身红军。

三是妇女积极参政。在各乡村组建妇女生活改善会，召开妇女群众大会和乡、区妇女代表大会。妇女群众大会由苏维埃召集，主要帮助政府实施对妇女的政纲。大会代表要收集和考察当地妇女生活情况，调查妇女参加革命工作的积极性和成绩，并反映在代表会议的报告中。参会的代表可以预定选举下次会议的出席代表，并讨论参加革命工作问题、童养媳问题、婚姻问题等，向政府提出建议。乡代表大会一月一次，区代表大会两月一次。

三、鄂豫皖革命根据地妇女运动的现实启示

妇女解放运动波澜壮阔，在不同时期所面临的国内外形势和具体任务千差万别。鄂豫皖革命根据地妇女运动在土地革命战争时期面临战争和革命两大时代主题，其主要任务是动员并组织广大妇女投身到反帝反封建的斗争中，参与和支援苏维埃革命斗争，争取妇女的各种权益。在当今以和平与发展为主题的时代，妇

① 《鄂豫皖苏区历史简编》，湖北人民出版社 1983 年版，第 187 页。

女解放运动还面临着新挑战新机遇，从鄂豫皖革命根据地妇女运动的经验中可以阐发对今天妇女工作的几点现实启示。

（一）始终坚持以马克思主义妇女观为指导，坚持中国共产党的正确领导

革命战争年代，中国共产党就在马克思主义妇女观的科学指导下，通过动员妇女、组织妇女、依靠妇女，开展了轰轰烈烈、卓有成效的妇女解放运动。在组织的有效动员之下，妇女们承担了绝大部分生产工作，不仅推动了革命发展，也获得了自身解放。随着时代变迁，坚持马克思主义妇女观与中国具体国情相结合，在中国共产党的英明领导之下，做好新时代妇女发展工作，是推动妇女解放事业深入发展的根本与关键。习近平主席在全球妇女峰会上强调指出："推动妇女和经济社会同步发展。发展离不开妇女，发展要惠及包括妇女在内的全体人民。我们要制定更加科学合理的发展战略，既要考虑各国国情、性别差异、妇女特殊需求，确保妇女平等分享发展成果，又要创新政策手段，激发妇女潜力，推动广大妇女参与经济社会发展。"① 中国的妇女工作实践证明，必须始终坚持马克思主义妇女观的指导，坚持中国共产党的领导，不断推动妇女参加社会和经济活动，才能够有效提高妇女地位，同时也能极大提升社会生产力和经济活力。事实与经验证明，促进妇女解放必须坚持中国共产党的领导，必须加强党组织建设，充分发挥各级党组织尤其是农村基层党组织的核心地位和战斗堡垒作用。

中国的国情决定了党的广大农村基层组织是党执政的组织基础。在社会主义现代化建设的进程中，农村妇女的具体利益同全国人民总体利益根本上具有一致性，农村妇女解放的目标同社会主义建设目标也具有一致性，这是党领导妇女解放事业的客观依据，也是妇女运动能够服从、服务于党的基本路线和中心任务的要求所在。加强和改善党的领导，就是要全面推进党的基层组织建设，构建城乡统筹的基层党建格局，创新农村党组织的设置方式，不断增强农村基层党组织的战斗力，保持农村基层党组织的先进性和活力，形成领导建设美丽乡村、统筹城乡协调发展、力促"四化"同步建设、带领妇女最终解放的核心力量。坚持以"群众满意"为价值取向，始终把实现好、维护好和发展好广大农村妇女的根本利益作为基层党组织建设的出发点和落脚点。因而促进广大农村妇女解放是实现妇女解放全局的重中之重，必须要积极引导广大农村妇女紧密团结在党的周围，自觉同党中央保持一致，以党的指导思想为行动指南，以党的奋斗目标为共同追求，为党的伟大事业不懈奋斗，沿着党指引的方向奋勇前进。

---

① 《习近平在联合国成立 70 周年系列峰会上的讲话》，人民出版社 2015 年版，第 9 页。

（二）激发妇女主体意识，建立健全相关法律制度，保障妇女合法权益

习近平主席在全球妇女峰会上强调指出："积极保障妇女权益。妇女权益是基本人权。我们要把保障妇女权益系统纳入法律法规，上升为国家意志，内化为社会行为规范。要增强妇女参与政治经济活动能力，提高妇女参与决策管理水平，使妇女成为政界、商界、学界的领军人物。"[①] 从中央到地方各级政府连续出台并实施了多项用以保障妇女权益的法律、法规、政策和措施，着力解决农村妇女权益保障问题，保障程度整体水平也在大幅提升。当前不容忽视的是，保障农村妇女权益的法律法规尚不完善，农村妇女权益保障体系也不健全，妇女的主体意识还不强。这些问题归根结底就是性别平等能不能在各个领域得到实实在在的体现。

党的十九大报告中提出，"坚持男女平等基本国策，保障妇女儿童合法权益。完善社会救助、社会福利、慈善事业、优抚安置等制度，健全农村留守儿童和妇女、老年人关爱服务体系"。因此，激发广大农村妇女自我意识，促使她们提升主体意识，提高广大农村妇女整体素质，必须不断建立健全相关法律制度，构建和完善农村妇女权益保障体系，以服务妇女多元需求，切实保障广大农村妇女的合法权益。

妇女参政水平是衡量男女平等的重要标志，也可以反映妇女主体意识。提升妇女政治地位、推动政治领域男女平等，有助于尽量减少和避免妇女因政治参与渠道的不畅通而去寻求制度外的参与途径对社会政治稳定所造成的潜在危害。为提高妇女参政的数量与质量，促使妇女参与政治决策，提高妇女在决策过程中的话语权与裁决权，真正意义上践行男女平等的基本国策，需要扩大制度机会、拓宽组织平台、提升参政能力。[②] 应进一步梳理和完善现存有关妇女权益保护的法律法规与政策，提升社会性别意识，提高保障妇女权益的政策法规的法律效力，为妇女参政营造良好的制度环境，着力提高妇女政治参与的水平。

（三）强化妇女组织建设，努力构建和谐包容的社会文化

妇女组织要着眼农村妇女这一边缘化群体，整合各种有利于农村妇女发展的资源，密切关注农村妇女需求，及时调整帮扶农村妇女的理念，为农村妇女构建支持网络，树立农村妇女参与经济发展的信心。建立健全农村妇女培训体系，依

---

① 《习近平在联合国成立 70 周年系列峰会上的讲话》，人民出版社 2015 年版，第 10 页。

② 汪超、郭聪：《比例失衡、制度变迁与性别和谐——中国妇女参政的新制度主义经济学分析》，《石家庄铁道大学学报》（社科版）2013 年第 3 期。

托扶贫项目带动，对文化程度较高、学习愿望较强的农村妇女积极开展订单式培训；依托农业产业大户和基地，对文化层次偏低、离不开家庭的农村妇女开展基础性培训，与大、中专学历教育，新品种新技术推广，经营管理知识培训相结合，对农村女能人、女经纪人、女农民技术员等进行科技含量高的技能培训，培养一批新型女农民。习近平主席在全球妇女峰会上强调指出："努力构建和谐包容的社会文化。男女共有一个世界，消除对妇女的歧视和偏见，将使社会更加包容和更有活力。我们要努力消除一切形式针对妇女的暴力，包括家庭暴力。我们要以男女平等为核心，打破有碍妇女发展的落后观念和陈规旧俗。"① 马克思、恩格斯把妇女解放置于整个人类解放之中，从妇女解放到人的解放，最终实现人的自由全面的发展，道路十分漫长。我们要以妇女组织建设作为制度保证，以构建和谐包容的社会文化作为软保证，共同助推新时代妇女发展。

① 《习近平在联合国成立70周年系列峰会上的讲话》，人民出版社2015年版，第10页。

彪炳史册　永载千秋

——浅议立夏节起义的历史地位和成功经验

中共金寨县委党史和地方志研究室　胡遵远

2019年是著名的立夏节起义胜利90周年。1929年5月6日，在中共商罗麻特别区委的领导下，金寨西部的汤家汇、南溪、斑竹园、吴家店等地区（当时属河南省商城县南部地区）爆发了彪炳史册的立夏节起义（也称商南起义），并取得了全面的胜利。

一、立夏节起义是我党领导的大别山区早期的三大革命武装起义之一，不仅取得了全面胜利，而且建立了红军队伍，书写了历史新篇章

1920年，马克思主义悄然入乡，传到深山，金寨燕子河燕溪小学建立了第一个马克思主义学习小组。1924年，金寨笔架山农校成立了第一个党小组，不久发展为党支部，这是金寨地区成立最早的党组织，也是皖西地区成立最早的党支部。

1928年，豫东南地区大旱无雨，农民严重缺粮。在这年冬天，中共豫东南党组织领导广大农民开展了均粮斗争。这次均粮斗争的胜利，进一步提高了豫东南农民的斗争勇气，为立夏节起义创造了极为有利的群众基础和条件。

1929年3月13日，中共豫东南特委和鄂东特委在河南光山县柴山保（今属新县陈店乡）南竹园举行联席会议，根据上级的指示和要求，作出了“积极准备，尽快发动商南起义”的决定。由于当时的商城县委遭到敌人的破坏，会议决定商南党组织暂归鄂东特委领导。鄂东特委决定将商城的南部、罗田的北部、麻城的东部划为一个特别区，成立中共商罗麻特别区委，负责领导起义。4月，中共商罗麻特别区委在金寨吴家店太平山成立，徐子清任书记，徐其虚、李梯云、

肖方、周维炯、廖炳国等为委员。特别区委下辖商城的和、乐两个区委和罗田北部的两个区委。

当时，商城反动当局正在加紧“清乡”、各地民团都在内部清查可疑分子，中共商罗麻特别区委认为：准备已久的武装起义如不适时发动，地方党组织和革命力量随时都有遭到破坏的危险。于是，于5月2日在金寨吴家店太平山穿石庙召开紧急会议，研究举行起义问题。会议分析了当时的政治、军事形势和举行起义的条件，一致认为党在商南的工作发展很快，已经掌握了一定的武装，与其坐等敌人前来“收拾”，不如利用现有力量先发制人。经过慎重地分析和研究，会议决定把原定在中秋节举行的起义，提前到5月6日（农历三月二十七日）立夏节的晚上，趁民团忙于过节、疏于戒备，举行起义。

5月4日，中共商罗麻特别区委书记徐子清和商城县委委员李梯云等在金寨关王庙墨园高氏祠召开商南各支部书记和农民武装负责人会议，传达特别区委的决定，部署起义行动，成立起义指挥部，徐子清、肖方分任正、副总指挥。周维炯、徐其虚负责军事行动，廖炳国、漆先棣负责联络。起义采取统一指挥、分区域行动的方式进行。总指挥部设于斑竹园桥口的王家下湾。

会后，各暴动点的党员均按照特别区委的部署，紧急行动，积极准备。5月6日夜，10多处暴动点同时行动，起义一举成功。5月9日，各路起义武装会师在金寨斑竹园朱氏祠，成立了中国工农红军第十一军第三十二师。

立夏节起义不仅取得了全面胜利，而且起义后迅速组建了红军队伍，书写了历史新篇章。

二、立夏节起义胜利后，不仅迅速建立了革命政权、开辟了豫东南革命根据地，而且根据地不断发展壮大，成为鄂豫皖革命根据地的重要组成部分

立夏节起义胜利后，中共商罗麻特别区委于5月10日在斑竹园文昌宫主持召开有地方党组织、红军领导干部共30余人参加的工作会议。会议讨论了扩大红军，发展赤卫队和农民协会，建立苏维埃政府，开展游击战争，肃清反动武装，广泛动员农民群众打土豪、分粮食，实行土地革命等有关根据地建设的一系列重要问题，并作出10项决定，明确了今后的工作方针与任务。

会后，鉴于成立苏维埃政府的条件尚不具备，先成立了商城县临时办事处作为商城县临时革命政府，徐其虚、詹谷堂分别任正、副主任。各区、乡建立农民委员会，行使革命政权的职能，统一处理商南赤区的行政事务。

根据文昌宫会议的部署，红三十二师各方面各司其职、积极开展工作，先后

建立军需处、医院、兵工厂等军需后勤机构。参加起义的农民自卫军和联庄队成员一部分参加了红三十二师的主力部队，另一部分组建成立地方革命武装——商南游击队。

文昌宫会议明确了红三十二师初期的目标任务，为创建豫东南革命根据地、支援皖西地区的革命斗争打下了很好的基础。会后，党带领广大军民不断扩大革命武装力量，迅速建立人民政权，积极开展土地革命，创建了以南溪、斑竹园为中心的豫东南革命根据地，与红三十三师共同创建了皖西革命根据地。随后，这两块革命根据地与红三十一师创建的鄂豫边革命根据地联成一体，进而形成鄂豫皖革命根据地。鄂豫皖革命根据地是第二次国内革命战争时期全国六大革命根据地之一，规模居全国第二，仅次于中央革命根据地。

三、立夏节起义胜利后建立的红三十二师，是大别山区较早建立的三支主力红军队伍之一，是中国工农红军第十一军、第一军、第四军、第四方面军的重要组成部分

立夏节起义之后组建的中国工农红军第十一军第三十二师是金寨境内诞生的第一支主力红军队伍。这支红军队伍英勇善战、功勋卓著。在成立的第 10 天（5 月 16 日），就成功地打退了商城县民团的“进剿”，缴获敌人的钢枪 48 支；成立半个月（5 月 20 日），就攻占了皖西重镇金家寨，缴获大量物资和银元；随后，又连续粉碎了敌人的三次“会剿”；1929 年 12 月 25 日，仅 1 个多小时就攻占了河南省商城县县城，这是红军在河南省攻下的第一座县城。对此，中共中央专电“表示无限的欣慰和敬意”。此后，红三十二师转战鄂豫皖边区，为创建豫东南革命根据地、皖西革命根据地建立了彪炳史册的功勋。

1930 年 3 月 18 日，中共中央决定将红三十二师、红三十三师与红三十一师合编为中国工农红军第一军，直属中共中央指挥。1931 年 1 月，红一军与红十五军合编，组建中国工农红军第四军。同年 11 月 7 日，红四军与同在金寨境内成立的红二十五军组建成中国工农红军第四方面军。抗战时期，红四方面军所部改编为八路军第一二九师，与今天的中国人民解放军第七十一集团军、第七十七集团军有着渊源血脉关系。

四、红三十二师倾力支持皖西人民取得了六霍起义的全面胜利，帮助红三十三师开创了皖西革命根据地

根据文昌宫会议的要求，红三十二师在打退了王继亚民团的“进剿”，首战

告捷之后，立即跨省东征，由河南省商城县向安徽省皖西地区进军。接连取得智取南庄畈六保联络自卫团、攻打金家寨、支援流波暴动和西镇暴动等胜利，有力地支援了皖西地区的革命斗争。

1929 年 11 月 8 日，在中共六安中心县委的领导下，以六安独山暴动为标志，六霍起义进入了全面爆发阶段。此间，红三十二师应邀再次东征皖西，全力支援六霍起义。

西镇地区时属霍山县管辖，包括现在的金寨县燕子河、长岭地区和霍山县的漫水河地区，反动统治势力比较强大。反动的西镇事务所秘密召开会议，决定在所辖范围内逮捕共产党人和农民协会骨干，他们疯狂叫嚣、公开指明“燕子河一带可杀的有 190 多家”。为抢在敌人屠杀之前先发制人，确保西镇暴动胜利，西镇地区党组织派人前往丁家埠请求红三十二师给予支援。

11 月 19 日，师长周维炯亲率红军 80 多人一路急行军，于午夜赶到燕子河，和徐育三、刘仁辅等率领的 100 多名赤卫军会合，并肩战斗。前后 3 天时间，整个西镇地区反动势力几乎被全部消灭，地主豪绅纷纷逃往霍山县城，方圆百里被农民武装胜利占领。

西镇地区武装起义的胜利，为创建皖西革命根据地创造了极其有利的条件。1930 年 1 月，中共六安中心县委和中共霍山县委同时迁往燕子河闻家店的灵岩寺办公，领导皖西地区的革命斗争，西镇成为皖西地区的革命中心区域。1930 年 1 月 20 日，中共六安中心县委决定成立红三十三师后，红三十二师继续对红三十三师给予了大力的支持，与红三十三师协同作战，联合攻打霍山县城，共同开创了皖西革命根据地。这些事实充分说明，六霍起义的胜利、红三十三师的建立和皖西革命根据地的开创与发展，均与红三十二师的大力支持密不可分、紧密相连。

五、立夏节起义胜利后，苏区的文化事业得到了快速全面发展，创作了以革命歌曲《八月桂花遍地开》为杰出代表的一批经典红色文化作品

1929 年 9 月，反“鄂豫会剿”胜利后，金寨地区掀起了苏维埃建设高潮，西部地区纷纷建立区、乡苏维埃政府，贫苦农民当家作主，人民群众欢欣鼓舞。为了更好地宣传鼓舞群众，商城县委决定创作一首歌唱苏维埃和红军的革命歌曲。时值金秋时节，根据地到处盛开着桂花，香气四溢，金寨果子园佛堂坳小学校长、共产党员罗银青触景生情，哼起了当地民歌“八段锦”的曲调，很快就填写出一首名为《八月桂花遍地开》的歌词，表达革命群众庆祝乡苏维埃成立

无比喜悦的心情。歌曲几经修改完善，由学校女教师教唱，以打花棍的形式进行表演，首次演出十分成功，受到了广大军民的热烈欢迎。之后，少共县委遂将这首歌曲印发给各地团组织、苏维埃，要求大家学唱。中共商城县委和红三十二师还将这首歌定为军民必唱的歌曲。从此，这首著名的革命歌曲开始在豫东南革命根据地广为传唱。

这首歌曲曲调优美、歌词好记，深受人民群众和红军战士的喜爱，产生了巨大的影响力、号召力。人民群众唱着它参加红军，红军战士唱着它英勇战斗、开创革命根据地。这首歌唱到哪里，根据地就建到哪里，由鄂豫皖根据地逐步流传到全国各地。35 年后的 1964 年，大型音乐舞蹈史诗《东方红》还选用了这首歌曲表达人民群众对党和政府的拥护与热爱。

六、立夏节起义胜利后组建的红三十二师为我党我军培养造就了一大批栋梁之才

据不完全统计，从红三十二师及其渊源部队走出来的红军指战员中有 21 位共和国的开国将军，分别是：徐立清、陈先瑞、陶勇、曾绍山等 4 位中将，马琮璜、王远芬、方子翼、方升普等 17 位少将。此外，还有王清生、邓忠国、石显贵等 20 多位省军级以上领导干部。

七、立夏节起义的胜利、红三十二师的建立与发展以及豫东南革命根据地的发展与壮大，为中国革命的胜利和人民军队的建设进行了很多有益的探索，创造了许多成功的经验，许多做法和经验至今仍然具有很强的针对性、指导性和可操作性

一是始终坚持党的领导。从贯彻落实党的八七会议精神和党的六大精神、研究确定起义的原则、讨论制定起义的方案、安排部署起义的任务，直至起义细节的策划与对策、各暴动点的起义步骤与方式，均由中共商罗麻特别区委研究决定，然后交给各地党组织和党员带头施行，“一切由党组织决定，一切听党组织安排，始终坚持党的领导”是起义胜利的最根本原因和最成功经验。

二是始终坚持实事求是。“一切从实际出发，反对盲动主义，汲取失败教训”，也是起义胜利的重要原因和成功经验。起义之前，上级党组织曾要求商城县委及早举行暴动。而县委认为当时的条件尚不具备，于是就积极向上级反映，

要求实行“积极准备、待机而动”；后来政治、社会形势发生了变化，中共商罗麻特别区委根据变化了的形势，进行认真分析，决定立即调整起义时间，提前发动武装暴动。这种实事求是的态度和做法都是起义取得胜利的重要保证。

三是始终坚持统一战线。立夏节起义之前，我们党的一些基层组织就很注重发挥一些开明乡绅的作用，在他们家里开会、研究问题，接受他们的一些帮助和支持；高度重视兵运工作，安排部分党员提前打入国民党民团内部、掌握起义的主动权，采取“兵运和农运相结合”的方式举行武装暴动等。这些实际上就是我们党早期统战工作的实践和探索，也是确保起义胜利的重要基础。

四是始终坚持靠前指挥。红三十二师师长周维炯常常身先士卒、拼搏在前，关键时刻挺身而出、冲锋陷阵，从而带出了全师一往无前、英勇顽强、不怕牺牲的优良作风。这也是确保起义胜利、队伍不断发展壮大的重要原因和成功经验。

五是始终坚持一心为民。坚持“一切为了人民、一切服务人民”的群众路线，情为民所系、利为民所谋，想群众之所想、做群众之所需……这些都是豫东南、皖西和鄂豫皖革命根据地迅速发展，红军队伍不断壮大的重要基础和关键所在。

此外，始终坚持从严治党、从严治军，始终坚持不忘初心、砥砺前行，始终坚持与时俱进、牺牲奉献等，均在立夏节起义、红三十二师的建立与发展以及豫东南革命根据地的创建与发展过程中得到了很好的体现。在这些成功的经验中，有许多做法至今仍然具有很强的针对性、指导性和可操作性，我们应该倍加珍惜、不断汲取，为把我们的国家建设得更加美丽富饶、更加文明和谐而不懈努力、永远奋斗！

浅析金寨县红色祠堂的功能

——以《红色印迹——金寨县革命遗址集萃》为考察中心

中共金寨县委党校　李姣

明清时期是祠堂文化发展的繁盛期，随着封建礼制的加强，宗法思想不断得到强化。家族内大肆修祠、建祠。《礼记·大传》曰："人道亲亲也，亲亲故尊祖，尊祖故敬宗，敬宗故收族。"宗族通过祠堂凝聚血缘、敬宗收族。在革命战争年代，许多为躲战乱的流民，大都选择迁居山区，聚族而居。祠堂文化在山区再次兴盛。金寨县地处大别山腹地，素有"八分半山半分田，一分道路和庄园"之称，金寨作为鄂豫皖革命根据地的中心区域，祠堂建设，遍布境内。《红色印迹——金寨县革命遗址集萃》一书由中共金寨县委党史研究室、金寨县红军历史研究会、金寨县新四军历史研究会组织编写，将土地革命、抗日战争和解放战争时期县境内的革命遗存基本情况进行了搜集、整理，具有非常珍贵的史料价值。据资料统计，金寨县 2010 年对全县革命遗址进行了普查，县内仍然保存有革命遗址 267 处，涵盖了土地革命、抗日战争和解放战争等各个时期，红色遗迹中，祠堂占多数。

金寨红色祠堂由族产变为公产是祠堂功能转变的最重要原因。在第二次国内革命战争期间，中共中央为进行土地改革，陆续出台文件，提出没收一切地主祠堂，归苏维埃公有，由苏维埃支配，将祠堂由族产变为公产。为了革命战争胜利的需要，党制定了一系列土地政策，进行土地改革，将土地收归公有。如，1929 年 12 月，在光山县召开了鄂豫边第一届工农兵代表大会。在总结了前一阶段土地革命的经验教训之后，大会讨论通过了《鄂豫边革命委员会土地政纲实施细则》，共二十条，其中列入部分没收范围的土地，增加了祠堂。[①] 对祠堂产业的没收几乎占据所有土地政策文件，随着祠堂被收归公有，宗族失去了精神象征和

① 中共中央党史研究室：《土地革命纪事（1927—1937）》，求实出版社 1982 年版，第 141 页。

活动中心，促使祠堂由封建礼制的代表与时俱进地转化成为革命建设的重要场所。金寨作为鄂豫皖革命根据地的中心区域，也执行当时的《鄂豫边革命委员会土地政纲实施细则》。因此，金寨县域内的祠堂被牢牢地掌握在政府手中。

王鹤鸣先生在《中国祠堂通论》一书中，将祠堂的功能分为七类，包括祭祀、修谱、教化、兴学、司法、抚恤、活动。蔡宇安教授在《论祠堂功能的嬗变》一文中将祠堂的功能分为三个层次，中观层次中又分为宗教功能、文化功能、教育功能、社会功能和经济功能等五类，多用皖南山区徽州祠堂为例佐证观点。① 徽州人恪守《朱子家礼》，严格遵守封建礼制，将祠堂作为教化族人的主要阵地，严格地从思想上控制族人。而地处皖西大别山腹地的金寨山区，是著名的革命老区、鄂豫皖革命根据地的核心区域。红色祠堂伴随着革命根据地建设应运而生，祠堂不再是各姓祭祀、研究族内大事、召开会议的场所，而更多地被作为党组织建设、政权建设、武装力量组建、文化教育卫生事业发展等的工作场所，红色祠堂的功能发生嬗变。祠堂功能的转变也意味着以族长族权为代表的宗族势力失去了统治族众的精神依托和重要场所，封建礼制在一定程度上逐步瓦解。②

一、政治功能

祠堂是正俗教化、宣传族规的场所，也是家族中执行家法的“公堂”，是族权和神权的结合。根据苏区土地政策，金寨地区的祠堂大都被收归公有。虽然政策中也提到，可以将所收公产分配给农民使用，但是在公产之中，祠堂这种建筑物，由于不适合农户居住，所以一般不分配给农民，而是充作公用。以金寨地区为代表，祠堂最多的就是作为早期的农民协会和后来县、乡、村苏维埃政府办公场所，成为乡村社会新的政治中心。尤其在革命战争年代，祠堂作为政府办公地，不仅起到了巩固政权的作用，也为组织革命者凝心聚力战斗，取得革命胜利发挥了重要作用。

土地革命时期，苏维埃基层政权遍布苏区各县境内，主要可以分为县、区、乡、村四级体制。金寨境内的宗族祠堂作为基层政权所在地，政治功能不断加强。1929 年 9 月，商城县（现属金寨县）工农革命委员会成立，到 1932 年春，县境内 90%以上的地方建立起苏维埃政权，共辖 16 个区 157 个乡。据《红色印

① 蔡宇安：《论祠堂功能的嬗变》，《宜春学院学报》2014 年第 11 期。

② 王瑞芳：《没收族田与封建宗族制度的解体——以建国初期的苏南土改为中心的考察》，《江海学刊》2006 年第 5 期。

迹——金寨县革命遗址集萃》收录，商城县的部分区、乡苏维埃政府都是设置在金寨不同乡镇的祠堂内，在祠堂内办公，从事建立党的基层组织、宣传党的土地政策、镇压反革命活动、支援工农红军和地方游击队等工作。例如，商城县三区十三乡苏维埃政府遗址罗氏祠（今位于金寨县吴家店镇长源村）。1930 年 8 月，十三乡苏维埃政府搬入罗氏祠，领导组织农民协会与当地反动势力开展斗争，积极支持和配合红军队伍作战。又如，商城县二区苏维埃政府遗址张氏祠（今位于金寨县南溪镇麻河村）。张氏祠在清康熙年间建成，1929 年立夏节起义胜利后，商城县苏维埃政府在张氏祠设立商城县丁埠区苏维埃政府，下设游击大队、工会、妇委会等机构，建立党的组织，宣传党的政策，并由此初步形成了以南溪等地为中心的豫东南革命根据地。金寨作为鄂豫皖革命根据地的核心区，除了商城县苏维埃政府，包括霍山县、六安六区基层苏维埃政府在内的其他基层苏维埃政府都选址在金寨的祠堂内。如，霍山县六区一乡苏维埃政府遗址余氏祠位于燕子河镇闻家店村龚家湾，六安六区八乡苏维埃政府遗址杨氏祠位于金寨县古碑镇宋河村。除了乡镇基层政府利用祠堂办公，一些县级政权办公场所也设在金寨县境内。如，中共商城县委遗址何氏祠、少共赤南县委遗址易氏祠、赤南县苏维埃政府遗址廖氏太守祠等。

金寨祠堂作为苏维埃政府办公场所，政治功能发挥得越来越多，一些重要的政治会议也选择在祠堂召开。1933 年，面对根据地遭受敌人“清剿”、摧残，损失严重的情况，中共鄂豫皖省委在陈氏祠召开会议，当时出席会议的有沈泽民、吴焕先、徐海东、高敬亭、郭述申等。此次会议为后来皖西北道委重建红二十八军，坚持皖西北革命斗争打下了基础。

二、教育和文化功能

安徽绩溪《华阳舒氏统宗谱》提道：“天下之本在国，国之本在家，家之本在身，格物致知、诚意正心，皆所以修身也。”宗族重视教育发展，兴办族学、在族规家法中要求族人读书、学习，强调读书明理，注重发挥祠堂兴学的文化功能。古代很多祠堂在创设的时候，也在祠堂内筹建祠塾，根据族内儿童年龄或文化程度的不同分设不同的班级。民国时期，很多祠塾正式改为小学，在新中国成立后，不少祠堂更是顺理成章地改做了学校。

金寨县南溪镇南湾村的张氏祠就是红军女子干部学校的遗址。张氏祠建于清代，为二进双包厢砖木结构建筑。第二次国内革命战争期间，皖西苏区党组织和苏维埃政府十分重视对妇女干部的培训工作，1931 年冬，在张氏祠成立了第一所红军女子干部学校，并举办一期商城县妇女干部培训班。张氏祠成了妇女学习革命知识、提高技能的学习场所。

金寨县斑竹园镇金山村大河组的刘氏祠是赤南县三区三乡列宁小学校遗址。红军时期，金寨境内的区、乡都建有列宁小学，主要是为革命服务，培养工人与干部，提高他们的文化知识水平，为更好地完成革命任务做准备。刘氏祠的列宁小学，“学生除了参加学习外，还要参加苏区站岗放哨，帮助红军家属耕地，随军宣传革命思想等”。苏区党和政府要求学校教师必须是“无封建思想及宗教迷信者”“有阶级觉悟，信仰共产主义者”。由此可见，祠堂的封建思想教化作用正在逐步瓦解，为革命培养人才、宣传革命知识的红色教育功能进一步彰显。

苏区军民在粉碎敌人“围剿”的同时，还在革命根据地兴办各类文化活动，积极组织建立文化团体，建设文化设施、开展文化宣传活动。金寨县南溪镇王畈村吴氏祠，始建于清代，坐东朝西。1930 年，红军根据革命需要，在吴氏祠建立了红日印刷厂，这是鄂豫皖苏区第一家印刷厂。在吴氏祠内，红军还专门设置了石印馆和《红日报》报社两个机构。吴氏祠一度成为宣传党和红军、教育群众并打击敌人的重要基地，为苏区革命根据地文化建设作出了重要贡献。

金寨县汤家汇镇街道柳林组禅堂庙，土地革命时期，红军队伍在此驻扎。当时为了宣传马列主义，扩大红军和苏维埃政权影响，红军在禅堂庙内创办“红日剧团”“红日印刷厂”等，祠堂成为报刊印刷、剧团排练和演出的场所。

土地革命时期，金寨红色祠堂文化如火如荼，祠堂内的“天地君亲师”神主牌位被马克思、列宁的画像所代替，香火旺盛的享堂都改建为了列宁小学的校舍或办公场所。祠堂成为宣传我们党思想的主要文化阵地之一，这不仅对粉碎文化“围剿”、摧毁封建落后文化、巩固和发展革命根据地起了十分重要的作用，而且对后来抗日根据地、解放区以及新中国的文化建设具有重要借鉴意义。①

三、经济功能

金寨县的区划内，山区较多，在历史上曾经是一个交通闭塞、人民生活极端贫困的农业区。立夏节起义和六霍起义以后，又是国民党重点“围剿”的地区，敌人不但烧杀抢掠，而且还对根据地实行封锁禁运。各级苏维埃政府建立以后，为了提高生产力水平和人民生活水平，除了进行土地革命，废除一切苛捐杂税和租课、利贷外，还领导人民群众积极进行经济建设。

金寨的祠堂作为被没收的公产，也是村里较大的建筑，在经济建设方面也发挥了重要的作用。在县、乡、村苏维埃政府的领导下，祠堂更多地成为农业、手

① 唐金培：《鄂豫皖苏区文化建设模式及其历史地位》，《中州学刊》2008 年第 6 期。

工业的合作社、信用社，为农业发展提供制造生产工具的场所。如，六安六区铁业农具生产基地遗址王氏祠，今位于金寨县古碑镇七邻湾。苏维埃政府积极发展传统的手工业，炼铁、制锅、铁木农具生产有了很大发展。王氏祠是当时六安六区发展铁业农具的重要基地，主要在祠堂内进行炼铁、制锅，生产铁木农具，为当时苏区农业发展起到了重要作用。赤城县八乡三村经济消费合作社遗址秦家祠堂，今位于金寨县双河镇双河村。1929 年，新建立的苏区，为繁荣经济、克服国民党统治的经济封锁，成立了不同形式的合作社。合作社就设立在秦家祠堂，主要从事经营活动。红军还在秦家祠堂里屠宰牲畜、制作粉丝进行销售，为革命发展提供经济支持。解放后，秦家祠堂曾被作为双河大队队部、医疗室使用，1976 年移庄改田时被拆除。皖西北特区将苏维埃造币厂建立在金寨县南溪镇南湾村水口祠内。造币厂先后铸制铜元 9 种，每天能保证所铸银元达到 60 枚左右、铜元 50 余枚，每十天铸一次重 5 两的银锭，为向白区采购食盐提供了资本。水口祠在“文化大革命”时被拆除，作为稻田使用至今。

祠堂建筑的经济功能对战争时期苏维埃政府控制和管理根据地货币流通及金融市场都起到了重要作用，得到了苏维埃政府的绝对重视。

四、军事功能

金寨祠堂在苏维埃建设时期，发挥了传统宗族祠堂不具备的军事功能，如作为红军武器修配站、红军军械所等。当时的豫东南道委苏维埃政府和红军在金寨县汤家汇镇街道大平地西侧的石氏祠设立了武器修配站。石氏祠占地 400 平方米，政府不仅专门请手艺精湛的铁工、铜工、木工修理武器，而且还在祠堂内设修配组、弹药组，专门制造手榴弹、子弹，将其源源不断地送往前线。红军军械所遗址汪氏祠，位于金寨县吴家店镇飞机场村。1929 年 5 月，中共商罗麻特别区委在太平山穿石庙召开紧急会议，研究部署举行武装起义问题。为了保证起义顺利进行，指挥部在王氏祠秘密建立了红军军械所，生产部分枪支弹药等武器，为商南起义胜利提供保障。

在武装力量组建方面，金寨境内的祠堂还一度成为军队整编地。例如，红二十五军、红二十八军合编地遗址胡氏祠，今位于金寨县汤家汇镇豹迹岩村。胡氏祠建于清朝，建筑面积 1200 平方米。1934 年 4 月 16 日，红二十五军、红二十八军在胡氏祠会师，祠内右边的墙壁上至今保存着“活捉匪首刘镇华”“收复皖西北苏区”“欢迎白军兄弟拖枪哗变到红军来”等红军当年留下的标语。位于金寨县斑竹园镇的朱氏祠，是中国工农红军第十一军第三十二师成立之处。1929 年 5 月，党组织积极筹备商南地区的武装起义，9 日，各路起义大军 1000 多人会师斑竹园朱氏祠，在朱氏祠召开庆祝大会，成立红军队伍，番号正是中国工农红军第十一军第三十二师，将师部设在朱氏祠。新中国成立以后，金寨县为了纪念红三十二师成立，将朱氏祠收为公房。

在军队驻地方面，金寨境内的祠堂一部分成为部队的驻地。如，红一军独立旅旅部汤家汇驻地遗址吴氏祠，林维先二二二团团部驻地遗址蒋氏祠，赤南县游击队驻地遗址吴氏祠等。

五、其他

金寨祠堂伴随战争的洗礼，功能不断发生变化，逐步成为地方兴办公共事业的地点。例如，位于金寨县果子园乡吴湾村境内的红军医院遗址徐氏祠。1929年，县境内武装起义胜利后，建立苏维埃政权，苏区为加快卫生事业，治疗红军伤病员，在境内兴建红军医院。徐氏祠内建的医院就是当年规模较大的医院之一，是苏区建立的第二所红军医院，也是开办时间较长的红军医院之一。20世纪70年代，徐氏祠遗址已被拆除。类似的祠堂改建的红色医院还有很多，如，门坎山战地医院遗址刘氏祠、豫东南红军第二医院遗址邓氏祠、红军医院遗址王氏祠等。

不仅是医院，还有邮局、工会等各个社会机构。例如，赤城县邮政局遗址徐氏祠、商城县总工会遗址三柏祠等。

今天，随着乡村振兴战略的大力实施，乡村文化振兴发挥着铸魂的重要作用，祠堂作为乡村独具特色的文化建筑之一，是千百年来中华传统文化源远流长的重要象征。金寨县是中国革命的重要策源地，人民军队的重要发源地，是安徽省革命遗存十分丰富的县之一。在烽火连天、波澜壮阔的峥嵘岁月里，金寨祠堂作为宣传、组织革命的重要阵地，留下大量珍贵的革命遗迹。在传统文化复兴的背景下，金寨县红色祠堂大都被评定为各级文物保护单位，成为发展红色文化的一道特殊人文景观。其中多数祠堂已经被打造成重温革命历史的爱国主义教育基地和进行革命传统教育的重要展馆。金寨红色祠堂的功能变化在新时代找到了自己的新的定位和立足点，成为发展红色文化的重要人文旅游资源，具备新的生机与活力。

旧传统与新革命：中共对于皖西大刀会的革命动员述略

国防大学政治学院军事历史教研室　蔡宏俊　袁文艺

大刀会是一个秘密结社的武装组织，据传是由白莲教衍生而来，起自清朝光绪年间，广泛流行于山东、福建、江苏、安徽、河南、东北三省等地。在皖西地区，大刀会势力非常大，中国共产党要想在皖西发动革命，必须要与大刀会发生联系并解决相关问题，甚至将之纳入革命的轨道中来。但是，带有封建迷信色彩及大量旧社会元素的大刀会会众与信仰共产主义的革命新人，两种身份有着巨大的差距，从内到外都形成了强烈的反差。非常耐人寻味的是，中国共产党在皖西发动革命并建立根据地，成功的主要原因之一就是成功解决了大刀会及由其会众组成的民团问题。那么，中国共产党在皖西是如何动员大刀会参加革命的呢？效果如何？笔者以安徽革命历史文件为主要资料尝试解析，不揣浅陋，求教方家。

一、中国共产党发动皖西革命必须解决大刀会问题

大刀会在皖西地区有着很深厚的社会基础。民国初期，军阀混战，民不聊生，很多穷苦百姓依托秘密会社以求得生存。在民国初期的 17 年时间内，安徽军政首脑变动达 40 余次，先后由孙毓筠、柏文蔚、倪嗣冲、张勋、张文生、马联甲、许世英、吕调元、王普、王辑唐、吴炳湘、江绍杰、陈调元、蒋作宾等掌权，最长的执政时间有 3 年，最短的只有 8 天。如此乱局，实为罕见，而每一次军政更迭，都带来一次社会动荡，民众深受其苦。

1923 年，马联甲出任安徽省长后，大肆搜刮民脂民膏。次年，六安的大刀会首领夏云峰便率领会众攻打六安城，提出“攻破六安过节（端午节）、杀尽贪官污吏”的口号。他振臂一呼、应者云集，很快攻入了六安城。之后，大刀会成立“救国军总司令部”，进攻合肥，沿途农民呼应参加者数千人。虽然这次大刀

会叛乱被北洋政府镇压，但马联甲深知无法彻底清剿大刀会，便采取安抚策略来善后，任命大刀会首领夏云峰担任六安警备队团长。

到了南京政府时期，皖省依然一片乱局。“安徽分两大派，皖北为三十三军柏文蔚势力，皖南为三十七军陈调元势力……在皖有两个省政府、两个省党部，一在芜湖，一在蚌埠，各个抽收各个地方的捐税……国民党中央派人上安徽芜湖组织省党部，被陈调元赶走，又有一次陈调元派县知事赴皖北，被柏（文蔚）之部下赶跑……”①

经过 1924 年反叛事件，大刀会在皖西地区得到很大的发展，声誉日隆，势力十分庞大。

“一般农民都觉大刀会比正式军队好”②，令人哭笑不得的是，大刀会势力及其提出的口号令人产生了很大的错觉，甚至我们党内的一些同志也认为大刀会才是农民的群众组织，而非自己组织的农会。“六安的同志，以此联庄会（秘密会社的名称，在此即为大刀会）为真正农民群众的组织。”③

实际上，真正掌握六安地区政治权力的就是大刀会的会首——夏云峰。来来往往的客军和下派的官员往往力量薄弱。1928 年，中共安徽省临时委员会向中共中央汇报大刀会情况如下：

> 夏（云峰）之大刀会如虎傅翼，势力大张，成为六安第一的武装势力，因六安统治阶级现有的武力不过警备营一营及清乡司令带去一营，共有枪枝五百多支，尚凌乱不堪用也。现夏专以开设香堂、广收生徒、并吞领土，成为一种特殊的乡村军阀。无论何人来收编，他只是勾结利用，要想调他出境即不可能，因他知道他的会众决不肯离乡别井也。过去夏曾受魏益三收编为团长，现魏部一开调，他即取消团长，仍用人民自卫名义。夏之唯一倾向自然是在扩充势力，在当地由乡村军阀变为城市军阀。现各方都注意到夏之势力。在历史上向来敌视大刀会的地主及土劣现均与夏云峰亲近，并令他们的子弟练习“硬功夫”（即硬气功），设香堂招收生徒。安徽省政府亦派专员赴六安收编夏云峰。夏之倾向只须允许县城及其他要镇由他驻防即可接收。④

---

① 中央档案馆、安徽省档案馆编：《安徽革命历史文件汇集》第二册，安徽人民出版社 1986 年版，第 152 页。

② 中央档案馆、安徽省档案馆编：《安徽革命历史文件汇集》第二册，安徽人民出版社 1986 年版，第 63 页。

③ 中央档案馆、安徽省档案馆编：《安徽革命历史文件汇集》第二册，安徽人民出版社 1986 年版，第 63 页。

④ 中央档案馆、安徽省档案馆编：《安徽革命历史文件汇集》第二册，安徽人民出版社 1986 年版，第 229 页。

夏云峰及其领导的大刀会，缺少应有的革命觉悟，并且这种会党很容易走入会匪的歧途。1928 年 4 月 14 日，夏云峰率众千余洗劫六安麻埠镇，绑去男女票千余名，规定“菜商店东每票二千元，商贾五百元，并已将票撕去二百余名，以促赎票”①。在被招安后，夏云峰等人很快从乡村军阀转为城市军阀，不断扩大自己的势力，向六安城内外的地主、商户和殷实商家收取保护费，并开始压迫百姓和大刀会会众。他们还到处开设香堂、拜把子，扩张势力。以师生关系相维系、教授武艺，声称只要烧香念咒，便可刀枪不入。“大刀会打算用蚕食的方法，占领全县四镇八乡一百五十八保，都扎‘香堂子’……他们‘先生’设香堂收学生，后学生又设香堂收学生，他们虽不能个个都这样开香堂、收学生，然而出现稍有胜利的情形之下，农民又迷信他们。他们每个堂子都能收到数十个以至百十个不等，将来的发展是很可怕的……合肥已有了刀会，舒城、桐城尚没有开香堂，他们很有意发展学生，他们以为有学徒随时都有枪，他们正向邻近各县发展去夺取政权。”②

虽然，大刀会作为民间秘密结社肯定会以社团的力量来维护贫农利益，但是也依靠会社的力量来盘剥敲诈百姓。1929 年，中共六霍联合县委书记王逸常向中央组织部报告时直言：“其本性就是要打劫。但是会党中的农民分子是很有希望的，并且比普通的农民勇敢而有能力。”另外，还有一支非夏云峰部的大刀会，“多地主豪绅阶级，保守性最重，并有蓄发以俟宣统复辟之说”③。由此可见，他们并未接受大革命风潮之洗礼，思想极其落后，完全停留在封建王朝时代。

所以，大刀会成员既可以是革命团结的对象，也可以是革命的对象。中国共产党要在皖西无论是发动农民运动，还是工人运动，或者进行兵运工作，都绕不开大刀会。鉴于此，动员大刀会参加革命是皖西地区革命工作的主要内容。

二、中国共产党对大刀会的革命策略

由于国民党发动“四一二”反革命政变，在国民党内进行“清党”，对外则施行“白色恐怖”，中国共产党的势力在此时十分弱小。1927 年 12 月 9 日，刚刚到安徽工作的中共安徽临时省委书记尹宽向中共中央报告：“安徽的党尚在原始状态，一切工作尚待开始，党的根本弱点，就在尚未打入于工农群众，停滞于

① 《皖省之匪患》，《申报》1928 年 4 月 29 日。

② 中央档案馆、安徽省档案馆编：《安徽革命历史文件汇集》第四册，安徽人民出版社 1986 年版，第 6 页。

③ 中央档案馆、安徽省档案馆编：《安徽革命历史文件汇集》第四册，安徽人民出版社 1986 年版，第 6 页。

浪漫的不满现状的知识分子的环境中。”

当时，安徽省党组织，从组织人员上来讲，“知识分子占百分之九十，工人占百分之三四，农民占百分之六七（我临来时略有变更）。这些工农分子大都也不是群众斗争的领袖，也不过各个人模模糊糊在党内挂个名而已，至于知识分子又非在校学生及有职业的人员，大多数都是失业失学的游离分子”①。从组织能力上来讲，“建立在这种游离的知识分子的成分上的党，在从前与国民党合作机会主义政策之下或者有时还可起点作用，在现在是一点作用也没有了，因此党不能领导工农群众起来斗争，不能在工农及一般贫民中散布政治的影响，党在总的政治上没有自己独立的力量了，不能起一点作用。这样的党可以说不能算是一个政党，只是一个研究的小团体，更谈不上是指导工农斗争的共产党。”②

对此，尹宽急切地想打开工农运动的革命局面。他认为党的工作重点应放在发动农民暴动上。“安徽也不是一个工业区，发展农民运动也是党目前主要的工作，可惜已放过了‘秋暴’（即秋收后暴动）的时期。在客观上，安徽的农民运动是很有作为的……农民普遍的暴动化……不过因为缺我们党的领导，农民暴动至今尚少有组织有目的，大多数都以土匪式的形势（式）及个别的争斗表现出来。”他还特别指出：“在皖北一带，大刀会极有势力，这个大刀会比红枪会的土匪性要减轻些。里面的分子，固以失业农民为多数，但尚在耕种土地的贫苦农民参加者也极多……据说有一个大刀会的首领某，当岳维峻在豫时，曾在其部下充当营长，其后兵败，仍回到皖北，充当其大刀会的首领，在六安城内设一秘密办事处，一天夜里，派其党徒将城内外遍贴布告，署名为农民自卫军，其模糊倾向亦可想见。”③

安徽的工农运动重点应放在农民运动的工作上，而且，农民运动当时所体现出来的是缺少党组织的农民自发性暴动，这又以六安的大刀会最为典型。而且，大刀会的思想倾向比较好，比红枪会等其他会党少一些匪性。所以，对六安的大刀会展开革命运动，将之纳入革命的轨道是安徽省发动工农运动的重要突破口。

当时，势力弱小的中国共产党要动员势力庞大的大刀会来参加革命，这种革命意识的灌输显然并不会太吸引他们。要想迅速地完成任务，动员他们最便捷的方式是自上而下，而非自下而上。通过各种人情或者重要军政人物的名号，联系

① 中央档案馆、安徽省档案馆编：《安徽革命历史文件汇集》第二册，安徽人民出版社 1986 年版，第 62 页。

② 中央档案馆、安徽省档案馆编：《安徽革命历史文件汇集》第二册，安徽人民出版社 1986 年版，第 62 页。

③ 中央档案馆、安徽省档案馆编：《安徽革命历史文件汇集》第二册，安徽人民出版社 1986 年版，第 63 页。

大刀会的首领并劝说他们参加革命，自然成为一种重要选择。但是，这种捷径脱离了群众，不能够充分发动民众。更重要的是，夏云峰等人根本就没有被发动起来，可能他们根本就不愿意去理会这些力单势孤的年轻知识分子。

1928 年 3 月 13 日，安徽省临委对党内工作进行了讨论和决议，指出“六安的大刀会及皖北的红枪会红缨会中工作亦有相当的重要，不过应纠正过去之联络首领而不注重视影响内部群众之错误倾向”。

5 月 1 日，安徽省临委发来对六安县委过去工作的批评及对大刀会工作的指示信。六安县委的同志显然在发动大刀会的时候遇到了很大的困难，受到了省临委的严厉批评。“很多同志消极并闹私人意见，党的威信树立不起来，甚至县委公然宣布无办法，等等。这些极不好的表现，足证明过去党的基础不好。一般游离的知识分子同志处此反动局面之下，不能公开活动，要他们打进工农群众里去，一方面是无法，无从下手，另一方面也有些不愿意，弄得大家无工可做，整个意气消沉，遂生出种种如上列的极坏的表现。”①

6 月 5 日，中共中央给安徽省临委发来指示信，批评了安徽省临委沉溺于发动土匪刀会的工作，六安的工农运动不应只做大刀会的领袖工作，而不去发动基层群众。摘要如下：

> 六安大刀会的领袖显然是没有丝毫希望，他的反动程度是随其势力发展而愈加厉害，我们绝不应存一种获得这一组织之幻想，我们也绝没有力量去“从速破坏这种倾向”的。现在的问题就是如何去影响它的群众，促成内部的分化，去破坏其组织。
>
> 大刀会的领袖既已成为豪绅、地主、军阀的工具，他自然不能站在贫苦农民利益上去发展自己的组织与力量，我们是否能够影响其农民成分，就看我们是否能领导对贫苦农民有益的斗争。因此我们主要工作就是集中力量去发展农协组织与斗争，不应使农协与刀会成为对立团体，必须以农协为我们主要工作，而不是集中极大的力量去做大刀会工作。这一工作的观念你们是应从此改正的。
>
> 此时大刀会以内的工作，应当是注意下层群众与干部的获得，在土地革命口号之下，鼓动群众起来斗争，反对出卖农民利益的领袖而脱离刀会组织加入农协。专靠“利用会中的首领英雄的浪漫的革命思想”，绝对不是“训练群众的必要方法”。
>
> 总之，安徽党在群众中的基础与影响尚甚薄弱，我们不能沉溺于土匪刀

---

① 中央档案馆、安徽省档案馆编：《安徽革命历史文件汇集》第二册，安徽人民出版社 1986 年版，第 131 页。

会的工作，反而妨碍党的独立的群众工作之建立。这是安徽党应特别注意的。我们若不能发展群众工作，只是跟着大刀会、土匪跑，而为它们的尾巴，这是安徽党的危机！

应该说这一指示是有片面性缺点的，它完全否认通过工作争取大刀会的可能，具有明显的极“左”的色彩。①

此时，六安县委面临着非常大的困难。一方面发动大刀会无力，而大刀会工作是农民运动的重中之重。关于这一点，上级机关可能并不认同，也难以体会。解决不了大刀会问题，根本就不可能发动其他农民参加革命。另一方面，中共中央和安徽省临委都认为六安县委只顾着联系会首走捷径，不去深入基层、发动群众参加革命。

1928 年 4 月 26 日，六安县委向安徽省临委报告了关于大刀会遇到的困难状况：“在县委未改组以前，曾派几个同志到夏（云峰）部下工作，他们都没有方法打到夏的群众里去，不能起作用，不久都各退出来。”并提出工作建议：“以我们的观察，我们要影响刀会的群众非我们去里面工作，与他们一般样的形式，他们难接受我们的宣传，究竟如何，望省委于前六安县代表大会关于刀会运动决议案之外再给我们一些方法，不胜待命之至！”

毫无疑问，六安县委对于他们的建议能否征得省临委同意并没有把握。所谓“与他们一般样的形式”虽然表达模糊，但还是表达出了他们必须接受大刀会那一整套的入会方式，才能打入其中。虽然，通过“与他们一般样的形式”使大刀会接纳他们显然与以反封建为己任的革命者的身份不相符，但是，不在这种“旧传统”中开出“新革命”，发动皖西地区的农民运动就无从谈起。

对此，安徽省临委也是理解的，他们对所谓的“与他们一般样的形式”这种表达也是“心领神会”的。对于刚刚经历过“四一二”反革命政变的共产党来说，继续高举反帝反封建的旗帜，正是党与以蒋介石为代表的新军阀的主要区别。可以想象，用这种“落后的方式”加入大刀会以便于发动神圣的革命，确实需要理论的勇气和决策的魄力。

5 月 1 日，安徽省临委回复了六安县委的请示，并对六安的大刀会工作作出了有针对性的指示，摘要如下：

刀会工作极为重要，县委应集中极大的力量去做。设法专派好些的同志去实行参加其中，起分化作用，引起他们的阶级觉悟，发动阶级斗争，深入进行土地革命宣传。在这一切基础上，利用会中首领英雄的浪漫的革命思

① 中国工农红军第四方面军战史资料编纂委员会编：《中国工农红军第四方面军战史资料选编（鄂豫皖时期）》上，解放军出版社 1993 年版，第 632 页。

想，以便接近群众，训练群众，亦是必要的方法。总之，刀会中有广大的被压迫群众，我们不要以其有迷信思想和受地主豪绅的利用，便认为无希望，我们要以刀会为团结阶级的群众，不必凭空地对刀会本身、反动的领袖及迷信加攻击，只在领袖的倾向及迷信显明地妨害群众的本身利益时，我们坚决地拥护群众的利益，我们不要使农协与刀会成为对立的团体。我们一方面要使刀会内群众对农协表同情（农协是为大家谋利益的，刀会亦应如此），另一方面以农协的所做所为影响刀会，在不违背上述的原则及夺取群众的必要上，我们可以设香堂、收徒弟。他们带有迷信，是他们经济背景使然。不进去工作，他们找不着正当出路，乃真无希望!①

安徽省临委对六安的刀会工作也非常期待："阜阳、太和几县现已发动起来了，你们六安若果工运、农运、刀会工作做得好，则可联结鄂东及阜阳，建立一苏维埃割据的局面。六安县委在这个大的方向下，应立即动员加紧这一工作。"②

这一指示非常重要，它为发动秘密会社参与革命开拓了工作方法。这是实事求是的，也是当时的一个重大的理论和实践上的突破。而且，安徽省临委指出了刀会工作和农协工作的相互关系。六安县委深刻领会了这一指示，在派人加入大刀会后，大力发展会众加入农协。在农协的名义下，再对会众展开思想发动，分化大刀会。

当然，具体的动员技术问题也是复杂的，当时弱小的党的力量必须要积极作为、把控好局面，否则就会被会党所利用，反而助长了会党的势力。在一系列工作中，最重要的是，将以往的那种"旧传统"与"新革命"的矛盾，转化为"贫"与"富"的矛盾，从而将新旧矛盾转化为阶级矛盾，成功实现"旧传统"与"新革命"的调适、融合与转化，并在"旧传统"中实现"新革命"。

在这种思想的指引下，六霍县委负责人王逸常、周范文、周狷之等参加了大刀会，利用会党内的"结拜兄弟"等方式打入其组织内部，对其进行分化瓦解，很快就取得了成功和有益的经验。

三、中国共产党解决大刀会问题的成效与问题

在六安县委的努力下，许多大刀会的会众接受了中国共产党关于土地革命、

① 中国工农红军第四方面军战史资料编纂委员会编：《中国工农红军第四方面军战史资料选编（鄂豫皖时期）》上，解放军出版社 1993 年版，第 629—630 页。

② 中央档案馆、安徽省档案馆编：《安徽革命历史文件汇集》第二册，安徽人民出版社 1986 年版，第 134 页。

打倒军阀和土豪劣绅等观点，加入农协的人日益增多。此外，大刀会自身也由于夏云峰等人被枪决而力量削弱。“1929 年 5 月，桂振远率部赴闽，经过六安，突于夜间包围大悲庵，擒住夏云峰及团附王左军和夏云峰门徒王焕章，同时枪决。”① 这使得刀会工作愈加顺利，成效显著。

1929 年底至 1930 年初，安徽省临委巡视六安中心县委工作报告②中明确指出，六安有发动地方暴动的条件，其中主观条件第一条就是“有快枪百余支，与大刀会合在一起可组织三千人的赤卫队”③。正是由于当地的党组织很快解决了大刀会会众的问题，而且成功将大刀会会众转化成农协会员，并发动了大量群众，才为后来的六霍起义打下了坚实的基础。

对于刀会工作，六安县委也总结相关经验，摘要如下：

> 我们在六安做会党和土匪的工作，是适用兵士运动的原则。打到会党群众里边去，吸收农民会党和进步分子入党，宣传他们的群众来参加土地革命。去年三月我们几个同志进到他们的看堂去，对于他们的内容和习惯先考查一番，首先在其群众中由感情上的联络，而宣传，而训练。他们很欢迎谈话式的政治报告，很多人加入农协。
>
> 大刀会的首领夏云峰受统治阶级委为自卫团团长，把他所有的武装编成军队了，他已经做了统治阶级的走狗。我们在他群众中指出他利用群众升官，使大部分群众离开他，反对他如反对军阀与豪绅一样。
>
> 统治阶级通缉我们的时候，青红帮和一部分土匪找我们接头要暴动起来，与军队决战。县委认为我们主观的力量还没有会匪的力量大，领导不住他们反而要被其利用了。我们只答应到他们的势力范围去组织农协，他们也是很欢迎的。会匪很少数的能够作持久的经常的斗争，他们的本性就是要打劫。但是会党中的农民分子是很有希望的，并且比普通的农民勇敢而有能力。④

由此可见，六安的刀会工作，主要是发动会众加入农协，并非如黄麻地区那样广泛开展减租减息、抗租抗捐工作。六霍起义及皖西根据地的成功建立，其中一个重要原因是“我们在六安做会党和土匪的工作，是适用兵士运动的原则”，可以说六霍起义具有一定程度的兵士运动特征。

---

① 全国政协文史资料委员会编：《文史资料存稿选编精选》第十册，中国文史出版社 2006 年版，第 220—221 页。

② 该文件时间不详，笔者根据内容判断应为 1929 年底至 1930 年初。

③ 本书编委会编：《六霍起义》，中共党史资料出版社 1989 年版，第 113 页。

④ 中央档案馆、安徽省档案馆编：《安徽革命历史文件汇集》第二册，安徽人民出版社 1986 年版，第 262 页。

既在意料之中，又在预料之外，六安县委的刀会工作也受到了来自内部的责难。寿县县委代表刘启元、史开纯、周范文，阜阳县委代表李乐天，六安县委代表朱华等人联名向省委提出系列意见，其中对于六安刀会工作意见如下：

> 省委过去对六安会党运动，指导上向无正确的观点，当大刀会势力极胜（盛）的时代，省委指导六安县委派人参加大刀会，开堂子，收徒弟，结果事实上助长了大刀会不少的声威，混淆了劳苦群众阶级的意识。

其实，在发动大刀会底层会众的过程中，党组织自身也得到了思想的转变。1929年，王逸常在关于巡视六安、霍山等地向中央组织部的综合报告中，就讲述道："五月底豫匪李老末扰境，大肆杀掠。我们组织的农民一部分主张响应土匪；一部分主张打土匪。县委认为：一、李老末的股匪是法西斯式的土匪，专事残杀，没有阶级意识；二、我们若是打土匪等于替豪绅地主阶级帮忙；三、我们若是利用土匪的凶焰，响应暴动，就是趁火打劫的一刹间的投机。因此决定：一、宣传土地革命政纲，使民众认识本党的主张；二、反对军阀混战和豪绅阶级的剥削所造成的土匪骚扰；三、在乡村把农协的旗帜揭出，号召农民自卫，取得大部分的农民群众；四、同志尽可能地到匪的下层群众中工作。匪到时，我们即执行以上的决议。"①

从以上决议可以看出，当李老末率领窜匪来到六安时，六安县委对于该股土匪的处理已经非常成熟了，六安县委自觉将底层群众工作放在首要位置，而不是"趁火打劫"式地解决发动革命的问题，强调革命运动的群众基础。

由此可见，中国共产党对于皖西大刀会的发动工作采用"旧传统"中实现"新革命"的方法，是当时的一个重大的在理论和实践上的突破。中国共产党对皖西大刀会所做的艰苦而有魄力的工作，不仅取得了良好效果，发动了群众并成功建立了皖西根据地，也与依靠群众发动工农运动的思想发展实现了良性的互动。

① 中央档案馆、安徽省档案馆编：《安徽革命历史文件汇集》第二册，安徽人民出版社1986年版，第255页。

立夏节起义的成功经验及重要意义

河南商城县委巡察办公室　刘昌国

立夏节起义，爆发于1929年5月6日，是中国共产党领导的一次重要武装起义。1927年大革命失败后，在南昌起义和湖南秋收起义的影响下，地处鄂豫皖三省交界处的大别山地区相继爆发了黄麻起义、立夏节起义、六霍起义三大武装起义，立夏节起义是这三大起义中具有承前启后作用的一次重要起义。立夏节起义的成功，在关键时刻壮大了鄂豫皖革命斗争力量，诞生了河南省第一支工农红军——中国工农红军第十一军第三十二师，建立了河南省第一个县级苏维埃政权——商城县苏维埃，创建了以商城县为中心的豫东南革命根据地，巩固了黄麻起义的革命成果，为六霍起义提供了强有力的支援，为鄂豫皖革命根据地的形成和发展打下了坚实的基础。

立夏节起义后，为庆祝起义成功创作的经典革命歌曲《八月桂花遍地开》从这里唱响全中国。1930年3月18日，《中共中央告商城县全体同志书》指出："商城的党和同志们能在艰苦的境况下面积极地奋斗，从分粮抗租的斗争发展到地方暴动，并在斗争中建立起工农武装的红军队伍，于不久以前还占领敌人反动统治的中心，解除了地主阶级许多武装，扩大了党的政治影响，这些英勇斗争的事迹和刻苦工作精神，中央表示无限欣慰和敬意!"

这次在中国革命史上留下光辉诗篇的立夏节起义，为我们党实行农村包围城市、武装夺取政权丰富了宝贵的经验，为中国革命的胜利作出了巨大贡献。

一、抓好"三大建设"，是立夏节起义成功的根本所在

从中国共产党成立之初，就把党的组织建设、思想建设、作风建设作为党的经常性工作常抓不懈。在组织立夏节起义之前，中国共产党就在鄂豫皖发展组织、积蓄力量。1927年9月中旬，中共河南省委根据党的八七会议精神召开扩大会议，决定成立豫南、豫中、豫北三个特委，以领导暴动工作。9月29日，河

南省委制定《河南目前政治与暴动工作大纲决议案》，又划全省为豫南、豫北、豫中、豫东四个暴动区，各区设立特别委员会，指导暴动工作。商城县是豫南特委领导下的 13 个县之一。

（一）把组织建设放在首位

领导我们事业的核心力量是中国共产党，抓好组织建设是立夏节起义成功的关键。

1922 年，董汉儒、袁汉铭等商城进步青年在武汉中学上学期间，受董必武、恽代英等革命先驱影响，开始接受和传播马克思主义，先入团后转党。1924 年冬，袁汉铭带着发展党组织的任务回到商城，先后在商城南部和城区建立党的组织。1925 年春节期间，袁汉铭从商南来到县城住在干兄弟吴靖宇家，开始了革命活动。经吴靖宇介绍，袁汉铭结识了教育界不少有识之士。1925 年 5 月，袁汉铭先后发展吴靖宇、雷承清、詹青岳入党、团。随后，中共商城县党、团支部委员会成立，袁汉铭任书记。是年秋，党、团支部发展了县立第一高级小学教师胡攻非、梅子美、萧辅华等入党、团。原商城党、团支部改建为中共商城特别支部，袁汉铭任书记，直属豫陕区委领导，对外以“河南商城学会”名义活动。

1926 年春，袁汉铭去固始县南乡志成小学任教，发展党、团组织，商城特支书记由胡攻非接任。不久，发展县中教师毛蔚秋、学生钟启泰、县邮工马石生入党、团。之后，又发展县立第一高级小学校长张心赤和周月笙等入党。利用纪念孙中山逝世 1 周年之际，特支决定，先在县立中学和师范中发展一批共青团员，而后再继续发展入党。这批入团者有丁树勋、钟保太、吴春宇、陈世鸿。1927 年 2 月，经过纪念“二七”大罢工 4 周年活动，特支发展高小教师阮渭渔等人入党、团。

在商南区域，1925 年，李梯云、罗固城寒假回乡，发展进步私塾教师漆禹源入党。后成立党小组，罗固城任组长，又发展罗银卿、李树民等入党，成立斑竹园党支部。1926 年秋，袁汉铭、詹青岳、詹谷堂在南溪民强小学任教期间，发动成立农民协会，从会员中发展王凤池、王运生等 20 余人入党，成立南溪支部，詹谷堂任书记。同期，漆德琮、李树民在小河小学教书，发展李声五、漆承基、王静波、方孔政、漆渺苍、朱世芬等入党，成立小河党支部，李声五任书记，后漆承基任书记。1926 年 10 月，在陈家畈的东岳庙，成立商罗麻特别支部，肖方任书记。1927 年春，平头山、漆家店等地成立党支部，汪时兴、罗泽恒等分别担任支部书记。1927 年 4 月，袁汉铭、漆禹源介绍佛堂坳小学进步教师王禾生、漆耕甫、柯干甫入党，成立佛堂坳党、团支部，王禾生任书记，后发展姚勉入党。

1926年春，刘宪章、罗志刚、漆禹源发展周维炯、漆德玮、胡秉衡等10余人加入党、团，并成立了笔架山农校党、团支部。是年，又发展蒋星甫等10余人为党、团员，支部党、团员总数达30余人（这些党、团员后来成为立夏节起义成立的红三十二师的骨干）。

大革命失败后，驻商城县的国民党第十二军等反动势力，向商城各地的中共党组织发动了突然袭击，残酷杀害工农群众，大肆镇压农民运动，商城的党组织屡遭破坏。1927年11月底，中共商城特支在城关四衙巷召开特支扩大会，决定中共商城特支改组为中共商城县委，蒋镜青任县委书记，委员有黄柏劲、马石生、钟启泰等。中共商城县委成立后，即进行恢复全县党的支部和发展党员、共青团员的工作。城区先后成立城区党支部、县中党支部等。随后，商北武桥党支部、南司党支部、大荒坡党支部、河凤桥党支部等党组织得到恢复和发展。

商城南部的党组织得知商城县委成立后，于1928年农历正月，派党员罗霁南与县委取得联系，中共商城县委书记蒋镜青冒雪前往商城南部恢复党的组织，对商南党员进行重新登记，成立了直接同商城县委发生关系的中共商城商南区委会，漆德琮任书记，李梯云、周维炯、肖方等任委员。

到1928年2月，商城各地党组织得到建立、恢复和发展，到1929年4月，商城党员发展到373人，农会会员400余人，这些党员和农会会员大多集中在商城南部地区。中共商城县委积极对党、团组织进行建立、恢复和发展，使立夏节起义最终爆发成为现实。

（二）把思想建设作为抓手

商城建立党组织之初，就从思想建设入手。1925年，袁汉铭在县城教师、学生、群众中，宣传俄国十月革命、马克思主义、中国共产党的奋斗纲领，组织读书会，向校内外的进步师生、知识青年介绍《共产党宣言》《向导》《中国青年》等革命书刊。马克思主义传播范围越来越广，促进了人民群众的觉醒，涌现出一批要求加入中国共产党的进步青年。董汉儒从上海回到商城后创办了“商城书社”，使马列主义在商城广泛传播，许多进步知识分子和青年学生树立了革命的人生观，明白了打倒军阀、推翻反动统治、救人民大众于水火，明白了必须起来革命、拥护中国共产党。笔架山农校成立读书会，《共产党宣言》《列宁文集》等书籍广为流传，参加者热情高昂，思想进步很快。

1927年12月中旬，商城、潢川、固始三县县委召开联席会议，贯彻党的八七会议精神，会议计划在大荒坡举行武装暴动。此时，豫南“白色恐怖”非常严重，党筹集革命经费极为困难。党员张子敬将仅有的一担八斗田卖掉；党员张存雨趁回家过年之机，向父母做工作，拿出了家中祖传的砚台、字画等家私，通过关系变卖成500块银元并悉数交给组织。在那个非常时期，正是党员们这种为追求真理而舍家为党的精神，使党有了这些难得的经费，为中共河南省委在1928年3月18日领导商城“大荒坡暴动”提供了难得的经费支持。

（三）把作风建设贯彻始终

中共豫东南特委建立后，明确把群众利益作为党的工作的根本出发点，要求各级组织自觉遵守纪律，自觉维护群众利益。当时，参加立夏节起义的党的许多领导人，都能把密切联系群众作为建设革命政党的重要内容，处处率先垂范。周维炯待群众亲如骨肉，深得群众爱戴，还常无微不至地关心战士生活；漆德玮多次带领战士给老弱病残和烈军属送粮、送生活用品。苏区的基层党组织始终保持与人民群众的血肉联系，得到了广大人民群众的支持与拥护。

豫东南各级党组织注重党的制度建设、作风建设、纪律建设，对官僚腐败问题敢于斗争并坚决查处，对不称职的干部能做到及时罢免。当时，豫东南苏区监察部门对于各级领导干部查处都较及时，因广大党员干部对贪污腐化深恶痛绝，所以在执行初期，开除党籍、枪决的事时有发生。后鄂豫皖分局发现后及时予以纠正，指出“开除党籍是党的最高纪律，死刑是对付阶级敌人的方法。对那些完全脱离了无产阶级立场而不能挽救的分子开除其党籍，而违法的则交政府依法惩处”。

二、探索“三大策略”，是立夏节起义成功的有效途径

（一）吸取教训，实现战略转移

1928年2月，中共河南省委召开第三次代表大会，决定成立“豫东南商城、潢川、固始、光山、息县五县特委”，任命省委常委、宣传部部长汪厚之担任南五县特委书记。省委命令新成立的南五县特委“限一月之内在商潢固一带发动暴动”。1928年3月16日，南五县特委在大荒坡交通站冯新宇家召开扩大会议，特委书记汪厚之听取了有关起义准备情况报告。特委认为，大荒坡起义的时机已经成熟，会议通过了起义决定，初步目标是偷袭反动民团头子张秋石家的寨子，消灭大荒坡的反动民团，夺取敌人手上的30余支钢枪，成立革命队伍。

1928年3月17日夜，南五县党组织负责人和部分党、团员，以及革命群众100余人集中在大荒坡支部书记张相舟家待命。行动前得知，敌人有个清乡委员携6支钢枪在马堽集催捐，决定先打马堽集，不巧马堽集正在唱戏，人多不便行动，又折回头去打张上寨，摸黑走了几十里，到了张上寨天已快亮，开打时，又

发现张家正在为年前去世的家人做超度道场，民团都未睡，偷袭遂变成强攻，反动团丁负隅顽抗，枪声火光惊动了周围的“红枪会”，敌人四面八方涌来，一时号角连天，暴动队伍寡不敌众，暴动失败，一部分同志冲了出去，然而汪厚之、龚逸情、范易等许多同志被捕。这次暴动，党失去 32 位好同志，共产党人的鲜血染红了大荒坡。

在“大荒坡暴动”失败后，1928 年 3 月 21 日在商城县七里岗召开商城县委扩大会议，会议总结了“大荒坡暴动”失败血的教训，认为“大荒坡暴动”虽然没有成功，但共产党人的血没有白流，此次行动打击了国民党反动统治，为工农武装割据进行了一次英勇的探索，同时严酷的斗争形势教育了大家，加深了党对武装暴动的认识，会议决定加强对商南的领导，选举充实了商城县委。会议重申商城县委坚决贯彻党的八七会议精神，决定党要在商南等地积极开展工作，今后商城党组织要以商城南部乐、和两区为武装起义的重点，利用一切可能掌握武装、广泛发动群众、积蓄力量，准备再次发动武装暴动。

（二）到敌人统治较薄弱的商南山区开展武装斗争

南昌起义和秋收起义后，革命队伍转向敌人统治薄弱的井冈山地区，建立了井冈山革命根据地；黄麻起义成功后，面对强大敌人的进攻，革命队伍转向木兰山和柴山保，保存了革命的有生力量。

1929 年 3 月 13 日，中共豫东南特委和鄂东特委在柴山保举行联席会议，会议确定中秋节发动商南起义，鉴于中共商城县委迭遭敌人破坏，加之商城县委与南邑区委联系存在诸多困难，豫东南特委对起义指挥不便的实际情况，会议决定，商南党组织暂委托鄂东特委领导，由鄂东特委直接领导指挥商南起义工作。会后，鄂东特委遂将商城南部、罗田北部、麻城东部划成特别区，成立商罗麻特别区委，并派徐子清、徐其虚、卢成玉等人到商南参加起义领导工作。1929 年 4 月，中共商罗麻特别区委在太平山成立，徐子清任书记，徐其虚、李梯云、肖方、周维炯、廖炳国等为委员。

此前，商南区委已在多地建立了党支部，群众基础很好，商南革命势力不断发展，为商罗麻特别区委领导商南起义工作奠定了良好基础。

（三）坚持走农运兵运相结合的路子

1928 年 3 月 21 日，中共商城县委扩大会议作出了把起义重心转移到商南的决定，要求商城县委领导全县人民从经济斗争入手，开展分粮抗租、反流通券斗争，利用商南上层关系积极开展兵运工作。

1924 年秋，詹谷堂与袁汉铭等党员在笔架山农校讲学，不久在当地詹氏祠创办商城县第二模范小学，广泛发动群众，创办农民夜校和识字班，组织农民协会，发展党员。1929 年初，詹谷堂在南溪、笔架山、葛藤山、花园、王畈等地秘密召集党支部会议，决定开展均粮和抗债斗争，亲自领导指挥汤家汇、竹畈、南溪、丁家埠一带的均粮斗争，开仓分了地主豪绅的粮食。

1928 年秋，中共南邑区委在太平山召开会议，议题是发展党的组织，加强兵运工作，准备武装暴动。会后，詹谷堂到三合、桃岭一带组织农民武装。南邑区委还在白沙河、斑竹园等地组建起几支 10～20 人的秘密农民武装。

商城革命势力的蓬勃发展，引起了反动派的恐慌与警觉，1928 年秋，商城县各民团为扩充势力，纷纷招兵买马。中共商城县委决定利用民团扩充势力的难逢之机，选派党员打入民团内部，掌握民团武装。随后商城党组织通过社会关系，陆续安排周维炯、廖业琪打入商南丁家埠杨晋阶民团；安排漆德玮、徐静生打入县民团；安排王炳厚打入商北胡晓云民团。这些同志打入民团后，积极在民团中开展兵运工作。周维炯打入杨晋阶民团后，在民团中成立“兄弟会”，在此基础上发展党员 7 人，又在农民中发展党员 4 人，建立了丁家埠党支部，周维炯任书记。走农运兵运相结合的路子，对商南立夏节起义成功起到了至关重要的作用，对鄂豫皖革命形势产生了深远影响。

三、采取“三项措施”，是立夏节起义成功的有力保障

（一）强化领导，党指挥枪

豫东南特委和鄂东特委联席会议决定，把起义领导工作暂托鄂东特委就近领导和鄂东特委派出斗争经验丰富的同志直接领导起义的做法，从很大程度上为立夏节起义成功提供了有力保障。

为保证起义成功，鄂东特委派出分别参加过南昌起义、黄麻起义的两名特委委员徐其虚、徐子清来到商南，并及时组建了直接领导起义的中共商罗麻特别区委。徐子清、徐其虚在商南期间，上级也曾一再要求尽快组织商南暴动，但他们认为时机不成熟，不能轻举妄动，同时他们又积极准备，待时而动。

（二）运筹帷幄，精心组织

1929 年 4 月下旬，中共商罗麻特别区委在太平山穿石庙召开紧急会议，分析形势，研究起义提前问题，有同志提出在 5 月 1 日举行起义，周维炯认为，5 月 1 日是国际劳动节，敌人肯定会有戒备，而 5 月 6 日是传统的立夏节，可趁敌人疏于防备、过节之际行动，打敌人一个措手不及。最后，特委书记徐子清决定立

即将这里的情况报告鄂东北特委，等待指示后再定具体行动时间。

1929年5月初，鄂东北特委派红十一军军长兼三十一师师长吴光浩率10多人由鄂东赴商城参加起义的指挥工作，队伍途经罗田县滕家堡遭民团包围，突围时吴光浩等同志不幸壮烈牺牲。噩耗传来，商罗麻特别区委在这种严峻的形势下，于5月4日在太平山穿石庙再次召开紧急会议，决定于5月6日（立夏节）提前发动起义，变被动为主动，先发制人。会议决定，起义采取统一指挥、分头行动的办法，主要消灭敌人的民团武装，并以丁家埠为主，11个起义地点一齐行动，协同作战，互相支援，待消灭民团后，会师斑竹园，成立中国工农红军，实行武装割据，开展土地革命。

（三）靠前指挥，协同作战

5月4日会议结束后，各地党支部立即进行战前动员和准备。周维炯连夜返回丁家埠，在后山蜡石台松林里召开支部大会，传达起义决定，就具体行动计划作了周密安排部署。

1929年5月6日，丁家埠民团恰临周维炯担任值日班长，他以过节整理内务为名，安排团丁把30余支枪和子弹带一律“整齐”地挂在中间屋内的墙上。晚上集合点名时，党员田继美“迟到”，被周维炯罚去站岗。会餐开始，分坐在各桌的党员频频向副队长张瑞生和一些不可靠的团丁“敬酒”，猜拳行令直到深夜，张瑞生被灌得东倒西歪，一些团丁也烂醉如泥。周维炯见时机成熟，一声令下，民团中的党员和“兄弟会”成员一齐动手收缴了墙上的枪支。周维炯亲自捉住张瑞生，然后集合团丁，宣布起义。等在外面的起义农民闻讯蜂拥而至，相互祝贺起义的成功。

接着，周维炯又派部分起义武装连夜赶到汤家汇，收缴了民团头子杨晋阶家里的10多支新枪，处决了住在他家的“清乡”委员。随后带队支援南溪农民起义，6日夜，詹谷堂、袁汉铭在集镇后山集中党员、农协会员和进步师生200多人，高举红旗、手持火把，列队开进南溪街火神庙召开大会，宣布起义。

5月6日夜，徐其虚、郑延青率领白沙河农民武装于子夜时分包围了民团驻地福禄庵，打入民团的地下党员冉绍红见起义队伍一到，马上把事先准备的两桶煤油泼到房子上，用火点着，霎时火光冲天。从梦中惊醒的团丁赤身外逃，起义队伍趁机猛攻，当场打死4人，打伤多人，得枪10多支。廖业琪带领农民武装三四十人，于子夜包围了吴家店竹叶庵的民团，摸掉岗哨后，冲进庵去，生俘敌15人；住在岗楼上的团丁负隅顽抗，在地下党员周厚玉的配合下，敌人很快瓦解，缴枪17支。肖方一行从吴家店连夜赶到李家集，消灭民团一个班，缴获枪6支，在此赌博的民团头子杨晋阶腿被打伤后侥幸逃脱。

同日夜，毛月波带领埋伏在斑竹园附近山上的农民武装，以猛虎下山之势，冲进民团驻地文昌宫，正在聚赌的民团团众个个吓得呆若木鸡，束手就擒。李梯云带领沙堰起义农民 50 多人，一举歼灭徐王庙民团一个班，缴获枪 6 支，接着，带领 17 人赶到长岭关大吴湾，活捉国民党党部委员罗维楚，押送至斑竹园。此外，包畈、西河桥、牛食畈等地农民也在当地党支部领导下举行了起义。

一夜之间，同时举行武装起义，商城南部乐、和两区国民党地方政权及反动武装土崩瓦解，立夏节起义一举成功，起义队伍基本上控制了商南地区。

四、实现“三大目标”，是立夏节起义成功的最大贡献

（一）组建红军，实现武装割据

1929 年 5 月 9 日，各路起义队伍会师斑竹园，在大河湾召开数千人庆祝大会，宣布组建中国工农红军第十一军第三十二师。师长周维炯，副师长漆德玮，党代表徐其虚，下辖第九十七团、第九十八团两个团，肖方、郑延青分别任团长，全师 200 余人。

商南起义后，反动县长李鹤鸣急令县民团大队长王继亚带领 200 多团丁向商南进犯。1929 年 5 月 16 日，民团进至南溪吴氏祠和余富山土地庙一带，即大肆抢掠，严阵以待的红三十二师迅速发起攻击，民团不战自乱，红三十二师乘胜追击 10 余里，毙伤敌 20 余人，俘虏 10 余人，缴枪 20 多支。六七月间，反动武装不断向红军发动联合进攻，企图摧毁这块刚诞生的红色区域，在四面受敌的紧急情况下，红三十二师英勇抗敌打退敌人多次进攻，保卫了以南溪、吴家店为中心的纵横六七十里地的起义基本区域。

8 月 10 日，敌人对红三十二师发动“鄂豫会剿”，17 日，红三十二师转移至黄安光山边界八字门楼，和徐向前领导的红三十一师会师后，配合同敌人打了一仗，缴获一批武器。敌发觉红军主力在光山麻城边界，便于 9 月 12 日西调，红三十二师乘机返回商南。9 月下旬，接连消灭禅堂、吴家店、南溪、丁家埠等地“编练队”，镇压一批反革命分子和土豪劣绅，红三十二师队伍得到壮大。

（二）支援六霍起义，拓展红色区域

1929 年 5 月 20 日，红三十二师首次东进皖西重镇金家寨，守敌汪东阁部闻风溃逃。红三十二师当夜转向燕子河，缴获黄英民团部分枪支，次日东下流波䃥，击败诸佛庵民团。10 月 19 日，红三十二师一部在师长周维炯率领下游击霍山，在闻家店歼灭敌“自卫团”，缴枪 32 支，在楼房湾、长山冲歼敌一部，缴枪

20余支。

1930年1月上旬，红三十二师第九十七团和第一〇〇团再次东征，援助了六霍起义，成立了红三十三师。二月中旬，周维炯率两个团协同红三十三师恢复六安赤区。麻埠守敌300人一经接触，全部溃逃苏家埠。之后又攻占独山，缴枪16支。后红三十二师奉调回商，留下九十七团两个中队，与红三十三师第一〇六团、第一〇七团配合，将向流波䃥窜犯的英山团匪200余人打得落花流水，缴枪10余支，麻埠、独山起义区域完全恢复。4月上旬，红三十二师、红三十三师与潜山工农革命军会合于流波䃥、闻家店一线，12日再克霍山县城，毙俘敌霍山县“自卫团”官兵200余人，缴枪85支，两师协助建立霍山县苏维埃。4月下旬，各以大部兵力游击潜山，一战大胜，得枪40多支，全部交给了潜山工农革命军。

（三）智取商城，开辟豫东南革命根据地

1929年12月下旬，中央委派刘英、李荣桂到红三十二师任师长、政治部主任。此时，在斑竹园休整的红三十二师得知，豫南五县民团联合进攻驻潢川的国民党暂编第二旅李克帮部，商城县长宋慎于17日率大部民团前往混战，守城空虚，师委遂决定智取商城。

12月25日清早，化装成土豪、商人、买柴草农民的红军战士，冒着飞雪，踏着泥泞，随人流混过南门，迅速除掉敌岗哨，占据了城门楼，副师长漆德玮率第一〇〇团随后赶到，分兵向东、西门和敌县衙门插过去，最后，龟缩在县衙门的残敌，在猛烈火力攻击下，缴械投降。不到1小时，全城战斗胜利结束，歼敌300多人，缴枪400多支。27日，全城张灯结彩，四乡农民锣鼓喧天，抬着慰问品，进城慰劳红军，参加庆祝大会，大会宣布成立商城县苏维埃政府。

在商城解放的鼓舞及红三十二师的发动下，1930年春天，革命风暴迅速席卷商城全县，商城西部的余集成立了赤卫大队，并向沙窝、白雀园发展，建立了商光边特区；北乡的平区成立了区乡苏维埃政权，建立了商固边特区；位于商东的苏仙石、余子店也建立了区苏维埃政权，杨山煤矿工人暴动后建立的赤色工会和工人纠察队，也进一步发展壮大。豫东南革命根据地由商南一隅扩大到商城全境。

实践证明，及时组建红三十二师，是党在商南起义成功后的又一英明之举，这是党在领导的黄麻起义、大荒坡暴动中总结的经验。它在关键时刻壮大了鄂豫皖革命斗争力量，巩固了黄麻起义的胜利成果，为党在皖西领导六霍起义和成立红三十三师提供了有力的支援，更为党创建豫东南革命根据地、皖西革命根据地、鄂豫皖革命根据地和组建中国工农红军第四方面军打下了坚实的基础。

新时代领导干部应从红二十五军长征中学习运用“六大思维能力”

安庆师范大学大别山区域发展研究院　金文斌

2019 年 1 月，在省部级主要领导干部坚持底线思维着力防范化解重大风险专题研讨班开班仪式上，习近平总书记强调“面对波谲云诡的国际形势、复杂敏感的周边环境、艰巨繁重的改革发展稳定任务”，“如果缺乏科学理论思维的支撑，就难以战胜各种风险和困难”，要求我们领导干部切实“提高战略思维、历史思维、辩证思维、创新思维、法治思维、底线思维能力”（以下简称“六大思维能力”）。回顾从安徽金寨出发，历时 10 个月，行程近 5000 公里，途径鄂、豫、陕、甘 4 省，最先到达陕北的红二十五军的艰苦卓绝的长征，是中国共产党人成功运用“六大思维能力”解决当时紧迫而又复杂问题的典范。习近平总书记在党的十九大报告中指出，“中国特色社会主义进入了新时代”。作为新时代的领导干部，应该从苦难辉煌的红二十五军长征中学习并善于运用“六大思维能力”，以更好地深化改革，深入推进大别山革命老区脱贫攻坚，推动现代化五大美好安徽发展。

一、新时代领导干部应从红二十五军长征中学习运用战略思维能力

面对日本帝国主义对华侵略的逐渐升级，国民党当局丧权辱国，中华民族又一次陷入严重的民族危机。1934 年 11 月 16 日，红二十五军高高举起“中国工农红军北上抗日第二先遣队”的旗帜，发出抗日宣言，号召一切不愿意做亡国奴的中国人，武装起来，一致抗日。宣言发布后，红二十五军告别战斗了多年的大别山区，从罗山县何家冲出发，迈出了北上抗日的第一步。在历时 10 个月漫漫长征路上，红二十五军沿途向广大群众宣传中国共产党的抗日救国主张，响亮地喊出“抗日救国”是全体中国人的首要任务。1936 年，美国记者埃德加·斯诺在

采访毛泽东、徐海东等人后，在撰写的《西行漫记》中这样描述：“共产党人认为，而且显然也这么相信，他们是在向抗日前线进军。这帮助他们把原来可能是军心涣散的溃退变成一场精神抖擞的胜利进军。”① 红二十五军“北上抗日”的长征，争取到泌阳城东开明士绅和“围寨”头目的同情，红二十五军不费一枪一弹，顺利通过了这些由地主豪绅武装势力盘踞的“围寨”。1935 年 9 月，最先到达陕北的红二十五军又向前来“围剿”的东北军部队呼吁“中国人不打中国人”“停止内战，一致抗日”，瓦解了东北军战斗意志，取得了劳山战役的胜利。徐向前元帅评价劳山战役“巩固和扩大了陕甘革命根据地，为党中央和中央红军主力到达陕北，进一步奠定了坚实的落脚点”②。与国民党面对日本侵略采取的妥协的不抵抗主义相比较，中国共产党和红二十五军的抗日主张在长征沿途社会各阶层中引起了强烈的反响，广大民众逐渐认识到，中国共产党和红军是真正高举抗日大旗的，始终没有放弃“北上抗日打东洋”！红二十五军在长征出发时，高高举起抗日的大旗，就已经站到了民族道义的制高点上，在战略上就赢得了主动。

新时代的领导干部要有战略担当，善于把握事物发展的总体趋势，从政治上把方向、从全局上看问题、从长远上明得失、从根本上抓大事。要有工作谋划，在日常工作中，做到全局了然于胸，始终把全局作为观察和处理问题的出发点和落脚点；抓住关键点，切忌眉毛胡子一把抓；统筹兼顾好各方，充分调动各方面的积极性；增强“乱云飞渡仍从容”的战略定力，切忌“剪不断，理还乱”的摇摆不定。需要说明的一点是，少数基层领导干部想当然地认为，自己不需要培养战略思维，只要干好每天的具体事务就行了，战略思维是高层领导干部考虑的事，自己跟着跑就行了。其实，这是一种糊涂认识。战略有大小之分，都统一于全局之中。正如习近平总书记指出，红军长征中“每一个行程，每一次突围，每一场战斗都是从战略全局出发，既赢得了战争胜利，也赢得了战略主动”③。

二、新时代领导干部应从红二十五军长征中学习运用历史思维能力

1935 年 8 月中旬，红二十五军渡过渭河迎接党中央。徐海东、吴焕先面对滔滔渭河水，考虑假如在过河时遇上敌人怎么办。徐海东说：“这条河可是个大害，

---

① ［美］埃德加·斯诺：《西行漫记》，解放军文艺出版社 2002 年版，第 160 页。
② 本书编委会编：《中国工农红军第二十五军战史》，解放军出版社 1990 年版，序言第 1 页。
③ 习近平：《在纪念红军长征胜利 80 周年大会上的讲话》，人民出版社 2016 年版，第 16 页。

往回走准带尾巴，就是背水一战。这次过河要是有敌人堵上，过来就不会这么容易，搞不好甚至有全军覆没的危险。”这种状况在历史上不是没有先例的。太平天国时期，石达开率领的十万太平军将士在大渡河遭到清军的包围，全军覆灭。当时徐海东敏锐地察觉到“石达开的教训就是这样，他人多，可在大渡河上被敌人全部消灭掉了”。以徐海东为代表的红二十五军将士决心不要重蹈石达开的覆辙。他与政委吴焕先商量，如果真接不到党中央，就避开渭河水，去陕北和刘志丹领导的红军会合。这样，红二十五军就避免了悲剧重演，保存了革命力量。

1935 年 5 月下旬，中共鄂豫陕省委在郧西举行会议研究反“围剿”方案，军长程子华在会前向政委吴焕先介绍了中央苏区反“围剿”时毛泽东运用的作战方针以及一些战例。红二十五军接受了中央苏区的斗争经验，采取了“诱敌深入，先拖后打”的作战方针，急行军 65 公里，出敌不意地逼近荆紫关，经过战斗，取得了荆紫关战役的胜利。

红二十五军找到了石达开兵败大渡河的原因，吸取了教训，避开了渭水河，保存了革命力量；从中央苏区得到了作战经验，取得了斗争的胜利。

新时代的领导干部要多读些历史，了解中国和世界曾经发生的事情。“学史可以看成败、鉴得失、知兴替”①，从历史中吸取经验，可以在历史的经验教训中得出科学的认识；从历史中把握规律，可以在历史规律中把握发展趋势，解决当前工作中遭遇的困难和问题，少走些弯路。同时，历史和现实是相通的。“受了那样大的挫折，吃过那样大的苦头，就得到锻炼”，“有了经验”②，就能从历史本身出发理解历史，就能从“走过的路”中找到做事为人的“最好的营养剂”。除此之外，还要树立唯物主义历史观，充分地尊重历史、敬畏历史，客观地分析问题，不断增强历史使命感和责任感。只有这样，才能升华领导干部的思想境界，提高驾驭复杂局面的工作本领。

三、新时代领导干部应从红二十五军长征中学习运用辩证思维能力

红二十五军途径之地泌阳城的东北方向，有许多地主豪绅盘踞的“围寨”。这些“围寨”，攻不易攻破，过又不便通过，即使绕道，也会遭到冷枪冷炮的骚扰。红二十五军之所以不费一枪一弹，顺利通过了这些“围寨”，主要在于采取了正确的方针：“既要争取和平通过，也要作好战斗准备”。红二十五军利用开

① 《习近平谈治国理政》，外文出版社 2014 年版，第 406 页。

② 《毛泽东文集》第八卷，人民出版社 1999 年版，第 338 页。

明士绅和“围寨”头目的关系，先写信打招呼，说明我们是北上抗日的队伍，在这里不打土豪，不进寨子，争取“围寨”头目的同情，“由于部队秋毫无犯，走了两天没有发生问题，顺利通过了这个地区”①。1934 年 12 月 10 日召开的中共鄂豫皖省委庾家河会议作出的《关于创建新苏区、新的革命根据地的决议草案》，通篇闪烁着辩证思维，如“在新的任务与困难面前，既要反对悲观失望、消极退却的右倾思想，又要反对那些‘死守’拼命的情绪，坚定胜利的信心”②。同年 12 月 20 日发布的《关于商业政策问题》的布告，指出只反对奸商，只没收反革命分子所开的商店，要保证正当经商，对小商户要实行免税等。这些规定对于稳定民心，加强商品交流起到了一定的积极作用。

红二十五军采取“不打土豪，不进寨子”的方针，团结开明士绅的力量，解决了当时是否能顺利通过这些地主豪绅盘踞“围寨”的问题。在庾家河会议运用辩证思维，制定了正确的决议。在对待商人的态度问题上，又一分为二。

新时代的领导干部在工作中要善于抓住关键环节，找准重要部位，分清轻重缓急，在矛盾的对立统一中寻求发展之道，用联系的方法、发展的方法、全面的方法、一分为二的方法，打开工作困境的突破口。同时，要洞察事物发展的规律，透过表象找规律，既看到其中的机遇，又看到面临的困难。除此之外，还要处理好局部和全局的关系、重点和非重点的关系，克服极端化，避免片面性，在权衡利弊中趋利避害，作出正确的决策和科学的安排。只有这样，领导干部的辩证思维能力才能提升。

四、新时代领导干部应从红二十五军长征中学习运用创新思维能力

1934 年 12 月上旬，红二十五军到达叫河附近，发现敌人已在这一带构筑工事，而敌人“追剿纵队”也相继跟踪而来，此时红二十五军处于被前堵后追的危急境地。这时军部当即决定改变以前制定的行军路线，另外选择了一条很少有人知道的深山小道，巧妙地避开了敌人的围追堵截，进入陕南地区。

1935 年 1 月，红二十五军在鄂陕边界的镇安、郧西等县城宣传“抗捐、抗债、抗夫、抗粮、抗丁”，发动群众镇压豪绅恶霸，使当地贫苦农民分得了粮食和衣物，但少数群众害怕地主豪绅报复，不敢公开接受粮食、衣物。针对此种情

---

① 黎光：《卓越的青年将领——纪念吴焕先同志牺牲五十周年专辑》，河南人民出版社 1985 年版，第 170 页。

② 中共中央党史研究室编：《红军长征史》，中共党史出版社 2006 年版，第 256 页。

况，红二十五军创新工作方式，在夜间将粮食、衣物悄悄地放到他们门口，使这些贫苦群众也获得了粮食和衣物。

“六月十三，红军出山”，这句民谣生动地再现了红二十五军出敌不意逼近西安的行动。1935 年 7 月 13 日（农历六月十三），红二十五军刚刚在山阳县袁家沟歼灭陕军警一旅，敌人以为红二十五军会就地休整，谁曾料到红二十五军竟置敌人“围剿”的 30 多个团兵力于商雒山中，以迅雷不及掩耳之势，前锋直抵西安近郊，使西安城内的敌军惊慌失措，也迫使由西安开往天水的敌军停止了下一步行动。红二十五军取得了第二次反“围剿”的胜利，同时也宣告了敌人企图 3 个月消灭红二十五军计划的彻底破产。

红二十五军在卢氏县城和逼近西安城的行动，生动地再现了创新思维能力的巧妙运用：偏偏要走敌人以为我不敢走的路，出其不意、声东击西，让两三千名红军战士巧妙地穿插迂回于十几万敌军重兵集团之间，将敌部署置于无用之地，牢牢地掌握了战役的主动权。

新时代的领导干部在工作中要突破常规、打破惯例，敢为人先、敢于探索实践、敢于破除迷信，保持创新锐气。同时，要尊重群众的首创精神，鼓励同事和群众多出创新的“金点子”，并积极吸收，大胆采纳。除此之外，还要坚持独立自主、奋起自强的行动，营造宽容失败的氛围，不要动不动就“扣帽子”“打板子”，把纠错容错的机制发挥好，从制度上保护人们大胆地试、大胆地闯，从制度上承担创新带来的不确定性的风险。

五、新时代领导干部应从红二十五军长征中学习运用法治思维能力

长征开始时，总政治部就专门发布训令“坚决地与破坏纪律的现象斗争”，要求每一个红军将士严格执行党的纪律，不侵犯群众利益，不侵占民宅，不违犯禁令，不强买；同时专门成立纪律检查队，对部队执行纪律工作进行监督检查，对有违反纪律的部队责令进行整顿，严厉处罚破坏纪律的行为。1935 年 2 月 19 日，中共鄂豫陕省委在郧西二天门召开会议，对创建新根据地存在着畏难情绪的同志给予了批评，统一了大家的思想，坚定了反“围剿”斗争的信心。4 月中旬，省委在葛牌镇召开会议，对主张入川的少数同志进行了批评教育和组织处理，进一步坚定了创建鄂豫陕根据地的决心。同时，为了做好反“围剿”的准备，省委要求各部队利用敌人“围剿”尚未到来的间隙，对全体将士开展战术训练，进行形势教育，还结合总结工作，整顿党支部、改进作风，加强了连队建设、增强了战胜敌人的信心。

1935年8月中旬，红二十五军进入兴隆镇。供给部部长刘炳华误把村民的庄稼当作“狗尾巴草”，叫马夫们放马，损坏了村民的庄稼。徐海东得知后，立刻把刘炳华叫去，对他进行了严肃的批评，而且决定给他严重的处分。最后在几个村里老人的求情下，徐海东责令刘炳华拿着粮食向村民赔礼道歉。漫漫长征路上，红二十五军将士无论是缺医少粮，还是风餐露宿，始终严守纪律、秋毫不犯。

新时代的领导干部在工作中要牢固树立宪法法律至上、法律面前人人平等观念，增强法纪意识、程序意识、规则意识，让依法办事成为行动自觉；必须“带头尊崇法治、敬畏法律，了解法律、掌握法律，遵纪守法、捍卫法治，厉行法治、依法办事”①；坚持人民主体地位，正确行使权利，忠实履行义务或职责，让人民群众从我们的工作中真正地感受到公平正义就在身边；坚决杜绝以言代法、以权压法、徇私枉法，坚决铲除“发展要上，法治要让”的误区，坚决防止党纪国法成为“橡皮泥”“稻草人”，坚决把权力关进制度的“笼子”里。只有这样，新时代的领导干部才能提高运用法治思维处理问题、化解矛盾、维护稳定的本领。

六、新时代领导干部应从红二十五军长征中学习运用底线思维能力

面对敌军不断地压缩根据地空间，红二十五军为了保存革命有生力量，提出了两个明确而又不泄露军事秘密的动员口号：“打远游击”“创建新苏区”。1934年11月16日，红二十五军2980多人在中共鄂豫皖省委和程子华、徐海东等率领下，从河南省罗山县何家冲出发，走上漫漫远征路。面对敌军的围追堵截，红二十五军在夹缝里求生存，在战斗中尽可能地减少伤亡。打得赢就打，打不赢就走，以取得胜利为最低目标。血战庾家河后，红二十五军采取了大回旋的军事行动，南下郧西、北返洛南、东出卢氏、西转蓝田，沿着山道崎岖的深山老林转圈，既把敌人“肥的拖瘦，瘦的拖死”，又让敌人摸不清红军意图，避免了一次次将要发生的重大损失，又一次次保存了革命有生力量。

新时代的领导干部在工作中要增强忧患意识和风险意识，时刻保持清醒的头脑，提高政治站位，清楚知道哪些是不可逾越的“红线”，如果突破这些底线，将会带来无法承担的风险和后果。同时，即使前途一片大好时，也不要忽略脚底下道路的崎岖不平。凡事从最坏处准备，多做几套应变之策，未雨绸缪。除此之

① 习近平：《加强党对全面依法治国的领导》，《求是》2019年第4期。

外，领导干部不能把底线思维简单地当作是懒政、不作为的借口，要在底线上做最大努力，最大限度地发挥底线思维的能动效应，视困难为考验，把挑战当机遇，引导矛盾向有利于我方的态势转变，努力争取最好的结果。只有这样，“才能有备无患，遇事不慌，牢牢把握主动权”[①]。

需要说明一点，红二十五军在长征路上，运用战略思维、历史思维、辩证思维、创新思维、法治思维、底线思维能力解决当时紧迫而又复杂的问题，不是单一地、逐个地使用，而是在整体性视野中综合地运用，这也要求新时代的领导干部在工作中坚持问题导向，聚焦突出矛盾，深入调查研究，打好“六大思维能力”组合拳，以“钉钉子”精神狠抓落实。这样，才能在新时代长征路上取得一个又一个伟大的胜利。

---

① 中共中央宣传部编:《习近平总书记系列重要讲话读本》，学习出版社、人民出版社 2016 年版，第 288 页。

立夏节起义前后豫东南地区党组织建设研究

国防大学政治学院　宋飞帆

1929年5月6日（农历三月二十七日立夏节），在河南省商城县南部（现属于安徽省金寨县）爆发了一场由中共商麻罗特别区委领导的有组织、有计划的武装起义，根据起义爆发的时间和地点，通常将这次起义称为“立夏节起义”或“商南起义”。

立夏节起义是一场由中国共产党领导的，民团起义与农民暴动相结合的武装斗争。起义胜利后，商南地区建立起了工农红军第十一军第三十二师，在经过4个月的艰苦奋战后，成功开辟了豫东南革命根据地。豫东南革命根据地成了鄂豫皖革命根据地的重要组成部分，也为今后支援六霍起义、巩固鄂豫边革命根据地发挥了重要作用。

立夏节起义的发动，并非“平地一声雷”，而是豫东南地区的党组织经过多年的蛰伏、积淀与精心筹谋布置的结果，可以说党组织的建设与发展为立夏节起义胜利提供了根本保证。因此，本文将对立夏节起义前后豫东南地区党组织究竟做了哪些组织与建设工作进行分析与研究。

一、豫东南地区早期党组织的建立

豫东南地区地处大别山腹地和西北麓，山地面积占1/3，山区资源丰富，形成了天然的军事屏障和军事险关要隘。这里农业经济发达，与山区手工业形成了封闭性经济体系，是实行“工农武装割据”的理想战场。这里既没有大的商埠，也没有较大规模的厂矿，仅商城有两个煤矿（手工业生产），有工人三两百人。作为农业区的豫东南，农民占总人口的90%以上，他们长期生活在社会底层，生活极端困难；区董会议作为实际的权力机关，直接指挥下层，地主阶级利用族权、神权对农民进行野蛮统治。① 现实环境不断激发民众的反抗意志，人们自发的反抗斗争情绪日益高涨。

在自然环境复杂多样、社会矛盾尖锐、交通落后、战乱频发、封建地主阶级压迫和剥削严酷的豫东南地区，党的革命基础却较为深厚，地方党组织建立早、发展快，活动成绩显著。豫东南早期党组织的建立，主要是通过外地党组织委派共产党员，通过宣传、教育、秘密发展的方式，逐步从党小组、党支部组织发展壮大起来。这曲折艰辛的历程大致可分为 3 个阶段。

第一阶段：自 1921 年到 1924 年，早期的共产党员通过在豫东南地区努力地传播马克思主义，在思想上为建立党组织创造意识形态基础。

1921 年中国共产党成立后，党中央及各级党组织积极派遣共产党员、共青团员或者进步青年到全国各地进行理论宣传活动。他们积极地传播先进的马克思列宁主义理论，通过开办学校，开设图书阅览室、书店或创办进步报纸、杂志的方式，开启民智、启发民众觉悟，传播马列主义，宣传革命思想。

1922 年，光山县的汪后之从武汉求学回到家乡后，以研究学问、交流心得的名义组织了“光山学界同人研究会”，致力于探索革命真理，研究马克思列宁主义，探讨如何改造社会、改造中国，这种先进的形式吸引了一大批先进青年的加入。汪后之根据自己在外求学多年所接受的革命思想，向光山学界同人系统地介绍了俄国发生的十月革命，中国的五四运动和马克思主义关于民族革命的问题，他明确提出了“改良不能改造中国的社会，必须推翻一切旧的不合理的制度”的思想，鼓励青年们承担起救国救民的责任。袁汉民、董汉儒在武汉中学求学时，通过接触早期共产党人董必武、恽代英，接受了马列主义，并与在武汉中华大学堂求学的李梯云、罗固城等人先后加入共产党，利用寒暑假回乡时间传播进步思想。毕业后，他们回乡组织革命活动，发展党、团组织。1925 年，被聘为县立小学教员的袁汉民，在商城县城关处创办了一个售卖《新青年》《中国青年》等介绍马克思列宁主义思想的通俗读物的书店，书店里还藏有《资本论》《共产党宣言》《国家与革命》《三民主义》《建国方略》等进步书籍。通过开办书店，他们结识了一批有识之士、进步青年，逐步举办各种“读书会”“青年协社”等社团，不断通过有组织、有计划的活动向青年们讲解新思想、新文化，传播革命理论，启发觉悟。② 正是在这些优秀的共产党员的不懈努力下，豫东南地区越来越多的进步人士和青年学生树立了共同的理想信念，具备了保持团结统一的思想基础。

---

① 谭克绳主编：《鄂豫皖革命根据地财政经济史》，华中师范大学出版社 1989 年版，第 5 页。

② 本书编委会编：《商城县志》，中州古籍出版社 1991 年版，第 147 页。

第二阶段：自 1924 年到 1926 年，早期的共产党员在豫东南地区先后成立了各级党组织。通过党组织的广泛建立，共产党员们积极地参与社会政治活动，领导公开的群众斗争。

1924 年秋天，蒋光慈以及由他介绍入党的小学教师詹谷堂、曾静华，连同武汉中学毕业回乡任教的共产党员袁汉民，共同建立起豫皖边区的第一个党小组，担负起播撒革命火种的使命。从 1924 年开始到 1926 年春，光山、商城、信阳、潢川、固始、罗山、息县等县都先后建立起支部和特支。到了 1926 年秋，商城、信阳两县也建立起了党的县委会。与此同时，他们还在笔架山、汤家汇、南溪、斑竹园等一带山区，培养积极分子，先后发展了李梯云、周维炯、漆德玮、漆禹原、漆海峰、漆叔甫、李圣伍等一批进步青年入党，成立党小组，发展党组织，积极开展革命活动。这些党员后来大都成为立夏节起义的领导骨干。

第三阶段：自 1926 年到 1927 年，在豫东南地区的党组织如雨后春笋般纷纷建立并壮大后，共产党员便积极深入农村，领导农民运动，帮助建立健全工会和农协组织，逐步发展与完善工农武装，为革命运动的开展做了充分的准备。

1926 年 4 月，在潢川县特别支部的领导下，全省最早建立的四个县级农会之一的信阳农会建立。东乡、南乡也纷纷建立起农会。信阳建立区级农会 5 个，乡级农会 26 个，会员 28000 余人。商城建立区级农会 8 个，会员 10000 余人，新县、光山县等其他各县也有一些区建立起了农会组织。① 农会将矛头指向反动军队和地主豪绅，极大地推动了工农运动的发展。在党的领导下，反抗剥削，反抗压迫的斗争遍及整个豫东南大地，成百上千的农民群众举行盛大的集会和游行示威，高呼“打倒土豪劣绅”“铲除封建势力”“反对帝国主义”等口号，与地主豪绅、反动军队展开了激烈的斗争。1927 年春，信阳县农会在县委书记周叙伦领导下，成立了“农民纠察队”“农民治安维持会”，集中了柳林、王店、当谷山等区农会的数千人，用大刀、长矛等武器歼灭了反动军队的 1 个营，全歼了刘积学的 1 个自卫团，沉重地打击了反动势力，有力地支援了北伐战争，也使豫东南地区成为全国农民运动中心地之一。

二、大革命失败后豫东南党组织的恢复与发展

大革命失败后，豫东南地区的党组织遭到了严重的破坏。以奉系军阀张作霖为代表的北洋军阀加速推进向南方的革命势力进攻，逼近豫东南地区。同时，武

① 侯志英主编：《大别山风云录：豫东南土地革命战争史稿》，河南人民出版社 1990 年版，第 29—32 页。

汉地区的反革命势力抬头，一些被打倒了的土豪劣绅和反动势力组织起武装，在豫东南地区疯狂地掀起反革命浪潮，豫东南各县的县委甚至河南省委，均遭到了不同程度的破坏。豫东南地区的党组织，多由未参加过斗争的研究性小团体组成，在反革命政变的打击下，多呈现出了动摇消极的态势。

党的八七会议后，河南省委召开了扩大会议，批判了陈独秀右倾机会主义路线，决定在河南省深入贯彻党的八七会议精神，积极组织开展武装斗争。豫东南地区党组织开始复苏。

（一）豫东南特委及商城县委的成立是起义成功的组织保障

在共产主义实践的过程中，要想实现自己的奋斗目标，就必须有一个能够组织党员、凝聚群众的健全党组织。通过党组织，团结一切可以团结的力量，调动一切积极因素的号召力、凝聚力，激发党员的积极性、创造性，汲取党员、群众的智慧和力量。因此，要在经历了严重破坏的豫东南地区继续革命，首要任务便是要恢复和发展党组织。

1927年9月，省委扩大会议决定将省委常委、工农部部长王克新派回信阳，组织豫南特委，下辖信阳、息县、潢川、固始、商城、确山等13个县。王克新积极整顿恢复党的组织，领导武装起义，其中，将豫南、豫东南作为重点区域，实施武装暴动计划，开展工农游击战争。

与此同时，中共河南省委派党员黄柏劲到商城整顿恢复党团组织，与原特支书记胡攻非等取得联系后，召开了中共商城特支会议，组成新的商城县特别支部，由黄柏劲任特支书记。10月，潢川县委书记蒋镜青来到商城参加特支工作。11月下旬，特支改组为中共商城县委，由蒋镜青任书记。在党组织恢复成立后，负责人积极地贯彻党的八七会议精神，在艰难的“白色恐怖”之下，以秘密串联的方式联络各地党员、进行党员登记、恢复党组织、调查了解商城情况，为组织武装起义做准备。

到1928年初，商城城区、县立高等小学、南司、武桥等地已恢复了党支部。2月中旬，蒋镜青到南乡和、乐两区进行整顿恢复，在商南组建了中共商南区委，漆德琮任书记。至此，商城的党、团组织恢复发展到1个区委5个支部，有近百名党、团人员，[①] 组织基本完善，为未来的武装起义创造了条件。

1928年9月，河南省委决定开辟成立豫东南特委，由省委常委王厚芝同志担任书记。豫东南特委的成立，是省委将豫东南地区的工作作为全省的重点工作之一的表现，历史也证明了这个决定是具有战略意义的。在豫南和豫东南特委的领

① 本书编委会编：《商城县志》，中州古籍出版社1991年版，第148页。

导下，商城、新县、光山、罗山、固始、信阳的共产党员积极深入农村，组织农民起义，使整个东南地区出现了以武装斗争为中心的革命新局面。

（二）党组织制订起义计划，决策发动起义

面对复杂多变的革命形势，我们党只有不断及时、准确地制定出正确的政策，指导革命的有效发展，才能在恶劣的环境中求得“夹缝生存”，这是促进革命事业胜利的必然要求，也是党的领导能力的重要体现。要制定出正确的政策路线，就必须科学地判断形势，并在实践中不断地检验，根据实际情况作出相应的调整、修正、补充和发展。立夏节起义的实施，便是党组织正确决策的结果。

1928 年 3 月 21 日，商城县委召开了一次扩大会议，讨论分析了全县的革命斗争形势，对全县开展革命斗争的可行性进行了预判。首先，会议对商城自然环境进行了全面分析；其次，对商城的区位条件及敌我力量对比进行客观分析，认为商城地处鄂豫皖三省交界，离城市较远，没有驻扎地任正规军队，反动统治力量薄弱，同时，农民运动开展较好，党和群众工作有着深厚的基础，整顿后的党、团组织比较健全，农民协会与“兄弟会”等秘密的群众组织也仍然存在；最后，对可利用资源及现实条件进行深入分析，认为商城的地主豪绅正借口防盗自卫，扩张民团组织，我们党、团人员可以借机打入其内部，并利用三股民团势力间的矛盾间隙，掌握武装，开展兵运工作。综上分析，商城县委最终决定，以南部乐、和两区作为武装起义的重点区域，其他的各区相机行动，积极配合和、乐两区的武装暴动。会议还增补了李梯云、廖秉国作为县委委员，负责起义的准备工作。

5 月 10 日，中共商城县委在太平山穿石庙召开商南区委会议，会议首先传达了河南省委在总结大荒坡起义失败的教训基础上，根据豫东南的新形势作出的关于组织发动武装斗争的指示，然后进一步讨论部署了武装起义的具体准备工作，决定选派党员打入民团内部，掌握民团的武装，瓦解敌人，建党建团，伺机实行民运、兵运相结合的武装斗争。

（三）党组织在斗争中积累经验并形成骨干队伍

穿石庙会议后，在党组织政策的指导下，民运活动逐渐活跃。通过社会关系，周维炯、廖业琪打入商南的杨晋阶民团，漆德玮、徐静生打入县民团，王炳厚打入商北胡晓云民团。他们利用“兄弟会”的形式，团结教育贫苦的团丁，积极秘密地发展党团组织，为武装起义斗争积蓄着力量。

周维炯成功打入杨晋阶的民团后，到丁家埠分队担任了教练兼四班班长，在党组织的指示下，他积极发展力量，在民团中发展党员 7 人、在农民中发展党员

4人后，成立了丁家埠党支部，由周维炯担任书记；漆德玮、王炳厚也分别在各自加入的民团中发展了10余名党员，并成立党小组。与此同时，商城县委还号召团员带头捐款，筹集经费，购买枪支武器，秘密建立武装。峡口支部书记丁树勋筹款买枪后建立起10余人枪的农民武装；商南区委书记李老末，集资购买一批武器弹药，建立起秘密军械所，制造土枪、大刀、长矛等，在白沙河、南流河、斑竹园等地组建起了几支10至20人的秘密农民武装。① 此后，武桥、南司、峡口、杨山、二道河等地的农民武装也先后建立起来了。

从1928年春到1929年春，东南7县的党组织中，商城县具备了较强的基础。商城县的中共党员有了极大的发展，由最初的100余人增加到了373人，共青团员发展到了数百人，群众组织（大多是农会）成员有400余人，秘密农民武装100余人。除去小暴动外，商城县委还领导了一些运动，如领导农民的自发分粮运动、领导反抗吞没农民恤金的运动等都获得了阶段性的胜利，为武装起义做了组织上的准备，以及斗争经验的积累，在斗争中形成了坚强的骨干队伍和领导核心。

三、党组织发动立夏节起义及其进一步巩固

正当商南党组织活动频繁、起义条件日渐成熟、革命形势迅速发展时，国民党商城县政府有所察觉，调来保安大队，派出清乡委员进行疯狂的“清乡”活动。从1929年2月起，豫东南特委和商城县委接连遭到破坏，中共河南省委委员兼豫东南军委委员杨桂芳、张廷贵，豫东南特委书记余锡珍，商城县委书记李惠民，委员马石生、钟启泰及峡口乡党委书记丁树勋先后被捕遇害，中共商城县委也被迫从峡口转移到了西乡施河的小祈园，由县委委员陈慕尧负责领导更加隐蔽的斗争。

为了适应形势的发展，1929年3月，豫东南、鄂东两地特委根据中央指示，在光山柴山保举行联席会议，会议由新任豫东南特委书记郭树勋传达了党的六大精神。会议分析了形势，提出要尽快地举行商南起义，打击敌人的反扑。联席会议决定商南暂时归于鄂东特委领导，并派徐子清、徐其虚等人前往商南参加起义的领导工作。会后，豫东特委决定成立中共商罗麻特别区委，领导商罗麻三县的工作。1929年4月，商罗麻特别区委在商南太平山成立，由徐子清担任书记，筹备商城起义的准备工作。在特委的领导下，起义的步伐进一步加紧了。

5月初，针对国民党县政府在白沙河一带发动的“清乡”活动，大批共产党

① 本书编委会编著：《商南起义》，中共党史资料出版社1989年版，第73—75页。

员被捕、杀害以及大量农会会员被迫转移的现实情况，商罗麻特委决定先发制人，于农历立夏节夜里，在敌人忙于吃喝过节，疏于戒备之时，举行起义，夺取武器，建立红军，实行武装割据。

商罗麻特委召开紧急会议，决定成立起义指挥部，由徐子清、肖方分别担任正、副总指挥，周维炯负责军事，廖炳国负责各地联络，分 3 个点同时进行起义，采取民团暴动与农民起义相配合的方式，一举歼灭商南地区的 3 股主要反动武装，然后会师于斑竹园。特委为整个起义制订了完整而周密的行动计划，对整个起义的成功起到了关键领导作用。

5 月 6 日，起义如期举行。一夜间，消灭了 7 股民团，民团的团总杨晋阶只身逃往金寨，何寿恒残部逃亡罗田，郑其玉残部逃往麻城。商城南部乐、和两区的国民党地方政权及其反动武装土崩瓦解，在这个注定不平凡的立夏节里，武装起义的火焰在商南地区燃烧，立夏节起义一举成功。各地起义武装按照原计划会师于斑竹园，成立了农民协会，组建了河南省内第一支工农红军部队——中国工农红军第十一军第三十二师。红三十二师积极开展游击战争，在商城南部实行武装割据，开辟了以南溪为中心的豫东南革命根据地。

立夏节起义后，党组织在建立革命根据地和武装斗争不断取得胜利的情形下，得到了进一步巩固。中共中央决定取消河南省委，并将全省划分为豫南、豫中、豫北三个中心区域，在信阳、罗山、光山、潢川、固始、商城、新蔡等 7 县成立中心县委，在息县成立特别县委，均直属于中共中央领导。其中，商城、光山、罗山三县由于武装斗争开展得好，建立了工农政权，革命形势蓬勃发展，党员人数迅速扩展到 2300 多人，占全区党员总数的七成。

1929 年 6 月 11 日，郭树勋主持召开了信阳中心县委与鄂东北特委的联席会议，决定重新恢复商城县委，商南地区重归商城县委领导。会上，郭树勋还代表中央，对商城县委和红三十二师作了重要指示，会议精神主要如下：在军事方面，要积极扩大红军组织，发动广大的游击战争区；打破敌人横在鄂东北和商城之间的军事障碍；加紧红军的训练。在组织方面，商城县委要设法做民团团众的组织工作，肃清乡村中的反动势力；在非军事区域，依旧要积极利用日常生活中的斗争口号发动群众，扩大党组织，组织武装。在政权建设方面，要积极学习鄂东北的经验，军事指挥交给商委负责，商城组织交由信阳中心县委负责，如遇紧急情况，鄂东北可以对商城进行指挥。

联席会议的决定是根据当时的革命形势所作出的正确决策，有利于对豫东南起义地区的组织领导，对今后商城党和红军开展工农武装割据斗争具有重要战略指导意义。联席会议后，商城党和红军便在信阳中心县委的领导下，以商南为据点和出发点，展开了近两个月的广泛游击战争，横扫了地主豪绅的反动势力，击退了民团的反攻，取得了重大胜利，巩固并扩大了根据地，打牢了豫东南革命根据地的基础。

四、小结

笔者通过对立夏节起义前后豫东南地区党组织的建设研究发现，坚强的党组织对于起义的发动与成功起着决定性作用。

首先，中共河南省委能够坚持正确的斗争方向，将重点放在敌人统治相对薄弱而革命影响比较深入的豫南、豫东南地区，不断地组织农民暴动，为革命积累经验与基础。其次，豫东南地区党组织克服了“左”倾盲动主义的错误，积极从挫折和失败中吸取教训，从黄麻起义等成功的武装割据中借鉴经验，最终取得起义成功，创造了工人运动、农民运动与民团兵变相结合的起义典型。最后，豫东南地区的党组织和人民拥有着百折不挠的精神，为创建大别山工农革命根据地而作出巨大牺牲。党组织从建立之初，便积极领导豫东南人民投入革命洪流中，抵御了反动派无数次的“清乡”“清党”进攻，同时也遭受了党内的“肃反”运动摧残、“左”倾错误的影响，却仍能顽强不屈，始终联系群众、发动武装暴动，支援全国的革命和解放事业。

简述鄂豫皖三年游击战争的历史地位

中共金寨县委党校　邓正霖

从 1934 年 11 月红二十五军撤离鄂豫皖苏区至 1937 年 7 月抗日战争全面爆发，鄂豫皖苏区的留守党组织和武装力量依靠根据地群众广泛开展游击战争，粉碎了敌人彻底消灭根据地和红军的企图，保存了革命火种，积累了丰富的革命斗争经验，为新民主主义革命胜利作出重要贡献。

一、坚持三年艰苦斗争，保持了鄂豫皖苏区战略存在

毛泽东曾指出，“在南方各游击区——这是我们和国民党十年血战结果的一部分，为抗日民族革命战争在南方各省的战略支点”①。在南方三年游击战争中，鄂豫皖苏区游击规模大，保留武装人数多，在地理位置和军事战略上更具特殊性。

（一）配合长征部队，形成对敌战略牵制

1934 年 11 月，中共鄂豫皖省委在光山县花山寨召开常委会议，决定红二十五军转移出去创建新的根据地，谋求更大发展空间，同时引开“围剿”之敌以减轻苏区压力。会议决定留下中共鄂豫皖省委常委、皖西北道委书记高敬亭领导根据地的武装斗争，把留下的部队组建为红二十八军，继续坚持根据地斗争。

1934 年 11 月 16 日，红二十五军在鄂豫皖省委率领下，高举“中国工农红军北上抗日第二先遣队”的旗帜踏上长征之路。红二十五军长征后，国民党继续对鄂豫皖苏区进行大规模“清剿”，鄂豫皖苏区进入了艰苦的三年游击战争阶段。为了应对“清剿”，1934 年 11 月 17 日，鄂东北道委根据省委出发前的指示，在罗山县金竹林召开会议，决定重新组建鄂东北道委。为了策应红二十五军顺利离

---

① 《毛泽东选集》第二卷，人民出版社 1991 年版，第 393 页。

开鄂东北地区，组织力量牵制敌人，新组建的道委决定“组织地方武装和便衣队，积极行动打击敌人、保护群众，妥善安排红二十五军留下的伤病员”①。会后，道委将罗山教导营、光山战斗营、痊愈伤员和群众等 300 多人，重新组建成鄂东北独立团。各县还组织了便衣队，便衣队与独立团相互配合，联络团结群众，恢复地方党组织，以机动灵活的战术方法，同“清剿”敌军在山林中展开游击，策应了红二十五军长征。

1935 年 2 月 1 日，鄂东北独立团与中共鄂豫皖省委常委、皖西北道委书记高敬亭率领的红二一八团会合。2 月 3 日，高敬亭在太湖县凉亭坳召开干部会议，决定将红二一八团与鄂东北独立团合编成立红二十八军，高敬亭任军政委，统一领导鄂豫皖苏区党政军工作。自此，鄂豫皖苏区又有了党的统一领导和主力红军。在二十五军长征后的几个月里，高敬亭率领红二十八军同各区县便衣队、游击队密切配合，开展游击战争，逐步形成了中央红军在长征途中，红四方面军主力在川陕根据地，红二十五军在鄂豫陕根据地，红二、红六军团在湘鄂川黔根据地，红二十八军在鄂豫皖根据地的战略格局。根据地斗争与红军长征部队相互配合，形成对敌军的战略牵制。

（二）保存战略支点，构成对敌强大威慑

鄂豫皖苏区位于国民党统治的中心区域，有南断长江、西控平汉，威逼武汉、震慑南京的战略地位，是国民党政权的“心腹之患”。尤其在第四次“围剿”时，蒋介石亲任总司令，采取先集中力量消灭鄂豫皖苏区，再集中消灭中央苏区的作战部署。三年游击战争期间，蒋介石先后调动 68 个团 17 万部队，对鄂豫皖苏区多次发动“清剿”，其目的就是彻底消除“心腹之患”。

中共中央历来高度重视鄂豫皖苏区。周恩来实际主持中央工作期间，曾多次指导鄂豫皖苏区工作，并派遣多位得力干部来到鄂豫皖苏区。徐向前、刘英、许继慎、曾中生、旷继勋、傅钟、陈昌浩、沈泽民等，都是先后由中央派往鄂豫皖地区的。1931 年 4 月，中央政治局委员张国焘赴鄂豫皖主持成立中央分局并任书记兼军委主席，全面负责鄂豫皖苏区的军政工作。在此前后，中央还专门向鄂豫皖苏区派去无线电通信人员，建立起了鄂豫皖的通信和情报系统。1934 年 5 月，周恩来指示红二十五军离开鄂豫皖苏区去开辟新根据地，其目的就是引开敌人，保存鄂豫皖苏区的战略存在。

鄂豫皖党组织在实践中清醒认识到自身的战略意义。1935 年 5 月，红二十八军西进桐柏地区寻找红二十五军，但红二十五军此时已经离开桐柏到达陕南，而

① 何耀榜、苏波：《大别山上红旗飘》，中国青年出版社 1983 年版，第 20 页。

国民党第二十五路军总指挥梁冠英则命令两个师加强围堵，企图消灭红二十八军于桐柏地区。高敬亭在桐柏山松树岗召开干部会议，就是继续向西寻找红二十五军还是东返根据地坚持斗争进行激烈讨论。高敬亭在大家发言后指出，我们是奉命留下来坚持斗争的，没有辜负党中央的期望，重建了红二十八军，就像一把尖刀插在敌人胸膛上，拖住了敌人十几万人马。如果现在放弃鄂豫皖苏区去陕南，等于拔出敌人身上的尖刀，还会把敌人十几万人马引向了陕南，增加了红二十五军北上抗日的压力。① 高敬亭对坚守苏区战略意义的深入分析，统一了大家的思想。会后，红二十八军随即东返大别山。

二、广泛开展游击战争，发展了党的军事战略思想

中共鄂豫皖省委和红二十五军离开鄂豫皖苏区长征后，留守的党组织和红军部队在极其恶劣的斗争条件下，在不断粉碎敌人“清剿”过程中，创造了敌后游击战争新形式，发展了党的军事战略思想。

（一）创造了“三结合”的游击主体模式

为了“根除”鄂豫皖苏区红军，国民党在军事上加强大“清剿”力度，在政治上施以“保甲连坐”“移民并村”等手段，隔绝红军游击队与群众的联系。为了应对这一严峻形势，鄂豫皖苏区留守党组织积极重建主力红军，发展地方武装和便衣队，以机动灵活的方式开展游击战争，逐步形成了主力红军、游击队、便衣队“三结合”的游击斗争模式。

1935 年 2 月新成立的红二十八军是三年游击战争中鄂豫皖苏区唯一一支主力红军，是三年游击战争的核心力量。红二十八军转战鄂豫皖三省 40 多个县，采用机动灵活的游击战术不断打击敌人。红二十八军军政委高敬亭同时担任鄂豫皖省委书记，他根据形势需要把地方武装整合为主力红军，同时分派正规红军转入地方帮助力量较弱的地方发展游击队和便衣队，成功实现了主力红军、游击队和便衣队三支武装力量的相互转换，促进了革命力量的发展壮大。

游击队是三年游击战争革命力量的重要组成部分。在三年游击战争中，地方党组织不断吸纳革命群众组建新的武装力量，不仅壮大了游击队伍，还为红二十八军提供了兵员补充，仅鄂东北独立团就先后三次被编入红二十八军。这种梯次补充兵员的方式，是红二十八军历经三年游击战争仍能保持队伍规模和战斗力的主要原因。红二十八军成立后，各地游击队在高敬亭的领导下，与红二十八军配

① 林维先：《敌后三年》，浙江人民出版社 1982 年版，第 90 页。

合行动，破碉堡、打围寨，摧毁敌人封锁线。1936 年 9 月间，鄂东北独立团横扫碉堡 100 余座，攻克围寨 20 多个。①

便衣队是鄂豫皖三年游击战争中最具特色的武装力量。1933 年 7 月，鄂东北党组织建立的武装工作队就是最早的便衣队。便衣队一般由 3 至 10 人组成，精干、隐蔽、开展工作灵活机动为其主要特点。截至 1937 年底，鄂豫皖苏区共建立了 111 个便衣队，有 600 余人，分布在鄂豫皖三省 20 多个县。便衣队在游击区域广泛联系发动群众、恢复党的组织，扰乱牵制敌人、收集情报以配合红二十八军作战，开设“山林医院”、医疗安置伤员，建设被服厂、修械所，镇压反动分子，发展“两面”政权等。在敌人残酷搜剿的情况下，便衣队从单庄独户工作做起，由秘密联络群众到建立隐蔽的游击根据地，再到逐步掌控当地的基层政权，既是主力红军武装斗争的前哨，又是主力红军生存发展的后方，在三年游击战争中作出了特殊贡献。

主力红军、游击队、便衣队相结合的游击方式是鄂豫皖三年游击战争主要形式。游击战争中，主力红军、游击队和便衣队在兵员和建制上互相补充、互相转化，在斗争任务上独立开展、密切配合，既使主力红军得到了充足可靠的后方补给，也为地方力量提供了有力指导和坚强后盾。鄂豫皖三年游击战争的斗争模式，尤其是便衣队的经验，为党在抗日战争时期的敌后斗争提供了重要借鉴。

（二）发展了游击战争战略思想

鄂豫皖三年游击战争一直是在敌我力量悬殊条件下展开的。在极端恶劣条件下，鄂豫皖苏区的革命武装在实践中不断探索对敌斗争经验，总结和积累了丰富的游击战争战略思想。

1935 年 7 月，高敬亭组织召开干部会议，总结游击战争的经验教训。会议认为，在“清剿”行动中，敌人虽然在数量和装备保障上远强于红军，但敌军也存在着“驻剿”与“追剿”部队之间协调不畅，装备与战斗力强弱不齐的问题。担任“追剿”任务的敌第二十五路军战斗力较强，敌第十一路军和东北军战斗力相对较弱，保安团最没有战斗力，而且有些保安团会采取“两面态度”。“拖垮二十五路，相机打十一路和东北军，向保安团要补给”的作战方针，是针对敌强我弱的战略态势提出的，它以务实的态度把握敌我情况，是指导三年游击战争的正确方针。

一是“三不打”“四不打”战术原则。在店前河会议上，高敬亭还提出“敌

① 中国人民解放军历史资料丛书编审委员会编：《南方三年游击战争・鄂豫皖边游击区》，解放军出版社 1992 年版，第 19 页。

情不明不打，地形不利不打，伤亡过大不打，反之则打”的“三不打”战术原则，后来又很快补充了“缴获不多不打，反之则打”的原则。这些“打”与“不打”的原则，有利于保存实力，最大限度消灭敌人，对鄂豫皖苏区游击战争的胜利开展起到重要的作用。敌第五十七军战报称：“豫鄂皖一带之匪，东窜西扰，飘忽非常”，“军队未到，则闻风远去，军队一去，则暗行潜入，几经搜剿，屡告无踪，然仍不时出现”。①

二是山地与平原战斗相结合、游击战与运动战相结合、内线与外线作战相结合的作战形式。1936 年 2 月，卫立煌担任豫鄂皖“清剿”总指挥。他加强兵力部署，增修碉堡封锁线，在“清剿”基础上又分“驻剿”“追剿”“围剿”“堵剿”等手段，同时加强“移民并村”“十户连坐”措施，企图把红军游击队彻底围困歼灭。3 月 9 日，鄂豫皖省委在太湖县柴家山召开会议后，红二十八军更加主动地把集中和分散作战、内线和外线作战结合使用，充分发挥机动灵活的优势，相机打击敌人，形成了“你清你的剿，我游我的击；你搞山区，我下平原；你搞我的根据地，我掏你的老窝”的斗争局面，掌握了战争的主动权。

三是伏击战、化装智取、长途奔袭、“杀回马枪”等灵活机动的战术方法。1936 年 1 月，红二十八军在蕲春县三角山召开会议。会议认为红军克敌成功的经验就是实行了以伏击战为主，以“杀回马枪”、长途奔袭、化装智取为辅的战术手段。② 其中，化装智取在敌后斗争中收到了特殊效果。1936 年 11 月，县委书记张泽礼率领便衣队扮成国民党第十一路军的伤兵和护送部队，打开了熊家河一个碉堡，将敌枪栓卸下，令其背上枪带路，去喊开下一个碉堡。用这种方法，便衣队在一天内连拔熊家河一带 10 余座碉堡，无一人伤亡。

1937 年 12 月 25 日，新四军四支队司令员高敬亭和参谋长林维先到武汉八路军办事处参加新四军编制会议，周恩来指着高敬亭和林维先向中共长江局书记王明介绍说：“这两位就是闻名于大别山的游击专家高敬亭和林维先同志。”③ 周恩来的介绍充分说明当时中央对鄂豫皖游击战争的肯定。

三、坚持统一战线原则，丰富了党的政治斗争经验

鄂豫皖三年游击战争中，留守党组织、红军游击队和便衣队紧紧依靠群众，团结一切可以团结的力量，利用一切可以利用的因素开展对敌斗争，为发展党的

① 谭克绳、欧阳植梁主编：《鄂豫皖革命根据地斗争史简编》，解放军出版社 1987 年版，第 494 页。
② 谭克绳、欧阳植梁主编：《鄂豫皖革命根据地斗争史简编》，解放军出版社 1987 年版，第 530 页。
③ 台运行：《游击专家高敬亭——纪念高敬亭 100 周年诞辰》，《党史纵览》2007 年第 7 期。

统一战线战略作出了贡献。

（一）把依靠群众作为统一战线的根基

工农联盟是统一战线的牢固基础，无产阶级政党建立统一战线必须团结和依靠广大群众。1934 年 11 月，鄂豫皖“剿总”副司令张学良下令大量增筑碉堡，以达到构成“碉堡地带截匪之窜路”的目的，同时提出“有民就有匪，民尽匪尽”“驻尽山头，宰尽耕牛，见人就杀，鸡犬不留”的口号，制造大片无人区。

为了打破敌人封锁，根据地党组织提出“想办法找落脚点”“利用一切关系联系群众”等口号，要求各地党组织和地方武装利用各种方式深入群众，用“交朋友、人联人、亲扯亲”的办法，一户一人地开展群众工作。游击队和便衣队想方设法为群众解决困难，帮助解救被抓百姓，把缴获的国民党辎重分给群众，抚恤困难群众，惩办土豪劣绅，为民除害。游击队和便衣队与群众建立了血肉联系，群众也冒着生命危险掩护和支持游击队和便衣队的斗争。在敌人疯狂“清剿”的日子里，敌人不允许群众带多余的食物上山，村民就把自己的饭藏在路边留给便衣队员，自己饿着肚子回家；便衣队员和红军伤员藏在老百姓家里养伤，群众冒着生命危险保护他们。便衣队员漆少川曾回忆说，有一天我们住在木歧山林大力挖的山洞里，敌人知道了，将他全家七口都捉去了，他们挨打受骂，始终不肯吐真情。后来他们回来了，告诉我们说：“我们全家就是都死掉，也要保护你们。你们共产党是为穷人办好事的！”①

（二）探索出团结中间力量的方法策略

鄂豫皖三年游击战争中，苏区党组织在残酷斗争环境下，充分认识到统一战线的重要性，注重团结一切可以团结的力量，尤其是注重中间力量的团结。

一是纠正土改“左”顷错误。主力红军长征后，党组织和红军队伍遭受国民党“清剿”，后勤补给面临困境。为避免树敌过多，鄂豫皖党组织不再普遍实行“打土豪”政策，将“打粮”与“征粮”结合起来。对于那些愿意交粮交款的地主、富农，便衣队不仅保证他们的安全，还发给“不打土豪”的条子；对那些态度顽固和民愤极大的恶霸则坚决铲除，以警告其他豪绅。这一做法收到良好效果，一些地主不再逃跑，并且主动找便衣队交纳钱粮，接纳红军伤病员。

二是发展和利用“两面政权”。在国民党严密的社会控制网中，苏区党组织

① 漆少川：《回忆鄂豫皖边区的革命斗争》，湖北人民出版社 1956 年版，第 14—15 页。

采取打击与争取相结合的方法，变反动政权为“两面政权”。对那些罪大恶极、铁心做国民党爪牙的保长、甲长坚决予以镇压，对一般的联保主任、保长，则通过各种渠道与之沟通，争取他们把反动政权变成“两面政权”。红军游击队和便衣队对民团也采取同样的态度，“只要他不要太坏，只要他对国民党采取应付的形式，我们就不消灭他”①。通过发展“两面政权”，“有的联保主任，将县政府的‘剿匪命令’都给我们看，我们还到他碉堡里去躲藏”②。

三是分化与团结敌营力量。鄂豫皖党组织认识到，即使在敌人势力强大的时期，其阵营也绝非铁板一块。因此，党组织非常重视团结敌阵营中可以团结的力量。红军对俘虏不打骂、不污辱、不搜腰包，对受伤的给予治疗，集中教育后发给路费释放，对要求留下当红军的，不予歧视，有的还被分配当军事教练和参谋。由于执行正确的俘虏政策，在敌军官兵中，特别是在敌第二十五路军中，收到了积极效果，有的敌军士兵在与红军遭遇时对空放枪，有的自愿携枪投诚。1935 年 3 月，东北军一一〇师参谋长李有光家属王芹携女儿由西安至大别山，经固始县时被土匪劫持，红二十八军手枪团将其解救，并安全送到一一〇师，李有光从此和红军建立起秘密联系，经常向红二十八军传送国民党情报。

此外，鄂豫皖苏区还是全国最早开始国共合作谈判的游击区。在改编谈判过程中，高敬亭、何耀榜始终坚持独立性和警惕性。他们坚持党中央给定的平等、独立、不缴械投降，部队番号、干部任命、部队给养等问题要由中央统一决策，绝不接受国民党的委任，在中央代表到达之前尽量不在公开场合发表言论的政策。在谈判过程中，他们运用了边打边谈的策略。在见不到卫立煌谈判代表前不进炮楼、不开始谈判，谈判期内不承诺全面停战，在谈判过程中随时与敌军英勇战斗。这些做法极大地丰富了党的斗争经验。

四、保存壮大革命力量，传承弘扬了大别山精神

三年游击战争中，鄂豫皖苏区党组织极其重视党的建设和党的思想政治工作，保存和发展了革命力量，培养了优秀干部人才，使大别山精神得以传承和发扬光大。

---

① 中国人民解放军历史资料丛书编审委员会编：《南方三年游击战争·鄂豫皖边游击区》，解放军出版社 1992 年版，第 72 页。

② 中国人民解放军历史资料丛书编审委员会编：《南方三年游击战争·鄂豫皖边游击区》，解放军出版社 1992 年版，第 73 页。

（一）加强党的建设，保存了革命力量

鄂豫皖三年游击战争最突出特点就是始终坚持党的领导。1934 年 11 月，鄂豫皖省委率红二十五军离开根据地后，受命主持工作的鄂豫皖省委常委、皖西北道委书记高敬亭第三次重组了红二十八军。此后，各地先后组建或重建了党的组织机构。“合肥县委成立起来后，设常委三人，执委二人。六安张家店一个特支，舒城南一个特支，无为县是一个工作委员会，庐江仅有群众的组织，总计党员约在二百名以上。”① 红二十八军的军、师、团、营都配有政治委员，连队设立党支部。尤其可贵的是，在分散的游击环境下，无论是主力红军还是游击队、便衣队，都有鲜明的组织意识。1935 年 5 月，红二十八军特务营营长林维先等 3 名党员在老百姓家养伤时，成立了临时党小组，并作出“向伤病作斗争，争取早日恢复健康”的决议。在三年游击战争中，“党员干部站出来!”是经常使用的一句话。毛泽东曾指出：“红军所以艰难奋战而不溃散，‘支部建在连上’是一个重要原因。”②

1934 年红二十五军出发长征时，鄂豫皖省委对留守同志交代：“你们要以保持革命种子为原则，保存革命力量。”③ 红二十五军长征后，苏区全部武装共约 2800 人。经过三年艰苦的游击战争，1938 年 10 月，红二十八军和鄂豫皖党组织所属地方武装在七里坪集结完毕，加上新入伍人员共 3100 余人。④ 鄂豫皖游击区是三年游击战争中南方八省最大的游击区，也是武装力量最强的一个游击区，为抗日战争的胜利和新民主主义革命的胜利保存了力量。与此同时，鄂豫皖三年游击战争能够坚持“红旗不倒、队伍不垮”的一个重要原因就是有一批理想信念坚定、善于团结群众、军事才能卓著且有担当精神的优秀干部人才。1934 年 11 月，鄂豫皖省委率领红二十五军长征，带走了一大批成熟的干部，徐成基对此曾向中央报告说，“红二十五军走时鄂豫皖各道级以上的干部都调走了。”⑤ 尽管如此，鄂豫皖三年游击战争仍然成长出一批优秀的干部人才。除高敬亭、何耀榜、林维先等领导干部外，詹化雨、易元鳌、刘名榜等都是在游击战争中成长起来的

---

① 中国人民解放军历史资料丛书编审委员会编：《南方三年游击战争·鄂豫皖边游击区》，解放军出版社 1992 年版，第 38 页。

② 《毛泽东选集》第一卷，人民出版社 1991 年版，第 65 页。

③ 何耀榜、苏波：《大别山上红旗飘》，中国青年出版社 1983 年版，第 18 页。

④ 中国人民解放军历史资料丛书编审委员会编：《南方三年游击战争·鄂豫皖边游击区》，解放军出版社 1992 年版，第 5、28 页。

⑤ 中国人民解放军历史资料丛书编审委员会编：《南方三年游击战争·鄂豫皖边游击区》，解放军出版社 1992 年版，第 36 页。

干部，他们不仅在游击战争中发挥了重要作用，也为新中国建设作出了重要贡献。

（二）传承发展了大别山精神，丰富了红色基因宝库

鄂豫皖三年游击战争在坚持斗争、实现党的战略目标同时，还传承发展了大别山精神。其中，“坚贞忠诚”是大别山精神的核心要义；“牺牲奉献”是大别山精神的鲜明特征；“一心为民”是大别山精神的本质要求；“永跟党走”是大别山精神的永恒主题。

大别山精神是中国共产党领导大别山区人民长期奋斗铸就的革命精神，是中国共产党红色基因宝库的有机组成部分。早在建党初期，董必武、陈潭秋、朱蕴山、桂月峰等人就在大别山区建立了党的组织，广泛地传播马克思主义思想；大革命失败后，党在鄂豫皖三省交界区域先后发动了黄麻起义、立夏节起义、六霍起义；1930 年 6 月，鄂豫皖苏区建立起了统一的根据地和统一的红军。大别山区军民在中国共产党的领导下，无论是在革命运动的初始阶段，还是在革命发展的高潮时期，即使在革命运动遭受挫折的危急关头，都能始终坚持必胜的信念和革命到底的决心，保证了大别山上高高飘扬的红旗永远不倒。革命实践锤炼、艰苦环境磨炼、英雄率先垂范所铸就的大别山精神，是鼓舞和支撑三年游击战争的精神动力。

三年游击战争践行和丰富了大别山精神，使大别山精神更加丰富和辉煌。在三年游击战争中，鄂豫皖党组织率领大别山区军民不怕牺牲、顽强奋斗，践行了对党忠诚、顾全大局，体现了坚定的理想信念和使命担当。在极端恶劣的斗争形势下，党和红军与人民群众紧紧相依，更为深刻地诠释了军民鱼水的生死关系。在被敌人包围、分割、“清剿”的条件下，鄂豫皖红军和地方武装发扬优良的战斗作风，不怕牺牲、不惧失败，展现了顽强的生命力和坚忍不拔的革命意志。“我是苏维埃人，你杀了我全家，我还要革命。”① 国民党程汝怀曾问何耀榜：“用什么神秘使一个手枪班打败了王学森一个团？”何耀榜回答说，共产党打仗从来没有神秘，“你要知道：一人拼命百人难当！”② 在三年游击战争的艰苦环境下，“绝不抛下一具尸体，绝不扔下一个彩号”，这种同生共死的战斗情谊激发了广大官兵的对革命集体的热爱与战斗勇气。“山沟石洞是我房，树枝稻草盖身上，山菜野果能当粮，三天不吃打胜仗”是鄂豫皖三年游击战争中理想信念坚定和革命乐观主义的真实写照。

---

① 谭克绳、欧阳植梁主编：《鄂豫皖革命根据地斗争史简编》，解放军出版社 1987 年版，第 487 页。

② 何耀榜、苏波：《大别山上红旗飘》，中国青年出版社 1983 年版，第 433 页。

试论中国共产党在六霍起义中的领导作用

中共六安市委党史和地方志研究室　苏明波

90年前发生在皖西地区的六霍起义，是中国共产党在大别山区继黄麻起义、商南立夏节起义之后，领导的第三次成功的大规模武装起义。这次起义是在党的八七会议精神指引和安徽省临委指导下，在皖西地方党组织的直接指挥下爆发的。党的领导是六霍起义取得成功的最关键因素，其领导作用体现在多个方面，对于起义中党的领导问题应根据历史事实作出具体的分析。全面分析和考察中国共产党在六霍起义中的领导作用，对我们全面了解和深入研究六霍起义，具有重要的意义。

一、中共中央和安徽省临委的指导，为六霍起义指明了方向和道路

（一）党的八七会议精神为皖西的民主革命指明了新的方向

1927年上半年，随着蒋介石和汪精卫公开叛变革命，由国共两党合作发动的大革命宣告失败。8月7日，中共中央在武汉秘密召开紧急会议，确立了土地革命和武装反抗国民党反动派的总方针，给正处在思想混乱和组织涣散的各地党的组织指出了新的前进方向。9月6日，中共安徽省临委根据党的八七会议精神和安徽省党组织情况，就贯彻土地革命的纲领制定了《关于安徽三个月工作计划纲要》，为恢复整顿全省各级党的组织、开展土地革命的宣传、整顿恢复农民运动作出部署，明确提出“农民武装问题，为我们必须注意的问题”，要积极引导“农民走上斗争的道路”，直至起义夺取政权。①

① 中共河南省委党史研究室、中共安徽省委党史研究室编：《鄂豫皖革命根据地史》，安徽人民出版社1998年版，第83页。

党的八七会议后，20 多名在外地工作、学习和避难的六安籍共产党员，按照党中央和省临委的派遣陆续返回家乡，与本地共产党员周狷之、罗亨信等人取得联系。1927 年 8 月，这些党员在六安城关紫竹林小庙召开会议，宣布了省临委关于成立中共六安特别区委员会的决定，胡苏明任书记。特区委直属安徽省临委，下辖六安、霍山、霍邱、合肥 4 县党组织。特区委成立后，秘密发展革命力量，在国民党六安县党部成立时，周狷之、罗亨信任县党部委员，胡苏明还担任了书记长。这为皖西保存党的组织和干部，保存革命力量，创造了有利的条件。

1927 年 10 月，国民党右派在皖西地区“清党”，六安特区委及时组织在国民党县党部工作的共产党员撤到乡村，将工作重心转入农村。在转移过程中，皖西党的组织没有受到破坏，也没有牺牲一名党员。此后，六安特区委根据党的八七会议精神，把开展农民运动作为主要工作，“用种种方法夺取枪械，秘密组织农军”，以“发展农村中之阶级斗争而引起农民走上斗争的道路，直至暴动夺取政权”。

（二）安徽省临委指导第一暴动区工作为六霍起义打下了组织基础

1927 年 10 月下旬，安徽省临委讨论发动全省农民武装暴动问题，认为皖西六安、寿县等县远离南京、芜湖、安庆等中心城市，农民运动也有较好的基础，反革命的统治相对薄弱，又有境内多山的地理优势，因此确定了以六安为中心，划六安、霍山、英山、霍邱、寿县 5 县为安徽第一暴动区，首先在皖西发动暴动，开展土地革命，建立红色政权。第一暴动区的确定，标志着皖西六霍地区成为省临委发动武装暴动的最重要区域，工作的重点是组织发动农民暴动，实现土地革命的中心任务。

为发展和加强暴动区的工作，省临委先后派周范文、王逸常、王步文来皖西指导工作。

省临委于 10 月 25 日成立中共皖中特别委员会，指派省临委执委周范文为书记，指导暴动区工作。省临委要求六安党组织“伺机夺权 300 支枪械，秘密组织农民武装，先发动零星暴动，三个月内发动大暴动”，并要求在暴动后公开打出“革命委员会”旗帜，没收地主土地分配给无地农民，废除一切苛捐杂税。11 月，周范文到达六安，在白浒圩召开六安特区委党、团员会议，传达党的八七会议精神及省临委决议，并决定由周范文兼任六安特区委（后改六安县临委）书记。

1927 年 12 月，中央决定暂时解散安徽省临委，派尹宽为中央巡视员巡视指导安徽工作。尹宽和王逸常于 1928 年 1 月 29 日在六安南岳庙召开六安、霍山、霍邱 3 县党的活动分子会议，明确皖西地区党的任务是健全党的组织，积极发展工农群众运动，领导罢工、抗租、抗债的日常经济斗争走向武装起义，在斗争中建立工会和农民协会，大批吸收优秀的工人、农民入党。这次会议决定将六安、霍山、霍邱3县党组织合并，成立以王逸常为书记的中共六霍县委。1928年3月13日，安徽省临委重新成立，将全省划分为芜湖、安庆、六安、阜阳4个中心区域，由中心区的县委指导邻近县的工作。

1928年7月，省临委委员王步文来到皖西，出席了在霍山县舒家庙召开的六、霍两县党的代表会议。会议讨论了在工农运动中发展党的组织，开展抗租反霸，夺取武装和建立根据地等问题。会后，六霍县委结合斗争形势，先后发表了《反“割民党”宣言》《反“割民党”宣传大纲》《反军阀战斗的宣言》等宣传革命主张，声讨国民党右派罪行。9月，王逸常因工作原因离开皖西，由王步文代理六霍县委书记，继续领导县委加紧武装起义准备。

受这一时期中央“左”倾盲动思想影响，省临委在指导皖西工作中多次出现了盲动主义的倾向。但由于周范文、王逸常、王步文等人能联系皖西实际，将工作的重点放在暴动准备上，没有错误地进行武装暴动，使得皖西党的工作有了很大起色，为后来六霍起义奠定了组织基础。

（三）中共中央对皖西地区工作的直接指导

中共中央对皖西工作的直接指导主要表现在两个方面。

一方面是支持和肯定了皖西党组织反对“左”倾盲动。1929年3月，中央在上海召开安徽工作会议，周恩来和项英主持，尹宽等省临委委员、各中心区党组织的负责人参加了会议，王逸常作为六安中心区负责人参加会议。会上，王逸常等人分别向中央递呈书面报告，批评尹宽及省临委工作中的错误给党的工作造成的重大损失。周恩来在听取各方意见后指出，六霍一带立即暴动的条件不成熟，要积极创造条件，准备武装起义，并指出六安县委领导开展的抗租反霸、争取群众符合党的六大精神，从而使六安县委抵制“左”倾盲动主义的斗争取得最终胜利，也为六霍地区武装起义指明了正确的方向。

另一方面是建立了中共六安中心县委，直接指导皖西党的工作。1929年5月，中央在上海再次召开安徽工作会议，会议决定暂时取消省临委，将安徽划为芜湖、安庆、六安、阜阳4个中心区域，在中心区域成立中心县委，由中央直接指导中心县委，中心县委指导邻近各县工作。同时，中央派出巡视员巡视安徽工作。8月5日，中央巡视员方英在六霍边界豪猪岭召开六安中心县委筹备会议，讨论中央关于成立中心县委的指示，做好中心县委成立的筹备工作。8月17日，中央指示六安、霍山“现在可以依照中央所规定的一切工作和任务成立中心县委组织，与中央建立经常的联系”[①]。10月，方英在六安县郝家集主持召开六安、霍山、霍邱等6县党的代表会议，通过选举产生了中共六安中心县委及内设机构，舒传贤任书记，指导霍山、霍邱、合肥、寿县、舒城及英山等县县委、区委工作。六霍起义成功后，中央给六安中心县委发出指示信，指出新的革命形势下皖西开展工人、农民、士兵、妇女等工作的策略路线，为皖西革命根据地的建设起了重要的指导作用。

二、皖西党组织的正确领导，是六霍起义取得成功的关键

（一）实事求是地反对“左”倾盲动，避免了不必要的损失

在贯彻党的八七会议精神和准备武装起义的过程中，皖西党组织对省临委“左”倾盲动主义的错误领导进行了两次抵制和斗争。

1927年10月，省临委不顾皖西已经处于“白色恐怖”之下的严重局势，要求六安特区委立即组织农民暴动。当时六安县农协会员只有1000多人，武器只有几支枪，且国民党的统治正在逐步强化。特区委在分析形势之后，多数同志认为立即组织暴动的条件不成熟，在讨论会上通过了多数同志主张的暂时不暴动的意见。特区委这种实事求是的态度，却遭到了省临委的批评指责，胡苏明、储克圣等同志因此受到了处分。对于安徽武装暴动准备工作中出现的“左”倾盲动倾向，中央高度关注，并及时作出指示予以纠正。11月23日，中央致函省临委，要求切实领会党的八七会议精神和中央关于发动农民武装暴动的指示精神，指出目前的农民暴动只是游击战，时机成熟可以在六安、寿县等地发动农民暴动，但不要条件不成熟而盲动。[②] 后来，由于安徽省临委的解散，“左”倾盲动错误暂时停止。

1928年3月，省临委重建后仍继续“左”倾盲动主义错误，指示六霍县委以六安为中心立即举行农民暴动。六霍县委经过认真分析，认为暴动条件尚不成熟，需要继续开展抗租反霸和争取群众，做好武装暴动准备，立即暴动是没有成功希望的。省临委斥之为“改良主义”，不符合党的六大精神，六霍县委坚持原则，反对盲动。省临委将意见分歧报告中央。7月，中央发来关于纠正盲动主义

① 本书编委会编：《六霍起义》，中共党史资料出版社1989年版，第19页。

② 中共安徽省委党史研究室编：《中国共产党安徽地方史》第一卷，安徽人民出版社2000年版，第115页。

的指示信，但省临委书记尹宽仍坚持错误。省临委委员王步文对尹宽排除异己、大搞宗派主义以及武断专横的家长作风进行了坚决斗争，尹宽却要求中央撤去王步文职务，省临委工作陷入瘫痪。

皖西党组织在准备武装起义的过程中，始终坚持实事求是的原则，抵制“左”倾盲动思想，最终得到了党中央的支持。1929 年 3 月，周恩来在上海召开安徽工作会议，解决安徽“左”倾盲动问题，使六安县委抵制“左”倾盲动主义的斗争取得了胜利，使皖西避免了可能因盲动而断送革命的损失。

（二）领导发动工农运动，为六霍起义打下了坚实的群众基础

工农运动是武装暴动的基础，但大革命失败以后皖西地区工农运动陷入低潮。在六安特区委成立之初，仅有 3 个支部，党员 36 人。虽然从全省来看六安的党员数量并不少，但主要是学生，工人运动特别是广大农村群众并没有发动起来。

六安特区委成立后，十分注重发动工人运动。1927 年 8 月，特区委指导成立六安县总工会，领导城关烟业工人举行罢工，要求增加工资，改善劳动条件。从 9 月 10 日开始，烟店工人开始“挂刨”，全城烟工响应，罢工持续 45 天，迫使资方接受烟工提出的复工条件。此后，特区委又领导工人争取选举权，城关三四百工人举行了游行示威，反对国民党右派破坏民主，要求进行平等选举。但由于此后革命形势不断恶化，党的工作重心转入农村，工人运动随之落入低潮。

皖西党组织转入农村后，把发动农民群众、恢复发展农民协会作为主要工作。1927 年冬，六安特区委和皖中特委派出党员到六安、霍山和舒城部分地区，建立“劳农联盟”，后改建成农民协会。1928 年 1 月，六霍县委又派出一批党、团员到六安的东南、西南和西北乡，恢复建立农民协会。农民协会的主要任务是宣传党的政治纲领，向土豪劣绅派款罚款和征收粮食，进行分田分地，在会员中发展赤卫队员组建农民武装等。农民协会既是农民群众的战斗组织，也是教育农民，领导经济斗争、政治斗争的指挥部，实际上起到了临时苏维埃政府的作用。皖西的农民协会组织发展很快。到 1929 年上半年，六安、霍山、霍邱和合肥西南地区的农协会员已发展到 1.7 万多人，其成分“佃农占百分之五十，雇农占百分之二十，自耕农占百分之十，手工业者占百分之十，失业农民及会党占百分之十，农协指导人多系党同志”①。

皖西党组织在领导发动工农运动中，十分注重从经济斗争入手，在斗争中教

---

① 中共六安地委党史工作委员会编：《皖西革命史（1919—1949）》，安徽人民出版社 1987 年版，第 77 页。

育群众、组织群众，并将工农运动逐步发展为政治斗争和武装斗争。1928 年春，霍邱县委发动群众进行抗捐抗税斗争，5000 多人在叶家集举行清算南四区总董胡子仪大会，反动县长迫于群众压力，免去了胡子仪职务，取消了地亩捐。6 月，六安县南岳庙共产党员王退之领导农民处死了大地主侯子环。10 月，六霍第五区区委（霍山县委前身）领导霍山县东北乡农民“对大地主实行抗租”“小地主实行减租”，迫使大地主十租只收三租、二租，小地主十租只收四租。霍山东乡农协 300 多农民，将 1 万多斤租稻分给了贫苦农民。1929 年春荒严重，六安、霍山两县县委领导群众开展了春荒斗争，在农民协会具体组织下，广大农民涌向分粮对象家中，强行借粮，进而打开仓库扒粮，得来的粮食由农民协会统一分配给断炊缺粮的农户。霍山县委书记舒传贤领导东北乡 300 农民，一次就扒掉大地主家稻谷 200 多担，东北两区的农民共扒粮 130 多次，分粮 3000 多担。春荒斗争不仅解决了农民饥饿问题，而且锻炼了队伍，打击了地方反动势力，使武装起义的条件日趋成熟。在 1929 年 5 月立夏节起义取得胜利后，六安独山、麻埠一带原来秘密活动的农民协会，逐渐开始半公开地活动。

（三）领导发展革命武装力量，为六霍起义作了军事上的充分准备

组建农民协会秘密武装，发展游击队，形成了皖西党组织最初掌握的革命武装力量。1928 年夏，皖西各级党组织就注意挑选革命意志坚定的共产党员和农协积极分子，建立武装小组、钢枪队、别动队，群众称为“摸瓜队”。枪支武器的来源大多是号召党员捐款捐枪，如刘仁辅、徐育三等人捐钱购买了 20 支钢枪和一些土枪，组成了 100 多人的农民赤卫军；金家寨、古碑冲一带成立了 10 多个 20 多人的农民纠察队；霍邱县白塔畈等地党组织购买一部分枪支，成立农民自卫军。① 这些武装组织成立后，对那些为害最烈、民愤最大的地主豪绅和反革命分子进行镇压，对一般地主豪绅则实行警告、罚款，以打击阶级敌人的嚣张气焰。初期的农民武装多数是秘密的，六霍县委后来将这些秘密武装改建为游击队，并在游击队里建立党的组织，加强思想政治工作，按照党的政策开展对敌斗争。游击队在斗争中不断发展壮大，成为六霍起义的骨干力量。

对地主民团进行争取和改造，使皖西党组织掌握的武装力量获得新发展。皖西党组织吸取大革命失败的经验教训，乘国民党地方当局建立发展民团之机，派党员打入民团，积极开展争取与改造工作。1927 年 10 月，在蒋介石嫡系部队支持下，皖西地方反动政府拼凑武装，各县设立“警备司令部”，各区建立“人民自卫团”，一些豪绅地主也建立起武装自保。这些民团和地主武装十分反动，在

① 本书编委会编：《金寨县革命史》，安徽人民出版社 1991 年版，第 60 页。

国民党正规军和特务机关支持下，到处搜捕共产党人，在乡村中开展反农协活动。1928 年下半年，六霍县委选派一些共产党员利用各自社会关系，打入民团开展工作，有不少同志还担任了领导职务。如霍山县委派刘淠西、朱体仁打入诸佛庵民团；六安县委派王退之、毛正初、李野樵分别打入南岳庙、徐家集、江家店等地民团；六安六区区委派党员打入金家寨汪东阁商团和南庄畈六保联络自卫团，袁皋甫、何子凡还担任了自卫团的团长和教练；霍邱县白塔畈支部派汪志来打入了霍邱警备营。[①] 这些共产党员在敌军内部以合法身份进行秘密工作，向团众们灌输革命思想，启发阶级觉悟，发展党员，为后来发动武装起义创造了有利条件。

1929 年 5 月，皖西党组织领导发动了三次局部的民团兵变和农民起义，使党的武装力量得到进一步锻炼和加强。5 月初，驻霍山的反动军阀阴谋收缴被共产党控制的民团枪支，霍山县委发动诸佛庵民团起义，戴家河民团队长朱体仁（县委委员）先后缴了“红学”会 30 多人和霍山县自卫团十几人的枪械，后由诸佛庵民团团总刘淠西（县委委员）率部起义。5 月 17 日，六安县西北区委领导了武陟山两三千赤卫队员和农民起义，围攻 5 个地主圩子，打死恶霸地主，缴了 20 多支枪和 1 门土炮。5 月 19 日，六安县委委员桂伯炎、袁继安在红三十二师支援下，领导南庄畈六保联络自卫团起义，将 30 多名起义人员组成六安六区游击队，游击队还配合红三十二师攻克金家寨。这三次局部起义的举行，标志着皖西地区革命由经济斗争、政治斗争发展到武装斗争的新阶段。此后，党在皖西成立了六霍军事委员会及六霍军委特务队，统一指挥各地游击队，舒传贤兼军委书记，为发动六霍起义作了军事上的准备。

（四）中共六安中心县委的正确领导，保证了六霍起义取得成功

六霍起义的筹备工作是在六安中心县委的领导下进行的。1929 年 8 月，中央巡视员方英召开六安及邻县县委代表会议，讨论发动六霍秋收暴动工作，六霍起义在各县开始筹备。10 月 6 日，六安中心县委成立，直属中共中央，先后直辖霍山、霍邱、寿县、英山、合肥 5 个县委和六安县的 7 个区委、3 个特支，并配备巡视员巡视各县、区工作。[②] 中心县委指出，“六安经济恐慌，统治阶级力量较薄弱，我们可以组织 3000 的赤卫队，有快枪百余支，有着一定的武装基础，同时又有军事与政治方面的干部 40 多人加以指导”，认为“领导农民由一个群众

---

① 本书编委会编：《金寨县革命史》，安徽人民出版社 1991 年版，第 65 页。

② 中共六安地委组织部、中共六安地委党史工委办公室、六安地区档案馆编：《中国共产党安徽省六安地区组织史资料》，安徽人民出版社 1995 年版，第 78 页。

示威的形式转变为一个地方暴动”的条件已经具备[①]，并初步议定于11月中旬秋收后发动农民武装暴动。随后，中心县委安排人员分赴各地，积极做好发动武装起义的准备。

六安中心县委是六霍起义的直接发动者和领导者，在起义过程中起到了至关重要的指挥作用。六安三区是中心县委准备暴动的重点区域。1929年11月7日晚，三区二乡农协秘书何寿全被捕，农协花名册被自卫团搜去，中心县委得知后决定在独山立即举行起义。8日，独山周围15个乡数千农民涌向独山镇，自卫团被迫释放何寿全后逃往六安，起义取得胜利。中心县委在六安三区成立了三区工农革命委员会和军事指挥部，将起义队伍编为72人的游击队，并抽调农协骨干组建了赤卫队，保卫独山起义胜利成果。同时，为扩大斗争成果，中心县委要求六安各区和邻近各县也立即举行武装起义。11月16日，中心县委委员桂伯炎、袁继安领导六安六区古碑冲、南庄畈、七邻湾一带农民起义，击溃了金家寨民团，开辟了以金家寨为中心的一块根据地。11月19日，中心县委书记舒传贤和霍山县委书记喻石泉在红三十二师支持下，领导西镇农民起义成功，建立了西镇革命委员会和军事指挥部，起义队伍360人编为西镇游击队。西镇游击队是六霍起义中的一支重要武装力量，三次打退西镇残余自卫团和英山县、霍山县自卫团的进攻，并支持了毗邻的桃源河一带农民起义，使六安、霍山红色区域基本连成一片。此后在中心县委领导下，暴动的范围进一步扩大。霍邱县委发动了白塔畈、尧冲农民起义，建立了游击队；在中心县委常委周狷之指导下，徐集民团、江店民团起义成功，组建六安四区游击大队。

六安中心县委组建了鄂豫皖边区第三支红军主力——红三十三师，扩大了六霍起义成果。1930年1月，中心县委召开全委会议讨论军事组织的原则，接着把中心县委自己直接掌握的武装编为安徽红军第一游击纵队，把西镇游击队编为安徽红军第二游击纵队。1月20日，舒传贤主持中心县委常委与游击队党、团负责人会议，决定将游击队合编为中国工农红军第十一军第三十三师，下辖两个团：第一〇六团由第一游击纵队和六安县六区游击队及霍山县东、北、南乡农民武装合编；第一〇七团由第二游击纵队改编。全师共200多人，内有党员40多名，长短枪145支。红三十三师诞生后，属六安中心县委领导。红三十三师于1月30日第一次解放霍山县城，2月中旬又攻下了麻埠、独山、流波疃，使独山、麻埠一带陷入敌手的区域得到恢复。

六安中心县委建立皖西革命根据地，实现了工农武装割据的目标。1930年3

① 中共六安地委党史工作委员会编：《皖西革命史（1919—1949）》，安徽人民出版社1987年版，第94页。

月下旬，中心县委在七邻湾关帝庙召开了所辖六县和红三十三师党的联席会议，动员六县全党同志“推进六县的革命高潮”的总任务，并作出了九项决议案规定各方面具体任务。4 月 13 日，中心县委指导六安六区在金家寨召开苏维埃代表大会，成立了苏维埃政府，制定了《苏维埃条例》和《土地政纲实施细则》，作出了关于《雇农工资办法》《手工业工人办法》《债务办法》《森林办法》等决议案。七邻湾会议的召开和六安六区苏维埃政府的成立，标志着中心县委把武装斗争、根据地建设和土地革命紧密结合起来，推动了工农武装割据在皖西地区的初步实现。到 1930 年 4 月，在六安中心县委的领导下，六霍起义的范围进一步扩大，革命烽火遍及皖西大地，在六安、霍山、霍邱、英山、潜山五县毗连地区初步创建了南北 200 多里、东西 100 多里、人口 40 多万的皖西革命根据地，为鄂豫皖革命根据地的初步形成奠定了基础。

“两大起义”的胜利与宣传发动群众的关系及当代启示

中共六安市委党史和地方志研究室　吴晓妹

立夏节起义和六霍起义是继湖北黄麻秋收起义后，鄂豫皖边区再次相继取得的重大武装斗争胜利。两大起义组建的中国工农红军第三十二师、第三十三师，与黄麻起义建立的红军第三十一师，都是后来组成中国工农红军第四方面军的重要基础。两大起义紧紧依靠群众、密切联系群众、广泛发动群众，在鄂豫皖边区和皖西地区点燃了我们党领导人民推翻“三座大山”的星星之火，实践上证明了毛泽东“农村包围城市、武装夺取政权”工农武装割据理论的科学性，对宣传党的主张，贯彻党的方针政策，凝聚工农革命力量打下了坚实的思想和群众基础。

一、两大起义宣传发动群众的显著特点

鄂豫皖边区地处三省交界，扼京汉铁路和津浦铁路要冲，西逼武汉，东震南京，是插在蒋家王朝心腹之地的一把尖刀。第一次国内革命战争失败后，中共中央确定了土地革命和武装反抗国民党反动派的总方针。皖西党组织认真吸取革命失败教训，坚决执行中央指示，组织发动立夏节起义和六霍起义，在皖西地区建立了工农武装，以革命武装反对蒋介石的反革命武装，开创了皖西工农武装割据的新局面。起义之所以能取得胜利，与皖西地区革命思想的广泛传播、皖西人民热情参与革命以及党广泛宣传革命主张、发动群众参加革命密不可分。

（一）皖西地区革命思想遍地开花

五四运动以后，在北京、上海、芜湖等地读书的皖西籍进步青年不断传回各种进步书刊，他们经常邮寄或带回《资本论入门》《共产党宣言》《唯物史观浅说》《社会进化史》《向导》《新青年》等书刊，供家乡进步知识分子学习，还利

用寒暑假回乡作社会调查，宣传马克思主义。1920年和1921年间，霍山县在省教育界服务的洪世奇，以马克思、列宁的学说教育青年，并派其在安庆读书的侄儿洪实和省学生联合会会长舒传贤一道，回乡宣传马克思主义。在他们的宣传和推动下，霍山县劝学所所长赵辅仁和第一高小校长黄楚三及第四高小教职员张景昆、秦维纲等，开始学习马克思、列宁的著作，把马克思学说、列宁小史编入正课，并在第一高小和女子高小成立新文化学社。1920年初，六安三农教师朱蕴山、桂月峰和学生会会长翟其善等组建了“中国革命小组”，学习、研究马克思主义。同年霍山县燕子河在燕溪小学校长徐狩西、教师刘长青的倡导下，成立了马克思主义学习小组，一面学习革命理论，一面讨论如何推翻封建军阀统治和打倒帝国主义问题，他们开办夜校，吸收附近贫苦农民和贫苦知识分子入学，分析中国贫困落后的原因，讲述如何救国的道理。①

1924年秋，詹谷堂、袁汉民、曾静华等同志，受党组织的派遣，到汤家汇的笔架山农校和南溪一带，从事党的活动，先后介绍了李梯云、周维炯、漆德玮、漆禹原、李声武等十多人入党，在笔架山农校成立了党支部，不久，发展为特别支部，詹谷堂任支部书记，成立了金寨地区最早的党组织。②

经过对马克思主义的初步学习，皖西地区更多的工人农民特别是知识分子开始懂得，要使中国革命取得胜利，必须坚持用马克思主义来指导，必须学习应用俄国十月革命的经验方法，必须走上武装反抗国民党反动统治的革命道路。在皖西地区先进知识分子的推动下，推翻国民党政府、打倒地主豪绅成为广大被压迫农民群众的心声，在茫茫黑夜里艰难摸索的皖西地区人民找到了过上好日子、走向新生活的光明道路，只待党领导下的那一声枪响。

（二）皖西地区革命热情炽热火红

哪里有压迫，哪里就有反抗。在半封建半殖民地的旧中国，皖西地区同全国其他地区一样，处于帝国主义、封建主义和官僚资本主义三座大山的严重压迫之下，皖西地区广大劳动人民过着极端悲惨的苦难生活。一是帝国主义疯狂侵略与掠夺。外国资本主义对皖西的经济侵略，以倾销商品，掠夺农副产品为特征。一方面大量倾销“洋货”，一方面廉价收购粮食、黄豆、棉花、茶叶、桐油、生丝、大麻等土特产品，破坏了自给自足的自然经济，阻碍了皖西民族工商业的发展，致使商业逐渐萧条，手工业纷纷倒闭，农业日趋破产。二是封建主义残酷荼

① 中共六安地委党史工作委员会编：《皖西革命史（1919—1949）》，安徽人民出版社1987年版，第20—24页。

② 中共金寨县委宣传部编：《立夏节烽火》，安徽人民出版社1980年版，第3页。

毒与剥削。在广大农村中，封建的自然经济基础虽然由于帝国主义的入侵而遭到破坏，但是封建的土地制度和剥削关系却依旧保存下来。皖西地区土地七八成为地主阶级占有。农民租种地主土地，每年除向地主交纳五成以上的租课外，还要预付租种押金，交纳鸡、鸭、鱼、肉、油、柴等名目繁多的小课。地主向农民放债的利息高得惊人，有些农民因少租欠债终身还不清债务。三是官僚资本主义不断勒索与压迫。大革命失败后，湖北的夏斗寅部、河南的任应岐部、安徽的陈调元部等新旧军阀，为划分势力范围，争夺地盘，时而合流，时而混战。各军阀内部的派系斗争，也很激烈，不断火拼。国民党政府和军阀在皖西地区横行乡里，逼良为盗，纵兵为匪，向农民征收多如牛毛的苛捐杂税和兵丁夫费。再加上地方恶棍党徒和流氓土匪，掠夺抢劫，敲诈勒索，使得皖西人民群众家贫如洗，苦不堪言，背井离乡，田园荒芜，民不聊生。①

在“三座大山”的压迫下，皖西人民特别是广大受压迫的穷苦人家再也活不下去了，苦则思变，农民群众开始思考因何而苦，因何而困，“打倒土豪劣绅”等反抗压迫的思想萌芽不断发展壮大。在共产党员的宣传引导下，由量变到质变，逐渐走向革命道路。马克思主义的先进思想在被压迫的农民群众中口口相传，立刻得到了广泛支持和热烈拥护，为劳苦大众的未来点燃了希望的灯火，埋下了革命的种子。

（三）皖西地区革命宣传灵活多样

面对“三座大山”的压迫，皖西地区党组织和广大共产党员坚决贯彻党的群众路线方针政策，紧密依靠皖西地区劳苦大众，积极宣传党的革命思想，把世界上人压迫人、人剥削人的不平等原因，穷人为什么会受苦，怎样才能翻身求解放的根由解释给工农群众听，通过串门谈心、宣传鼓动、桃园结义、组织农协会、成立“兄弟会”等多种形式，发动了革命群众，凝聚了革命力量，为两大起义的胜利奠定了物质基础。

一是成立并壮大农民协会。皖西地方党组织宣传队，到处揭露当时政治腐败和帝国主义侵华罪行，讲明农民群众受压迫剥削的根源，宣传土地革命政纲，教育感化广大农民群众。以“打倒帝国主义”“打倒土豪劣绅”“废除苛捐杂税”为口号，组织农民及出身贫苦的会、匪群众，同土豪劣绅作斗争。1927 年，李梯云以南流河（现金寨县沙堰、吴店、沙河）为中心，在沙堰、太平山、白沙河等地组织农民协会，开展反土豪劣绅的斗争；刘仁辅在燕子河发展党组织，成

---

① 中共六安地委党史工作委员会编：《皖西革命史（1919—1949）》，安徽人民出版社 1987 年版，第 3—10 页。

立农民协会，向地主进行抗租抗捐的斗争。[①] 1927 年秋，金家寨、南溪、丁家埠、斑竹园等地，都先后建立起了党的组织和农民协会，领导农民运动。1928 年 11 月，六安城郊成立了六霍县农民协会，下辖 5 个区农会，150 个分会，组织开展了抗租、抗债、抗捐、抗税、抗夫的斗争。[②] 二是组建并发展兄弟会。皖西地方党组织发动党员和工人、农民、士兵交朋友，以烧香结拜的方式，发展了党的外围组织——兄弟会。兄弟会积极开展活动，利用各种机会向群众做宣传鼓动工作。在地方上遇到不平事，便组织人去讲公道话，打抱不平，很受穷苦大众的拥护，成了团结穷人、帮助穷人、教育穷人的组织。霍山县的刘淠西、朱体仁、胡祥仁，分别被派至诸佛庵、戴家河、舒家庙、管家渡等民团任队长。[③] 金寨的周维炯、漆德玮、汪永金等一批同志先期打入民团，随后，丁家埠、竹叶庵、李家集、禅堂等地的民团都有革命同志打了进去。他们在民团站稳脚跟后，团结和教育团众，利用合法身份争取团丁，秘密建立党组织，为发动民团起义创造了条件。[④]

（四）皖西地区革命党员宁死不屈

在两大起义胜利前后，涌现出了一批革命前辈在面对敌人的诱降、酷刑、屠杀时，坚贞不屈，誓死不从，挺住了敌人金钱厚禄诱惑和严刑拷打折磨。他们用实际行动，表现出了坚定的信仰信念和钢铁般的革命意志，用舍我忘我的崇高革命情怀，让人民群众更加信任、更加拥护、更加坚定党的领导。六霍起义主要领导人之一的周狷之为了帮助贫苦农民起来革命、改变自己的命运，常与佃户、长工促膝交谈，关心他们生活上的疾苦，并在其家乡大寺庵办起了六安西南乡第一个农民夜校，一边教农民文化识字，一边给他们灌输革命真理。更以减免自家租课、撕毁地契账单等实际行动，反复宣传革命思想，提高农民斗争的勇气。1930 年 6 月周狷之被捕后，慷慨就义，留下了“头颅抛千斛，风雨撼孤舟。宁为革命死，不作阶下囚!”的绝命诗。还有吴干才、冯小山、车厚桥等革命忠烈，用青春和生命践行了“为工农翻身，牺牲无愧；干革命到底，流血何妨”的铮铮誓言。

二、两大起义的胜利掀起了宣传发动群众高潮

1929 年 5 月到 1930 年 4 月，以立夏节起义和六霍起义为代表，皖西地区

---

① 中共金寨县委宣传部编：《立夏节烽火》，安徽人民出版社 1980 年版，第 4 页。
② 本书编委会编：《六霍起义》，中共党史资料出版社 1989 年版，第 3 页。
③ 本书编委会编：《六霍起义》，中共党史资料出版社 1989 年版，第 4 页。
④ 中共金寨县委宣传部编：《立夏节烽火》，安徽人民出版社 1980 年版，第 7 页。

革命武装斗争遍地开花，工农革命不断掀起高潮。起义胜利后创立的皖西革命根据地，是构成鄂豫皖革命根据地的重要组成部分，从而使党在整个大别山区实行工农武装割据的设想得以实现，这是皖西党组织认真贯彻党的八七会议精神和党的六大决议，进行长期艰苦的创造性工作的结果，是坚持积极宣传党的思想主张，紧紧依靠群众，广泛发动群众这一宣传动员路径取得的胜利成果。

立夏节起义胜利后，广大群众欢欣鼓舞，纷纷集会，热烈庆祝，各地立即进行打土豪，杀劣绅，开仓分粮，起义地区苦难群众摆脱了土豪劣绅的压迫，生活上也有了来源，革命实践的成果使得皖西地区农民更加心向红军、心向革命。1929 年 5 月 9 日，立夏节起义各路起义队伍会师斑竹园，召开群众大会，处决了豪绅罗维楚和反动分子周若发，宣布成立工农红军第十一军第三十二师。不久在文昌宫召开工作会议，讨论扩大红军，发展赤卫队和农民协会组织，建立工农政权问题，并决定在南溪黄鹤湾设立临时办事处，行使政府职能，在南溪林氏祠建立学兵团，培训红军骨干。主力红军和地方临时革命政权建立后，立即开展了创建革命根据地的斗争，红三十二师于 5 月 11 日从斑竹园桥口出发，先后在冈家山、胭脂坳、大埠口、南溪、李家集等地肃清残余反动武装，收缴武器，发动群众，没收地主豪绅的粮食财产。在党的领导和红军不断胜利的鼓舞下，商南各地迅速建立起具有临时政权性质的农民委员会，青壮年踊跃报名参加红军，赤卫队也很快发展到四五千人；到八月间，红三十二师发展到 300 多人，初步形成了一块以南溪、斑竹园、吴家店为中心，纵 100 多里，横六七十里的豫东南革命根据地。①

在六霍起义的影响和推动下，皖西地区群众斗争情绪高涨，革命环境十分有利于组织武装起义，毗连的潜山、英山等县部分地区农民相继举行武装起义。霍山县西镇农民起义胜利后，潜山衙前中心区委书记王效亭与六安中心县委取得联系，学习六霍起义经验。到 1930 年 4 月，在六安、霍山、霍邱、英山、潜山五县相毗连的地区，初步创建了东起淠河，西接商南，南抵金家铺、水吼岭，北至白塔畈、丁家集，南北 200 多里，东西 100 多里，人口 40 多万的革命根据地，为鄂豫皖革命根据地的最后形成奠定了坚实基础，更为整个皖西地区革命思想的传播作了最具现实意义的宣传。以至在后来鄂豫皖革命根据地反“围剿”斗争失败、红军被迫转移以后，“跟着党走干革命”的思想理念依然在大别山区牢牢扎根，谱写了皖西地区无数儿女为革命抛头颅、洒热血的壮丽诗篇。

---

① 中共六安地委党史工作委员会编：《皖西革命史（1919—1949）》，安徽人民出版社 1987 年版，第 87 页。

三、两大起义宣传发动群众工作的当代启示

90年前立夏节起义、六霍起义的胜利与皖西革命根据地的创建再一次证明，思想是行动的指南，认识是行动的动力，坚持党的群众路线，做好宣传动员工作，团结一切可以团结的力量，是革命年代乃至和平建设时期，以弱胜强、以小博大，进而迈向正确革命建设道路的不二法门。学习两大起义宣传与发动群众的历史经验对充分学习贯彻落实习近平新时代中国特色社会主义思想，全面建成小康社会，实现中华民族伟大复兴的中国梦具有重要启示意义。

（一）以人民为中心的根本宗旨不能忘

牢固树立立党为公、执政为民意识，坚持以人民为中心，全心全意为人民群众服务是我们党领导和带领全国各族人民闹革命、搞建设和谋发展不断取得胜利的根本原因。中国共产党作为领导这么大一个国家的执政党，要想取得事业的成功，需要不断坚持以人民为中心的指导思想，凝聚全体人民共同的力量。过去革命能取得胜利，我们党团结带领人民群众、维护人民群众利益是根本原因；现在我们朝两个一百年的奋斗目标努力迈进，依然要以“群众满不满意、答不答应”作为衡量我们一切工作的根本标准。脱离了这一点，就会成为无源之水，无本之木。两大起义的胜利来源于革命先辈们坚持以人民为中心，实施土地改革和各项革命政策，让老区人民共享土地革命的成果。广大人民群众正是看到共产党与其他政党有着本质的不同，正是看到共产党能够真正代表大家的根本利益，才一心向党，跟着党干革命。如今中国特色社会主义进入新时代，各项工作均面临着新的要求，只有更加坚持全心全意为人民服务的宗旨，才能不断实现好、维护好、发展好广大人民群众的根本利益，才能凝聚实现中华民族伟大中国梦的人民力量。

（二）以交心为重点的群众宣传不能少

两大起义中以交心为重点的群众宣传工作为起义胜利起到了思想上和舆论上的重要作用，是两大起义胜利的重要宝贵经验。立夏节起义中肖方、徐思庶等同志运用和劳苦群众谈心交朋友的方式宣传发动群众，凝聚了一大批死心塌地干革命的群众队伍。当前中国特色社会主义进入新时代，既面临国际形势变化的严峻挑战，更需要解决国内人民日益增长的美好生活需要同不平衡不充分的发展之间的矛盾。广大党员干部只有放下身段、扑下身子，真心实意，真情实感，真抓实干，真诚奉献，注意吸取借鉴以往革命时期与人民群众贴心交流的宣传优点，进

一步帮助广大人民群众明辨是非、统一认识进而凝聚民心，才能不断推进我们党的各项事业不断取得新的成功。

（三）以多样为特点的宣传方法不能减

运用群众喜闻乐见的宣传形式开展革命宣传活动，能够更有效地把党的政治主张宣传到群众，让群众认识中国革命、建设、发展的形势，积极投身到革命以及经济建设中来。两大起义在宣传方式上，运用了老百姓易于接受、喜闻乐见的形式，采取口口相传、标语宣传以及组建农协会、兄弟会等在本地能够被群众接受且易于组织发动的形式，不仅使宣传效果深入人心，更使得在面临突发情况时人心更齐，群众支持保护革命人士的决心更大，武装斗争胜利的成果更辉煌。这些多样的宣传方法是革命先辈们结合当时实际，用一句句话、一件件事总结出来的，展现了共产党人灵活机敏的工作风采，需要进一步坚持并不断发扬光大。

（四）以群众为基础的工作方法不能丢

密切联系群众，紧紧依靠群众是做好群众工作的基础要求。“没有落后的群众，只有落后的工作”，两大起义期间，革命先辈们坚持兵运与农运相结合的工作方法，充分发挥民团内进步士兵和广大农民群众的革命热情，紧紧依靠他们，积极争取他们成为革命力量，从而成功取得了起义的胜利。当前，我国正面临百年未有之大变局，全面建成小康社会也进入了决胜阶段，世情国情党情都发生了新的变化，群众工作和过去相比也出现了新的特点和新问题。作为党员干部，经常会碰到“与困难群众说话，说不下去；与年轻人说话，说不进去；与老同志说话，给顶了回去”的困难局面。这都要求我们继续坚持紧密依靠群众的工作方法，切实尊重人民群众的主体地位，真正树立干部群众平等一致的思想，把广大群众当作自己的亲人，认真倾听、吸取他们的宝贵经验，为他们想实策，出实招，办实事，进而推动党的各项事业不断迈向前进。

简论金寨是人民军队的重要发源地

金寨县红军历史研究会　闫荣安

安徽省六安市金寨县是全国著名的革命老区。1929 年立夏节起义（也称商南起义）和六霍起义胜利后，金寨成为中国工农红军的重要诞生地。在这里组建的红军队伍，后来发展成为八路军、新四军和中国人民解放军的重要组成部分。金寨为中国革命胜利和人民军队发展作出了彪炳史册的贡献，被誉为“中国革命的重要策源地，人民军队的重要发源地”。

本文根据有关史料，重点简要论述金寨是人民军队的重要发源地。

一、金寨是中国工农红军的重要诞生地

在土地革命战争时期，金寨县境内先后组建了 12 支主力红军队伍，是鄂豫皖边区红军的主要创始地，红四方面军的主要发源地，长征红军的重要发源地，鄂豫皖革命根据地坚守红军的主要创始地，中国工农红军的重要诞生地。

（一）金寨是鄂豫皖边区红军的主要创始地

1927 年党的八七会议以后，在鄂豫皖边区先后爆发了黄麻起义、立夏节起义和六霍起义，先后成立了三支主力红军队伍。

1. 黄麻起义后，成立了中国工农红军第十一军第三十一师

1927 年 11 月 13 日，在中共黄麻特委的领导下，湖北省黄安、麻城两县爆发了黄麻起义。1928 年 7 月，黄麻起义后由鄂东军改编的中国工农革命军第七军，在河南光山县柴山保改编为中国工农红军第十一军第三十一师。军长兼师长吴光浩，党代表戴克敏，全师约 120 人。这是鄂豫皖边区诞生的第一支主力红军队伍。

2. 立夏节起义后，成立了中国工农红军第十一军第三十二师

1929 年 5 月 6 日，在中共商罗麻特别区委领导下，河南商城南部地区（现

安徽金寨境内）爆发了立夏节起义，取得了全面胜利。5月9日，中国工农红军第十一军第三十二师成立。师长周维炯，党代表徐其虚，全师共200余人。这是在金寨境内组建的第一支主力红军队伍。

3. 六霍起义后，成立了中国工农红军第十一军第三十三师

1929年5月至年底，在安徽的六安、霍山、霍邱三县爆发了六霍起义，并取得胜利。1930年1月20日，中共六安中心县委在流波䃶（现金寨境内）将原组建的安徽红军游击队第一、第二纵队与六安六区游击大队，合编为中国工农红军第十一军第三十三师，师长徐百川，党代表鲍益三，全师200余人。这是在金寨境内诞生的第二支主力红军队伍。

在鄂豫皖边区最初诞生的三支主力红军队伍中，红三十二师、红三十三师两支队伍均诞生在现金寨境内，金寨成为鄂豫皖边区红军的主要创始地。

（二）金寨是红四方面军的主要发源地

红四方面军是全国第二大主力红军。最初组建红四方面军的红四军、红二十五军，其原始部队主要在金寨境内建立，金寨是红四方面军的主要发源地。

1. 金寨是首支中央红军红一军的主要组建地

鄂豫皖边区三支主力红军队伍建立后，在党的领导下，分别开创了鄂豫边、豫东南和皖西革命根据地。1930年2月，中共中央决定将鄂豫皖边区的17个县划为鄂豫皖边特别区，建立中共鄂豫皖边特委，统一领导鄂豫皖边区的革命斗争。并决定将红三十一师、红三十二师、红三十三师合编为中国工农红军第一军。红一军军长许继慎，政治委员曹大骏。红一军直属中央军委指挥，这是首支中央红军。①

在红一军组建过程中，红三十一师在湖北黄安北部箭厂河（今属河南新县）改编为红一军第一师，红三十二师和红三十三师分别于1930年5月在金寨境内的南溪、流波䃶改编为红一军第二师、第三师。另以原红三十二师一部和当地游击队共300多人，在汤家汇组建红一军独立旅。红一军独立旅是在金寨境内成立的第三支主力红军队伍。

在红一军最初组建的3个师1个旅中，就有2个师1个旅在金寨境内组建，金寨是红一军的主要组建地。

随后，又有数支以中央红军冠名的队伍在金寨境内成立。

1930年7月，在燕子河地区以皖西地方武装和红一军第三师的一个连为基

① 中共河南省委党史研究室、中共安徽省委党史研究室编：《鄂豫皖革命根据地史》，安徽人民出版社1998年版，第151—152页。

础，成立了中央独立第一师。

1930 年 11 月中下旬，由红一军独立旅、中央独立第一师余部和黄麻补充营在汤家汇重建为红一军第三师。

1931 年 1 月，活动在蕲、黄、广地区的红十五军与红一军合编为红四军，原第三师第七团改为军属独立团。1931 年 2 月初，独立团在麻埠扩编为中央教导第二师。

以上分别是在金寨境内组建的第四、第五、第六支主力红军队伍。

2. 红二十五军在金寨境内成立

鄂豫皖革命根据地建立后，在党的领导下，红军先后取得了第一次、第二次反“围剿”胜利，红军也得到了很大发展。

1931 年 10 月 25 日，中国工农红军第二十五军在麻埠成立，军长旷继勋，政治委员王平章。初建第七十三师，第七十四、第七十五师在筹建中。红二十五军是在金寨境内诞生的第一支成军建制的红军队伍，也是在金寨境内组建的第七支主力红军队伍。

3. 金寨是红四方面军的主要发源地

红二十五军成立后，为了统一红军指挥，1931 年 11 月 7 日，在黄安七里坪成立了中国工农红军第四方面军，总指挥徐向前，政治委员陈昌浩。下辖红四军、红二十五军，总兵力近 3 万人。

至此，从鄂豫皖边区红军诞生到发展成为红四方面军，除番号改编和番号撤销的外，红四方面军是从原始部队共 8 个师 1 个旅 2 个团发展起来的，其中除红三十一师、军委警卫师和红十五军两个团的大部外，在金寨境内组建的至少有 6 个师 1 个旅。因此，金寨是红四方面军的主要发源地。

红四方面军组建后，从 1931 年 11 月中旬开始，先后发起黄安、商（城）潢（川）、苏家埠、潢（川）光（山）四次战役。

在此期间，1932 年 3 月上旬，鄂豫皖军委将红四军第十一师三十一团和五星县独立团在麻埠合编为红二十五军第七十五师。5 月，又在白塔畈将由六安、霍山、霍邱、赤城四县独立团合编的皖西北独立第三师，改编为红二十五军第七十四师。这是在金寨组建的第八、第九支主力红军队伍。

四次战役总计歼敌约 6 万人，使敌人对鄂豫皖根据地的第三次“围剿”计划流产。红四方面军发展到 2 个军 6 个师，1 个少共国际团，4 个独立师，共 45000 余人。鄂豫皖革命根据地发展到 4 万余平方公里，人口达 350 万，成为全国第二大革命根据地。

（三）金寨是长征红军的重要发源地

在举世闻名的中国工农红军长征的红一方面军、红二方面军、红四方面军和红二十五军四支队伍中，就有红四方面军和红二十五军两支队伍主要发源在金寨。金寨是长征红军的重要发源地。

1. 红四方面军在创建川陕革命根据地中发展

1932 年 10 月，红四方面军第四次反“围剿”失败，鄂豫皖中央分局率红四方面军主力第四军的 3 个师和红二十五军第七十三师西去川陕，后创建了川陕革命根据地。

1933 年 6 月底，红四方面军粉碎四川军阀田颂尧的三路围攻后，在木门召开军事会议。决定将原有 4 个师扩编为 4 个军。以第十师为基础扩编为第四军；以第十二师为基础扩编为第九军；以第十一师为基础扩编为第三十军；以第七十三师为基础扩编为第三十一军，全军共 4 万余人。这是红四方面军在金寨得到的空前发展。

红四方面军扩编后，又粉碎了军阀刘湘的六路围攻，夺取了三次进攻战役的胜利，使川陕革命根据地发展到 4.2 万平方公里、人口 500 多万，红四方面军发展到 8 万多人。

2. 金寨是重建红二十五军的主要发源地

红四方面军西去川陕后，根据鄂豫皖中央分局指示，红二十七师和皖西北地方武装于 1932 年 10 月 2 日在英山县金家铺组建为红二十七军，军长刘士奇，政治委员郭述申。

11 月 30 日，鄂豫皖省委决定，将红二十七军番号撤销，将红七十五师与红二十七师等红军队伍重建为红二十五军，军长吴焕先，政治委员王平章。在重建的红二十五军中，原红七十五师、红二十五军特务营均是在金寨境内组建。因此，金寨是重建的红二十五军的主要发源地。

3. 金寨是红二十八军的重建地

1933 年 4 月 8 日，中共鄂豫皖省委决定，将年初在麻城大畈（今属新县）组建的红二十八军改编为红二十五军第七十三师。4 月下旬，在汤家汇又以原红二十八军特务营、第二四四团一营和皖西北第二路游击师、第三路游击师的第一、第二大队组建为红八十二师。这是在金寨境内组建的第十支主力红军队伍。

1933 年 5 月，国民党军对鄂豫皖苏区进行第五次“围剿”。由于敌我兵力悬殊等原因，导致鄂东北中心区和皖西北中心区保卫战失败。9 月 27 日，红二十五军余部从金寨大埠口向鄂东北转移，途中过潢（川）麻（城）公路时，遭敌人阻击。军长吴焕先率先头部队约2000余人进入了鄂东北，截留在路东的1000多人在副军长徐海东的率领下回到金寨境内。

10月11日，中共皖西北道委书记郭述申在南溪吕家大院主持召开会议，决定将未过潢麻公路的红二十五军部队和当地的红八十二师重建为红二十八军。军长徐海东，政治委员郭述申（兼）。这是在金寨境内组建的第十一支主力红军队伍。

4. 红二十五军、红二十八军在金寨境内合编为新的红二十五军

1934年4月16日，在鄂东的红二十五军余部和红二十八军在汤家汇豹迹岩会师，第二天合编为新的红二十五军，军长徐海东，政治委员吴焕先，全军3000多人。同时，将皖西北第三路游击师和原红二十八军第二四四团1个营、军特务营改编为新的八十二师。

5. 红二十五军、红四方面军长征

1934年11月16日，根据党中央的指示，中共鄂豫皖省委率领红二十五军2980余人，从河南罗山何家冲出发长征，途中创建了鄂豫陕革命根据地，于1935年9月15日胜利到达延川永坪镇，胜利完成长征，被誉为“长征先锋”。

在鄂豫陕革命根据地，由红二十五军留下的两个连为基础和地方武装组建的红七十四师，也是有金寨红军血脉的部队。

1935年3月28日，在川陕革命根据地的红四方面军主力8万余人也出发长征，三过雪山草地，于1936年10月9日到达甘肃会宁与红一方面军会师，取得了长征胜利。

（四）金寨是鄂豫皖革命根据地坚守红军的主要创建地

1934年11月，中共鄂豫皖省委率红二十五军长征后，鄂豫皖革命根据地进入了三年游击战争时期。金寨又成为坚守红军的主要创建地。

1934年12月初，坚守鄂豫皖革命根据地的唯一一支主力红军红八十二师和三路游击师800余人，在金寨境内的长山冲乌凤沟遭敌人追堵，损失惨重，师长周世觉牺牲，仅突围出200余人。

面临敌人“清剿”的严重形势，为了集中力量更好地打击敌人，保卫根据地，12月20日，中共皖西北道委将分散的红军队伍和人员在金寨沙河店集中整编，组成红二一八团，全团约700人。

这是在金寨境内组建的第十二支主力红军队伍，也是鄂豫皖边区当时唯一一支成建制的主力红军队伍。

1935年2月3日，根据鄂豫皖省委长征前的指示，红二一八团700余人和鄂

东北独立团300余人在岳西凉亭坳第三次组建为红二十八军，高敬亭任政治委员，并统一领导鄂豫皖边区党政军工作，全军共1000余人。

红二十八军是红军长征后，在南方存在的唯一一支成军建制的红军队伍，坚持了艰苦卓绝的三年游击战争。

在土地革命战争时期，在中国共产党的领导下，在金寨境内一共诞生十二支主力红军队伍，另外组建了第一、第二、第三路游击师，还有4个独立团。一面面军旗在这里升起，有10多万金寨儿女参加红军，金寨是中国工农红军的重要诞生地，在人民军队建立和发展的历史上留下了浓墨重彩、光辉灿烂的篇章。

二、金寨是八路军、新四军的重要发源地

1937年卢沟桥事变后，国共开始合作抗战。主要从金寨发源的红军队伍改编为八路军、新四军的雄师劲旅。金寨又成为八路军、新四军的重要发源地。

（一）主要从金寨发源的主力红军队伍长征后的状况

金寨走出的红二十五军、红四方面军长征先后到达陕甘地区，留守鄂豫皖边区的红二十八军坚持了艰苦卓绝的三年游击战争。

1. 红二十五军长征后的状况

1935年9月15日，红二十五军3400余人长征到达陕北延川永坪镇，率先结束长征。同刘志丹率领的红二十六军、红二十七军会师后，于17日组成中国工农红军第十五军团，军团长徐海东，政治委员程子华，副军团长兼参谋长刘志丹。下辖第七十五师、第七十八师、第八十一师，全军团共7000余人。① 10月19日，中央红军到达陕北吴起镇后，红十五军团编入红一方面军。

随后，红十五军团参加了直罗镇、东征、西征、山城堡等战役，从金寨发源的第七十五师扩编成为第七十三师、第七十五师两个师。

2. 红四方面军长征后的状况

1936年10月9日，红四方面军长征到达甘肃会宁，与红一方面军会师。红四方面军长征结束时拥有第四军、第五军、第九军、第三十军、第三十一军，共38000余人。

1936年11月11日，根据中央军委命令，红四方面军河西部队改称西路军，承担独立从新疆方向接通苏联的任务。组成西路军的有第五军、第九军、第三十

① 《中国工农红军第二十五军战史》编审委员会编：《中国工农红军第二十五军战史》，解放军出版社1990年版，第213—214页。

军和总部机关及直属部队等，共 21800 余人。

西路军进入河西走廊与敌马步芳等“马家军”惨烈激战 4 个多月，损失惨重，归于失败。从金寨发源的红三十军余部 420 余人在李先念政委率领下到达新疆迪化。

留在河东的红四方面军第四军、第三十一军与红一、红二方面军在党中央和军委直接领导下，经整训后，于 1937 年 1 月到达三原、淳化地区。

3. 红二十八军在鄂豫皖边区坚守的状况

留在鄂豫皖边区坚持游击战争的红二十八军在极为艰难困苦的情况下，英勇斗争，仍保持着上千人的红军队伍。

卢沟桥事变后，国共合作抗战。1937 年 7 月 28 日，红二十八军与国民党地方当局在岳西县九河朱家大屋签订了停战协议书。至此，鄂豫皖边区国民党 10 年反共内战宣告结束。

10 月下旬，红二十八军和鄂豫皖边区各地党组织及其所属的地方武装、便衣队，在黄安县七里坪集结整训，暂命名为“鄂豫皖工农抗日联军”，共约 1800 余人。

（二）从金寨发源的主力红军队伍改编为八路军、新四军部队

全面抗战爆发后，根据国共两党达成的协议，长征到陕甘地区的红军和陕北红军改编为国民革命军第八路军；南方八省边界地区的红军和游击队改编为国民革命军新编第四军。在金寨发源的红军队伍分别成为八路军、新四军的重要组成部分。

1. 红四方面军部队改编为八路军第一二九师

1937 年 8 月 25 日，中共中央军委宣布将中国工农红军第一、第二、第四方面军和陕北红军等改编为国民革命军第八路军，朱德、彭德怀分别任总指挥和副总指挥。下辖第一一五师、第一二〇师和第一二九师。红四方面军第四军、第三十一军和陕北红军一部被改编为八路军第一二九师，师长刘伯承，副师长徐向前，下辖 2 个旅、1 个教导团和 5 个独立营。第三八五旅由红四方面军第四军改编，下辖第七六九团、第七七〇团。第三八六旅由第三十一军改编，下辖第七七一团、第七七二团。改编后全师共 1.3 万余人。①

2. 红二十五军部队改编为八路军第一一五师三四四旅

根据中央军委改编命令，红一方面军的第一军团、第十五军团及红七十四师

---

① 《中国人民解放军第二野战军战史》编委会编：《八路军第一二九师战史》，解放军出版社 1991 年版，第 7 页。

合编为八路军第一一五师，师长林彪，副师长聂荣臻。红七十四师编为第一一五师留守处；红十五军团改编为八路军第一一五师三四四旅，旅长徐海东，副旅长黄克诚；下辖第六八七团（原红七十三师编成）、第六八八团（原红七十五师编成），原红七十八师分别编入上述两个团，全旅共6200余人。①

3. 红二十八军部队改编为新四军第四支队

1937年12月，新四军军部在湖北汉口成立，下辖第一、第二、第三、第四支队。

1938年2月中旬，主要由原红二十八军改编的新四军第四支队正式组建。司令员高敬亭，参谋长林维先，下辖第七、第八、第九团和手枪团，共3100余人。其中第七团、第九团、手枪团主要由原红二十八军部队组成，第八团是由鄂豫边红军游击队组成。②

4. 改编后有金寨红军血脉的八路军、新四军部队

从全国红军队伍改编情况可知，从金寨发源的红军队伍主要在八路军第一二九师、第一一五师三四四旅和新四军第四支队。

在这些队伍中，八路军第一二九师三八六旅和第一一五师三四四旅就发源于在金寨麻埠镇成立的红二十五军第七十三师、第七十五师。由红四军第十师改编的第三八五旅虽然主要发源于红三十一师，但在金寨诞生的多支部队中，改编中曾部分成建制地编入了红四军第十师。显然，第三八五旅也具有浓浓的金寨红军血脉。

由此可见，在八路军最初组建的3个师中，就有第一一五师、第一二九师两个师有金寨红军的血脉；所辖的6个旅中，就有2个旅是由在金寨诞生的红军队伍改编的，因此金寨是八路军的重要发源地。

新四军第四支队主要发源于在金寨成立的红二一八团。新四军最初组建的4个支队共9300余人，第4支队3100余人。显然，在新四军最初组建时，第四支队占新四军4个支队的1/4，人数占新四军的1/3。因此金寨也是新四军的重要发源地。

在八年全面抗战中，八路军、新四军是抗战的中流砥柱，部队也发展到120万余人。这其中，有金寨红军血脉的八路军、新四军部队在战斗中不断发展壮大，他们为打败日本帝国主义，赢得世界反法西斯战争胜利作出了巨大贡献。

---

① 《中国工农红军第二十五军战史》编审委员会编：《中国工农红军第二十五军战史》，解放军出版社1990年版，第213—214页。

② 《新四军战史》编辑室编：《新四军战史》，解放军出版社2000年版，第20—21页。

三、金寨是中国人民解放军的重要发源地

在解放战争中，八路军、新四军等革命武装改编为中国人民解放军。有金寨红军血脉的八路军、新四军部队在抗日战争中发展壮大，又成为中国人民解放军的骨干和重要组成部分。

（一）八路军、新四军改编为中国人民解放军

抗日战争胜利后，根据中共中央的决定，各大战略区的部队进行了整编，到 1946 年 6 月，全军共编成 27 个野战纵队、6 个野战旅和 14 个炮兵团，共约 61 万人。①

1946 年蒋介石发动全面内战后，各解放区部队陆续改称人民解放军。辽沈、淮海、平津战役胜利后，人民解放军按照中央军委关于统一全军编制及部队番号的命令，于 1948 年底至 1949 年初进行整编。西部野战军编为第一野战军，中原野战军编为第二野战军，华东野战军编为第三野战军，东北野战军编为第四野战军。以上四个野战军和华北军区连同由东北野战军铁道纵队改编的铁道兵团，直属于中国人民解放军总部。②

整编后，中国人民解放军野战部队实有兵力 16 个兵团、51 个军，218 万人。

（二）有金寨红军血脉的人民解放军

根据现有资料表明，在中国人民解放军第一、第二、第三、第四野战军中，都有金寨红军血脉的部队。

第一野战军，有金寨红军血脉的有第六军、第六十军、第六十一军、第六十二军。③

第二野战军所辖 9 个军中，就有第十军、第十一军、第十二军、第十三军、第十五军、第十六军共 6 个军有金寨红军的血脉。④

第三野战军有金寨红军血脉的军也有 6 个，分别是第二十一军、第二十三

① 张明金、赵功德编著：《中国人民解放军历史上的 70 个军》，解放军出版社 2006 年版，第 51 页。

② 张明金、赵功德编著：《中国人民解放军历史上的 70 个军》，解放军出版社 2006 年版，第 58 页。

③ 刘博、刘分良、李寒笑雨编著：《开国雄兵——第一野战军的 15 个军》，国防大学出版社 2015 年版，第 4—20 页。

④ 张有风、郝卫兵、高建伟编著：《开国雄兵——第二野战军的 11 个军》，国防大学出版社 2015 年版，第 4—20 页。

军、第二十五军、第二十六军、第二十七军、第三十四军。①

第四野战军有金寨红军血脉的有第三十八军、第三十九军。②

在野战军最初组建的16个兵团、51个军中，据初步研究，有金寨红军血脉的约有18个军，占全军总数的35.3%，超过了1/3。

（三）有金寨红军血脉的集团军

1949年初，全军统一整编完成时的野战军共有51个。此后，经过多次精简整编，到2003年，只保留18个集团军。

由于部队撤并组建成集团军过程中变动很大，初步研究的成果表明，至少有6个集团军有金寨红军的血脉，这就是第十二集团军、第十三集团军、第十六集团军、第二十一集团军、第三十八集团军、第三十九集团军，占18个集团军的1/3。

2017年4月，以18个集团军为基础，调整组建为13个集团军。原有金寨红军血脉的6个集团军全部保留，占集团军总数的46%。

由此可见，无论是在中国人民解放军组建初期，还是在现在，其他军兵种不算，仅陆军中，有金寨红军血脉的部队就占1/3以上。因此，金寨是中国人民解放军的重要发源地。

综上所述，金寨是中国工农红军的重要诞生地，是八路军、新四军和中国人民解放军重要发源地的史实，证明金寨是人民军队的重要发源地，也证明了金寨是中国革命的重要策源地。

四、思考与启示

金寨县地处大别山腹地，中共党组织建立、革命武装起义都不是最早的，为什么能成为中国革命的重要策源地、人民军队的重要发源地（简称“两源两地”）？这是一个值得思考和很有探讨价值的大问题，从中也必将获得有益的启示。

（一）关于金寨为何能成为“两源两地”的思考

通过对金寨革命史、红军史和中国革命史的比较分析，笔者认为，金寨之所

① 陈相灵、汪海波、张小朋、宋慧编著：《开国雄兵——第三野战军的16个军》，国防大学出版社2015年版，第30—52页。

② 张明金、赵功德著：《中国人民解放军历史上的70个军》，解放军文艺出版社2006年版，第343—346页。

以能成为“两源两地”，是由中国共产党领导中国革命发展的大势所决定，就金寨而言，至少有以下原因。

1. 中共组织建立早，领导坚强，战斗堡垒作用发挥得好

主要表现在：一是党组织建立早、发展快。1924 年秋，金寨就建立了党组织。到年底，全国的共产党员仅有 994 人，而金寨籍党员就有 15 人以上。这里很早就成为革命火种播撒之源，燎原之源。二是金寨党组织求真务实，战斗堡垒作用发挥得好。无论是领导农民运动，还是领导两大起义、建立红军队伍、创建根据地，等等，都很成功。三是党组织坚强有力。面对敌人多次进攻，在极端艰难困苦的环境下，党组织坚持英勇斗争，党旗军旗始终不倒，使金寨成为一块革命的热土，红军的摇篮。

2. 金寨有着深厚的革命基础

主要表现在：一是金寨人民在旧中国具有强烈的反抗意识。1894 年后，就持续爆发反天主教、抗租、罢工斗争和大刀会暴动。二是马列主义传播早。1920 年初就有马列主义传播，人民群众唤醒得早。三是党领导农民运动红红火火，群众革命觉悟广泛提高。四是两大起义胜利后，打土豪，分田地，人民群众得到实惠，看到了过好日子的希望，坚定跟着共产党走；为保卫胜利果实，讨还血债，前赴后继踊跃参加红军。等等这些，都为成功建立革命根据地，创建红军队伍打下了坚实基础。

3. 金寨占有“中心”的地利

主要表现在：一是金寨地处鄂豫皖革命根据地的中心区，是苏区建设的典范，具有红军队伍建立得天独厚的有利条件。二是赤卫军、独立团等地方革命武装建立得早，源源不断输送到主力红军队伍，促进了主力红军队伍的发展。三是金寨是豫东南、皖西北特（道）区党政军机关驻地，是区域领导中心。“近水楼台先得月”，金寨十二支主力红军队伍中，有六支是在机关驻地麻埠、汤家汇组建的。

4. 宣传工作富有特色成效

主要表现在：一是党组织和苏维埃政府高度重视宣传发动工作，注重增强宣传效果。二是宣传队伍庞大。有组织就有宣传队，人人都是宣传员。三是宣传形式多样。如河中漂流标语牌、壁画等形式就很有特色，《八月桂花遍地开》歌曲影响巨大。宣传工作广泛入脑入心，人民群众投身革命、参加红军的热情持续高涨。这是金寨县当时不足 30 万人口，就有 10 多万人参加红军的一个重要原因。

5. 金寨民风淳朴，崇尚忠诚、守信、勇敢的品格

金寨地处吴、楚文化和中原文化的交汇地带，民风淳朴。金寨人民认准跟着

共产党闹革命，无论多么艰难困苦，坚贞忠诚，勇往直前，前赴后继。即使是在亲人“肃反”中遭蒙冤错杀的情况下，仍然坚定地参加红军，跟着共产党走，无怨无悔。正是金寨人这种优秀的品格，成就了金寨“两源两地”，铸就了“坚贞忠诚、牺牲奉献，一心为民，永跟党走”的大别山精神，成为“红军的摇篮，将军的故乡”。

（二）几点启示

立夏节起义、六霍起义胜利已 90 周年，中国进入了中国特色社会主义的新时代，但从金寨成为“两源两地”的光辉历史及其原因中仍可得到有益的启示。

1. 加强党组织建设，在新时代充分发挥战斗堡垒作用

金寨能成为“两源两地”，关键是党组织的坚强领导，战斗堡垒作用发挥得好。我们要以习近平新时代中国特色社会主义思想为指引，加强党的建设，把党组织真正建设成为坚强的战斗堡垒，求真务实，开拓创新，在各项工作中充分发挥作用，用显著成效不断开创出各项工作的新局面。

2. 汲取老区做好宣传发动工作经验，搞好宣传教育，传承红色基因

要采取适应新时代特点的有效宣传手段和方式，大力弘扬大别山精神，讲好红色故事，使红色基因渗进血液、浸入心扉，代代相传。要结合社会主义核心价值观教育，保持淳朴民风，激励人们更加努力地工作，在实现中华民族伟大复兴中国梦的征程上不断创造出新的辉煌。

3. “两源两地”是中国共产党领导金寨人民创造的红色品牌

省市县要利用好这块价值不可估量红色品牌，将传承红色基因与经济发展有机结合，运用好红色遗址、纪念场馆、教育基地等资源，开展培训教育、发展红色旅游，形成支柱产业，促进老区经济振兴。

4. 发挥“两源两地”的政治优势，深入实施军民融合发展战略

以富县强军为目标，互动共进，搞好革命传统教育，发展老区经济，支持和保障部队建设；继续发扬老区拥军优属的光荣传统，深入开展“双拥”活动，将优秀青年送进部队；在新的起点上开创军民融合发展新局面，为实现中国梦强军梦作出新的贡献。

激活“红色基因”　擦亮江淮底色

——从习近平总书记“共和国是红色的，不能淡化这个颜色”谈起

安徽省委党史研究院　胡北

一、“共和国是红色的，不能淡化这个颜色”

历史是一个民族、一个国家、一个政党形成和发展及盛衰兴亡的真实记录。

文艺复兴时期，西班牙著名作家塞万提斯说过：“历史孕育了真理，它能和时间抗衡，把遗闻旧事保藏下来。它是往古的迹象，当代的鉴戒，后世的教训。”1844年1月，恩格斯在其撰写的《英国状况——评托马斯·卡莱尔的〈过去和现在〉》一文中指出，“我们根本没有想到要怀疑或轻视‘历史的启示’；历史就是我们的一切，我们比其他任何一个先前的哲学学派，甚至比黑格尔，都更重视历史”。

一部中国史，就是中华民族形成和发展以及中国人民几千年来自强不息、艰苦奋斗的真实记录；一部中国共产党历史，就是中国共产党成立以来团结带领中国人民为争取民族独立、人民解放和实现国家富强、人民富裕而不懈奋斗的真实记录。

近代中国积弱积贫、九原板荡、百载陆沉。从1840年开始，由于西方列强的入侵和封建统治的腐败，中国一步步沦为半殖民地半封建社会，山河破碎，生灵涂炭，中华民族遭受着前所未有的苦难。面对苦难，中国人民挺起脊梁、奋起抗争，以百折不挠的精神，进行了一场场气壮山河的斗争，谱写了一曲曲可歌可泣的史诗。在中华民族内忧外患、社会危机空前深重的背景下，在马克思列宁主义同中国工人运动相结合的进程中，1921年，中国共产党诞生了，如旭日东升，雄鸡啼晓；如雷电狂飙，开天辟地。从此，中国共产党作为中国工人阶级的先锋队，作为中国人民和中华民族的先锋队，以全心全意为人民服务为根本宗旨，以

实现共产主义为最高理想，在波澜壮阔的历史进程中，紧紧依靠人民，筚路蓝缕，开拓前进，披荆斩棘，不懈奋斗，跨过一道又一道沟坎，取得一个又一个胜利。

90余年来，中国共产党不忘初心、矢志不渝，义无反顾肩负起实现中华民族伟大复兴的历史使命，团结带领人民进行新民主主义革命、社会主义革命和建设、改革开放和现代化建设伟大事业，谱写了气吞山河的壮丽史诗；90余年来，无数共产党人，怀着崇高的理想与必胜的信念，不畏艰苦，不怕牺牲，抛头颅，洒热血，以百折不挠的英雄气概创造了惊天动地的丰功伟绩，以扭转乾坤的恢宏气魄谱写了亘古未有的历史篇章，领导中国人民在中华大地描绘出气壮山河的革命、建设和改革的崭新画卷。

90余载风雨沧桑，90余载不懈奋斗，90余载苦难辉煌，90余载党史里写着共产党人的灵魂，指引着将来的命运。

2018年1月5日，习近平总书记在学习贯彻党的十九大精神研讨班开班式上发表重要讲话指出：“历史和现实都告诉我们，一场社会革命要取得最终胜利，往往需要一个漫长的历史过程。只有回看走过的路、比较别人的路、远眺前行的路，弄清楚我们从哪儿来、往哪儿去，很多问题才能看得深、把得准。”

2019年3月，习近平总书记在参加政协会议文化艺术界、社会科学界委员联组会时语重心长地说：“不忘初心，方得始终啊！我们的初心是什么？上海石库门、南湖红船，诞生了中国共产党，14年抗战、历史性决战，才有了中华人民共和国。共和国是红色的，不能淡化这个颜色。无数的先烈鲜血染红了我们的旗帜，我们不建设好他们所盼望向往、为之奋斗、为之牺牲的共和国，是绝对不行的。不能被轻歌曼舞所误，不能‘隔江犹唱后庭花’。”

在此之前，习近平总书记也多次提及，要把红色资源利用好，把红色传统发扬好，把红色基因传承好。2013年2月4日，他在原兰州军区视察时强调，要发扬红色资源优势，深入进行党史、军史和优良传统教育，把红色基因一代一代传下去，首次提出了“红色基因”。2014年4月29日，在参观新疆军区某红军师师史馆时，他叮嘱部队领导，要把红色基因融入官兵血脉，让红色基因代代相传。10月31日，他在福建上杭出席全军政治工作会议时提出，青年一代是党和军队未来的希望，革命事业靠你们继续奋斗，优良传统靠你们继续发扬，军队政治工作要大家一起来做，基层做好工作是重要环节。要带头学传统，爱传统，讲传统，带动部队官兵传承好红色基因，保持老红军本色。12月14日，他在南京军区机关视察时，叮嘱军区领导要把红色资源利用好，把红色传统发扬好，把红色基因传承好。2016年2月，他到江西视察时强调，要让广大党员干部知道现在的幸福生活来之不易，多接受红色基因教育。4月24日，在安徽考察期间，他前往金寨县红军广场，向革命烈士纪念塔敬献花篮，瞻仰金寨县红军纪念堂，参观金寨县革命博物馆。他深情地说：“一寸山河一寸血，一抔热土一抔魂。回想过去的烽火岁月，金寨人民以大无畏的牺牲精神，为中国革命事业建立了彪炳史册的功勋，我们要沿着革命前辈的足迹继续前行，把红色江山世世代代传下去。革命传统教育要从娃娃抓起，既注重知识灌输，又加强情感培育，使红色基因渗进血液、浸入心扉，引导广大青少年树立正确的世界观、人生观、价值观。”

二、“安徽是一片有着光荣革命历史的红色热土”

安徽襟江带淮，钟灵毓秀，英才辈出。勤劳勇敢的安徽人民在这片热土上创造了丰富的物质文明和灿烂文化。安徽人民具有光荣的革命传统，新民主主义革命以来，在中国共产党领导下，数以百万计的江淮儿女前仆后继，流血牺牲，为民族独立、人民解放、国家富强、民生安康，为社会主义革命、建设和改革开放伟大事业立下了不朽功勋。

（一）在党的创建和大革命时期，安徽是马克思主义传播、中共组织创建和活动较早的地区

1920 年在安庆，先进知识分子蔡晓舟创办了《新安徽报》，介绍社会主义思想；光明甫、李光炯、朱蕴山、宋竹荪创办了《平议报》，大力宣传新文化，介绍马克思主义和俄国十月革命。1921 年，芜湖省立五中教师高语罕将其在芜湖商业夜校讲课用的讲义，编辑成通俗读物《白话书信》出版发行，对马克思主义的基本原理以及俄国十月革命和苏维埃制度，作了通俗浅显的介绍。一些进步的青年学生还成立“马克思主义研究会”等学术团体，马克思主义在安徽得到了较早和广泛的传播。

1921 年 10 月，安徽社会主义青年团在安庆成立，有团员舒传贤、周新民、皮言智、王逸龙、查文浩、储应时、朱石龙、詹善良、张本国等 9 人，是全国较早成立的团组织。1923 年初，中共党员柯庆施受陈独秀委派，到安庆建立中共组织。同年冬，中共安庆支部在安庆北门万安局濮家老屋正式成立，柯庆施任书记，党员有王步文、许继慎、蒲清泉、杨溥泉、薛卓俊等人，这是安徽第一个城市党组织。与此同时，在上海大学读书的寿县青年薛卓汉、徐梦秋返回寿县，在小甸集小学成立了中共小甸集特别支部，这是安徽第一个农村党组织。至 1927 年 4 月中共五大召开时，安徽已有中国共产党党员 233 人。同年 5 月，中共安徽省临时委员会在武汉正式成立，柯庆施为书记。

1927 年初，北伐军挺进安徽，安徽各地党组织积极策应，迅速掀起工农运

动高潮。同年4月12日和7月15日，北伐军总司令蒋介石、国民政府主席汪精卫先后在上海、武汉公开叛变革命，大批共产党人和革命志士遭到屠杀，大革命失败。安徽同样发生了安庆三二三反革命事变和芜湖四一八反革命事变，早期党组织接连遭到破坏，革命事业遭受重大损失，但安徽的共产党人不屈不挠，接续奋斗，表现了一往无前的革命精神和大无畏革命英雄主义气概。

（二）土地革命战争时期，安徽是中国革命的重要策源地、人民军队的重要发源地和苏维埃政权建设的模范区域

大革命失败后，中共安徽省临委积极贯彻党的八七会议精神，将工作重心转向农村，恢复和发展组织，举行了著名的四九暴动、立夏节暴动（商南暴动）、六霍暴动、请水寨暴动等武装暴动。

1928年4月9日，中共皖北特委书记魏野畴在阜阳组织领导了由国民革命军第十九军（高桂滋部）教导团、第十军（杨虎城部）军校和阜阳地方农民赤卫队参加的武装起义，宣布成立皖北苏维埃政府，后因反动军队“围剿”，起义军失败，80多位共产党员、农民赤卫队队员和革命群众献出了宝贵的生命。

1929年5月6日（农历立夏节），在河南省商城县南部（今属金寨县）爆发了以民团起义为主、并和农民暴动相结合的武装起义，5月9日起义队伍会师斑竹园，宣布成立中国工农红军第十一军第三十二师，师长周维炯，副师长漆德玮，党代表徐其虚，师委书记徐其虚，师部下辖第九十七团、第九十八团和1个特务营，全师兵力200多人。立夏节起义的胜利，在大别山中心区打响了向国民党反动派进攻的第一枪，沉重打击了商南地区的反动势力，极大地鼓舞了鄂豫皖边区党组织和人民群众开展武装斗争的积极性，为创建豫东南革命根据地奠定了基础，也推动和加快了东部六霍地区举行武装起义的进程，并提供了宝贵的经验。红三十二师是金寨境内诞生的第一支红军队伍，也是继鄂东红三十一师建立之后鄂豫皖边区的第二支工农武装，后来先后成为红一军、红四军和红四方面军的重要组成部分。红三十二师建立后，在党的领导下，经过几个月的军事斗争，建立了以南溪、斑竹园、吴家店为中心的豫东南革命根据地，成为后来鄂豫皖革命根据地的重要组成部分。

1929年11月8日，六霍暴动首先在六安独山镇爆发。9日，六安中心县委发出通告，指令各区县立即武装起义。西河口、龙门冲、赫家集等地农民武装暴动以响应。12日，成立六安三区革命委员会。分设政治、参谋、财政、总指挥部，总指挥鲍益三，总指挥部党代表方英，组建六安三区游击队。独山镇农民起义后，六安中心县委书记舒传贤和霍山县委书记喻石泉立即布置发动霍山农民暴动。19日，霍山县委发动西镇农民暴动，200多名农民在红三十二师一部支援

下，捣毁国民党西镇事务所，镇压反对乡保长和民团团总等反动分子。然后成立西镇革命委员会和军事指挥部，组建360余人的游击队。六霍起义后建立了红军武装和苏维埃政府，开始形成六霍地区红色武装割据的局面，为创建鄂豫皖革命根据地作出了贡献。六霍暴动后，当地新生的苏维埃政权机构相继诞生，以六安、霍山为中心的皖西苏维埃区域开始形成。1931年初，中共皖西北特委成立，皖西北特区苏维埃政府同时成立，皖西北苏区开始形成。皖西北苏区是鄂豫皖革命根据地的重要组成部分，在这里诞生了红二十五军和红二十八军两支英雄的红军队伍。红二十五军长征后，红二十八军坚持了三年艰苦卓绝的游击战争，让革命的红旗始终高高飘扬在大别山上。

（三）抗日战争时期，安徽是新四军的重要根据地，也是新四军浴血奋战的主战场

1937年12月25日，新四军军部在汉口成立。1938年1月6日，移驻南昌；4月5到达皖南歙县岩寺；8月2日进驻泾县云岭。江南地区的红军游击队奉命开赴皖南集中改编，与此同时，江北红军游击队集结于皖西地区。经过短期整训后，新四军共辖4个支队，10个团，1个特务营，计10329人，6200余支枪。

在中国共产党的领导下，新四军转战大江南北，纵横华中敌后，紧紧依靠人民群众，在极其艰难困苦的环境中，不惧艰险，不怕困难，以坚忍不拔、顽强果敢的斗争精神，广泛开展敌后游击斗争，并与正面战场相互配合，战斗于日军占领的上海、南京、徐州、武汉、杭州、合肥等大中城市周围和水陆交通干线两侧，谱写了一曲曲胜利凯歌，成为华中敌后抗战的中流砥柱。

在八年全面抗战中，新四军对日伪军作战2.46万余次，毙伤日伪军29.37万余名，俘获日伪军12.42万余名，另有5.4万余名日伪军投诚、反正。最多时抗击和牵制了16万日军、23万伪军。同时，新四军也在斗争中成长壮大，从最初的万余兵力，发展到拥有主力21万余人，地方武装9.7万余人，民兵96万余人，共光复国土25.3万余平方公里，建立了地跨苏、浙、皖、豫、鄂五省的苏中、淮南、苏北、淮北、鄂豫边、苏南、皖江、浙东等8块抗日根据地，为打败日本侵略者，争取中华民族的独立和解放立下了不朽的功勋，为中国抗日战争乃至世界反法西斯战争的伟大胜利，作出了重要的贡献。

（四）解放战争时期，安徽是国共两党战略决战的重要战场，安徽人民为建立新中国作出了卓越贡献

1947年5月4日，中共中央提出刘邓大军挺进中原。6月30日夜，刘邓大军12万多人突破黄河天险，发起鲁西南战役，揭开人民解放军战略进攻的序幕。

8月7日黄昏，刘邓大军乘各路国民党军合围未拢之际，兵分3路，迅速向大别山进军，其第三纵队为东路，沿成武、虞城、鹿邑、界首之线，直插皖西。经过20天的连续急行军，8月27日，刘邓大军渡过淮河，进入大别山区，完成千里跃进的战略任务，直插国民党统治的心脏地带，开始了人民解放军由内线作战向外线作战、由战略防御转入战略反攻的新阶段。刘邓大军在皖西地区艰苦转战，由于得到皖西各级党组织及地方武装和人民群众的大力配合与支援，克服了无后方依托、地形不熟等重重困难，迅速完成展开并站稳脚跟。

安徽是淮海战役总指挥部所在地。1948年11月16日，中共中央决定由刘伯承、陈毅、邓小平、粟裕、谭震林5人组成总前委，刘伯承、陈毅、邓小平为常委，临机处置一切。邓小平为总前委书记。总前委的成立，使淮海战役有了一个坚强的领导核心，为夺取战役的胜利提供了组织保证。总前委成立后，中原野战军指挥部驻地濉溪县临涣镇文昌宫同时成为总前委机关驻地。11月23日，为了便于指挥围歼黄维兵团的作战，总前委移驻临涣以东7.5公里的小李家村，后移驻河南商丘张蔡园，在安徽境内共驻扎45天。

安徽是淮海战役的主战场之一。淮海战役分为三个阶段，双堆集地区歼灭战是整个淮海战役的第二阶段，前后23天，解放军中原、华东两大野战军并肩作战，经过阻击、包围、歼灭三个阶段的浴血奋战，在宿县西南的双堆集（时属宿怀县）地区歼灭了自确山东援的国民党军嫡系精锐部队黄维兵团约12万人，生俘兵团司令官黄维，其中一个师在中共地下党员廖运周率领下起义。双堆集之战，前承碾庄圩之战，后启陈官庄之战，对于夺取淮海战役的伟大胜利，具有关键的意义。

安徽是渡江战役的主战场，是夺取全国胜利、最后埋葬蒋家王朝的前沿阵地。英雄的江淮儿女在安徽各级党组织的带领下，在“一切为了前线”的口号下，全力以赴、奋不顾身地做好支前工作，谱写了伟大的“小推车精神”，保证了人民解放战争的顺利进行。

（五）在社会主义革命和建设、改革开放的伟大进程中，安徽红色文化得到进一步丰富和发展

安徽不但是一片红色的土地，更是一片改革的热土。在中共安徽省委的领导下，20世纪50年代初，安徽实行“农业三改”，提高了农业生产力，促进了农村经济的发展。60年代初，安徽试行责任田，成为新时期农村改革的先导。党的十一届三中全会以后，中国的改革从农村开始，农村的改革从安徽开始。以肥西包产到户和凤阳县大包干为主要形式的农村经济体制改革在全国率先展开。中共安徽省委对农村改革热情保护，大力支持，农村改革热潮在全省范围内迅速兴

起，并逐步向全国蔓延。在此基础上形成的以家庭承包经营为基础、统分结合的双层经营体制，成为我们党农村政策的重要基石。从 2000 年开始，安徽又在全国率先进行了农村税费改革和农村综合改革，为全面深化改革、扩大开放积累了经验，探索了新路。

进入 21 世纪，在中共安徽省委的坚强领导下，全省人民在国家促进中部崛起和扩大内需的大背景下，全面实施工业强省、东向发展等六大发展战略，深入推进“861 行动计划”，经济实力大幅提升。特别是党的十八大以来，安徽省高举中国特色社会主义伟大旗帜，全面贯彻党的十八大和十八届三中、四中、五中全会精神，以习近平总书记系列重要讲话精神为指导，坚持“五位一体”总体布局，协调推进“四个全面”战略布局，自觉践行“五大发展理念”，展开了适应新常态、推动新发展的实践探索，经济社会发展取得了一系列令人鼓舞的重大成就。

三、激活红色基因，擦亮江淮底色

许许多多的江淮英雄儿女和全国的无数英雄儿女一起，以自己的血肉之躯，共同铸就了民族之魂，每一个名字就是一尊丰碑，一串名字撑起了我们中华民族的脊梁!

在大别山区，革命战争年代 200 多万人民投身革命，近 100 万人为国捐躯。仅金寨县就牺牲了 10 万人，占当时全县总人口的 40%。他们或身陷囹圄，遭受酷刑；或被锁骨游街，惨遭活埋；或父子征战，满门英烈……其中将立煌县改名为金寨县的金寨县首任县长白涛，“宁愿断头死，绝不屈膝降。法庭与敌辩，临刑骂贼党。心坚如金刚，气节松柏长。血染金家寨，浩气贯长江”①。

在皖南茂林，仅皖南事变中，新四军 9000 多名抗日将士，除不到 2000 人突围外，其余均被“剿杀”、被俘虏或失散。新四军政治部主任袁国平壮烈牺牲；新四军副军长兼政委项英、副参谋长周子昆在突围中被叛徒杀害；张正坤、李子芳、冯达飞、黄诚、林植夫、萧正纲等一大批干部战士共 4500 余人被俘虏，关进号称“人间地狱”的上饶集中营，受尽百般折磨，其中张正坤等高级干部和一批共产党员先后被集体屠杀。新四军直属教导总队史红鹃等 7 位女战士，被国民党军追逼到东流山一处悬崖，她们把身边仅剩的一颗手榴弹投向敌群，高呼着“抗日必胜”“新四军万岁”的口号，手拉手纵身跳下万丈悬崖，为革命献出年轻的生命。她们之中最小的年仅 17 岁。

① 曹能求、胡遵远、谭江林：《话说红色金寨》，合肥工业大学出版社 2018 年版，第 153 页。

在皖北宿州，“碧血洒宿州，浩气壮山河”的中共宿县县委书记赵龙云，面对敌人的酷刑逼问，他沉着应答：“我的上司是中国共产党，我的同伴是亿万老百姓，我们下一步的计划就是砸碎旧世界，建设新世界。”他临刑那天，高唱着《国际歌》、豪迈走向西关刑场；领导萧宿铜人民英勇抗日、写下可歌可泣篇章的中共萧宿铜县委书记曹介，在谈及日本发动太平洋战争时说：“亲眼看到日本帝国主义侵占我中华国土，惨无人道杀害我中华民众，抢夺我中华财产，妄想使中国成为他的殖民地，但他忘记了中华民族是具有反抗外来侵略的光荣传统的民族，中国人民是不好欺的。日寇想灭亡中国霸占全世界，那不过是一场‘蛇吞象’的美梦，最后只能落得‘搬起石头打自己的脚’的下场。”①

广袤的江淮大地上，无数英雄儿女抛头颅，洒热血，前赴后继，鞠躬尽瘁，写下无尽风流，以自己的行为甚至生命表现了对国家、民族、人民的热爱和对信念的忠诚，在五千年中华文明画卷上又增添了壮丽的色彩，他们所践行的对共产主义事业的坚定信仰、大无畏的英雄气概、伟大的自我牺牲精神是中国共产党人区别于其他一切阶级政党的鲜明标识和政治优势，就是中国共产党人的红色基因。

红色基因是共产党人永葆本色的生命密码，始终根植于共产党人的血脉之中，伴随共产主义的传播以及中国共产党人的诞生而产生。在共产党人不断壮大、不断成熟的革命历史过程中，红色基因得到了锤炼和强化。正义的战场上，抛头颅、洒热血，铸就红色基因的鲜红血色；艰苦的革命岁月里，嚼草根、吃树皮，锤炼红色基因的顽强斗志；前进的革命道路上，涉险滩、闯难关，强大红色基因的抗御能力；胜利的革命旗帜上，闪五星、耀党徽，凝结红色基因的民心党性。

红色基因就是党的初心。“不忘初心，方得始终”，只有始终如一地保持当初的信念，才能取得圆满的成功。习近平总书记对“不忘初心”作了全新的诠释和解读，不忘初心就是要永远保持建党时的奋斗精神，永远不能忘记走过的路，永远不能忘记为什么出发。可见，“初心”就是当初的信念，即中国共产党人开天辟地时的建党精神。中国共产党的初心具有丰富的内涵，包括对马克思主义的敬仰之心，对共产主义理想的忠贞之心，对中国特色社会主义道路、理论、制度、文化的自信之心，对人民群众的赤子之心，对中国特色社会主义各项事业建设的担当之心，对党的纪律和规矩的敬畏之心。

红色基因是党的初心，党的初心是对党在革命、建设、改革的各个时期形成的革命精神的高度凝练，因此，红色基因又是中国共产党的精神族谱。红色基因

---

① 于有龄、张家耐、夏成一等：《宿县英烈》，华东师范大学出版社1992年版，第99—100页。

的内容丰富而厚重，是我们党不朽的魂，稳固的根。

在波澜壮阔、烽火连天的峥嵘岁月里，大别山革命老区的人民铸就的大别山精神——“坚贞忠诚、牺牲奉献、一心为民、永跟党走”，是中国共产党红色基因库里熠熠闪光的一段。

在皖南土地上永放光芒的铁军精神——“跟党举旗的坚定信念，英勇果敢的钢铁意志，相忍为国的博大胸怀，坚忍不拔的顽强作风，众志成城的赤诚团结，步调一致的自觉纪律”①，是中国共产党红色基因库里熠熠闪光的一段。

在淮海战役战场上，科学运筹、果敢决断的担当精神，听党指挥、忠诚可靠的看齐意识，一往无前、英勇善战的战斗精神，依靠群众、相信群众的支前精神……这样的淮海战役精神，也是中国共产党红色基因库里熠熠闪光的一段。②

根植于江淮这片红色热土上的大别山精神、铁军精神、淮海战役精神……进一步丰富了中国共产党人红色基因的内涵，他们和无数革命先烈用鲜血和生命凝结而成的党的光荣传统和优良作风，正是我们党穿越时空的红色基因，无论何时都具有永恒的魅力和深远的影响，是我们取之不竭的精神动力和红色养分。

历史、现实、未来是相通的，只有对我们党昨天的奋斗有深切了解，才能做好今天的现实工作，承担起明天的新使命，更好地走向未来。今天，我们已经进入中国特色社会主义新时代，肩负实现中华民族伟大复兴重任，更加需要传承好包括大别山精神、铁军精神、淮海战役精神在内的红色基因，从中汲取奋发向上的精神力量，凝心聚力、攻坚克难，不忘初心、牢记使命、永远奋斗。正如习近平总书记所说：“只要全党全国各族人民团结一心、苦干实干，中华民族伟大复兴的巨轮就一定能够乘风破浪、胜利驶向光辉的彼岸。”③

---

① 聂皖辉、王海瞳：《铁军精神百人谈》，安徽人民出版社 2015 年版，第 5—6 页。

② 王相坤：《淮海战役的历史贡献及其宝贵精神》，《光明日报》2018 年 7 月 4 日。

③ 《习近平谈治国理政》第三卷，外文出版社 2020 年版，第 497 页。

论鄂豫皖革命根据地的重要地位

中央党史和文献研究院　石雷

鄂豫皖地区是中国共产党的重要建党基地。中国共产党的创始人陈独秀、李大钊，中共一大代表董必武、陈潭秋等亲自指导了这里的建党活动，播下了革命火种，使之成为建立中共党组织较早、群众基础深厚、工农运动蓬勃兴起的革命风暴发源地之一。鄂豫皖革命根据地是在大革命时期，由中共领导红军在鄂豫皖三省边界以大别山为中心的地区建立的革命根据地。本文对鄂豫皖革命根据地在中国革命史上的重要地位和作出的卓越贡献进行阐述。

一、创建鄂豫皖革命根据地的历史背景

大革命失败后，在党的八七会议精神指引下，鄂豫皖三省党组织领导红军从血泊中奋起，高举土地革命战争和武装斗争的旗帜，英勇反抗国民党反动派的屠杀和进攻。在斗争中，三省党组织克服了第一次“左”倾错误的影响，分别举行了黄麻、商南、六霍等著名的武装起义，组建了中国工农红军第三十一、第三十二、第三十三师及工农革命军潜山独立师、第三十五师，创立了鄂豫边、豫东南、皖西三块革命根据地。

1930 年 2 月 25 日，中共中央给中共河南、湖北省委和安徽省六安中心县委指示，将鄂东、鄂东南、皖西三块根据地的党组织统一组织起来，成立中共鄂豫皖特委，郭述申任书记。3 月 18 日，红军第三十一、第三十二、第三十三师合编为中国工农红军第一军，许继慎任军长，统一指挥鄂豫皖边区的武装斗争。6 月下旬，鄂豫皖边区第一届工农兵代表大会在光山县王家湾召开，成立了鄂豫皖边区工农民主政府。至此，鄂豫皖边区党政军三方面都实现了统一，以大别山为中心的鄂豫皖革命根据地正式形成。

鄂豫皖革命根据地形成以后，红一军实施进攻作战，分兵东征皖西、西击平汉线，连战皆捷，使根据地得到巩固并向外扩展。1931 年 5 月成立了中共中央鄂

豫皖分局，7 月召开第二次苏维埃代表大会，成立鄂豫皖苏维埃政府，11 月中旬中国工农红军第四方面军成立。至 1932 年 6 月，根据地迅速扩大，人口由 100 余万发展到 350 万；武装力量迅速扩大，其中红军主力由 6000 多人发展到 4.5 万余人。

鄂豫皖革命根据地的迅猛发展，直接威胁到南京政府，蒋介石急忙调集 30 万兵力，自任总指挥，对这块根据地进行“围剿”。由于张国焘无视敌强我弱的事实，盲目轻敌，因而在战略上发生严重错误，虽经红军将士浴血奋战，歼敌上万，仍未能打破敌人的“围剿”。鄂豫皖革命根据地大部丧失，红四方面军被迫实行战略转移，红二十五军继续坚持保卫根据地的斗争。

鄂豫皖革命根据地是在鄂豫皖三省边界以大别山为中心的地区建立的革命根据地，它的发展可以分为 4 个阶段：创建与统一阶段、巩固与发展阶段、坚持与保卫阶段、三年游击战争阶段。

创建与统一阶段（1927 年 7 月—1930 年 6 月）。在这一阶段，经过贯彻党的八七会议精神，发动黄（安）麻（城）起义，创建了中国工农红军第十一军第三十一师，形成了鄂豫边革命根据地；商（城）南起义，创建了红十一军第三十二师，形成了豫东南革命根据地；六（安）霍（邱）起义，创建了红十一军第三十三师，形成了皖西革命根据地。根据 1930 年 2 月中共中央的指示，三块根据地所辖的 20 余县统一，成立了中共鄂豫皖边特委；三支红军合编为红一军，全军 2100 余人，成立了前敌委员会和军部；6 月成立了鄂豫皖边区苏维埃政府。中共鄂豫皖边特委、红一军、边区苏维埃政府的成立，标志着鄂豫皖革命根据地的形成。它“一面可以控制平汉铁路，一面可以截断长江交通，有直接威胁武汉进而与全国红色区域打成一片的前途”。

巩固和发展阶段（1930 年 7 月—1932 年 6 月）。在这一阶段，党的六届三中全会后，于 1930 年 10 月 18 日指示，将鄂豫皖革命根据地划为全国六大根据地之一。在 1930 年 10 月至 1931 年 3 月的第一次反“围剿”斗争中，红一军与从蕲黄广过来的红十五军合编为红四军。第一次反“围剿”共歼敌 1.3 万余人，使根据地得到进一步巩固和扩展，人口达 200 万。经过 1931 年 3 月至 5 月的第二次反“围剿”的胜利，红军发展到 4 个师，近 2 万人；根据地扩大到东西长 300 多里，南北宽 150 余里，人口近 250 万。1931 年初党的六届四中全会后，成立了鄂豫皖中分局及鄂豫皖省委。1931 年 2 月，河南新集（今新县）解放，并成为鄂豫皖革命根据地的首府，成为政治、经济、军事和文化的中心。1931 年 11 月，红四军与红二十五军合编为红四方面军，全军近 3 万人。从 1931 年 10 月至 1932 年 6 月，红四方面军根据敌人的兵力部署，主动出击，先后发动了黄安、商城、潢川、苏家埠四大战役，共歼敌 6 万人，其中成建制歼敌将近 40 个团，使敌人对鄂豫皖革命根据地的第三次“围剿”计划彻底破产。

经过四大战役的胜利，鄂豫皖革命根据地进入全盛时期，主力红军发展到2个军6个师，还组建了4个独立师和少共国际团，总兵力达4.5万余人，各县独立团、游击队、赤卫军等地方武装发展到20万人以上。同时，根据地迅速扩大，东起舒城附近，南到黄麻、广济，西跨平汉铁路，北濒淮河，面积达4万余平方公里，人口350万，拥有黄安、商城、霍邱、英山、罗田5座县城，建立起26个县的革命政权。根据地在巩固和发展中，还进行了土地革命及党的建设、政权建设、经济建设和文化教育卫生事业的建设，积累了丰富的经验。

坚持和保卫阶段（1932年7月—1934年11月）。在这一阶段，由于鄂豫皖中央分局书记张国焘等人贯彻执行王明“左”倾冒险主义的一系列方针政策，使红四方面军在敌人于1932年8月发动的第四次“围剿”中遭到了惨重失败，于10月被迫西征转移，不久创建了川陕革命根据地。留在根据地的党组织——中共鄂豫皖省委，重建红军主力——红二十五军和红二十八军，继续进行第四次反“围剿”斗争。在斗争中，由于两支主力红军广大指战员的英勇奋斗和人民群众的大力支援，取得了一系列重大胜利，打破了敌人的“围剿”计划，使根据地的形势初步好转。

由于中央一再指示要夺回中心城镇，省委在连续取得一系列战斗胜利后，滋长了轻敌冒进的思想情绪，逐步形成冒险主义的军事行动方针，贸然决定夺取敌人重兵驻守的中心城镇，使红军力量损失很大，致使第四次反“围剿”终于失败。

1933年夏，敌人又调集10万大军，对鄂豫皖根据地发动了第五次“围剿”。在斗争的初期，由于省委错误地估计了形势，采取内线单纯防御的作战方针，使鄂东北、鄂西北中心区保卫战先后遭到失败，红军和根据地遭到重大损失，刚刚好起来的形势又发生逆转。斗争的失利，迫使省委召开会议，总结正反两个方面的经验教训，重新考虑斗争方针，省委认识到造成目前危难的局面，是“自己的路线差错”和“一贯脱离群众所造成的”，决定采取游击方式和内外线结合的战法，主动灵活地打击敌人，恢复和巩固根据地，并决定开展便衣队运动，“用党、苏维埃、红军及游击队的全部力量，去发动这种武装形式”。由于斗争方针的转变及便衣队的发展，取得了一系列斗争的胜利，开始转变鄂豫皖边区第五次反“围剿”以来的严重局面。根据鄂豫皖边区所面临的形势及敌我双方力量的对比，鄂豫皖省委按照周恩来的指示召开会议，决定立即率领红二十五军以“中国工农红军北上抗日第二先遣队”的名义实行战略转移，留下部分武装重建红二十八军坚持鄂豫皖边区的斗争。会后，红二十五军2900余人于1934年11月16日从罗山县何家冲出发，向西挺进，开始长征，开创了鄂豫皖革命根据地，有力配合了中央红军的长征。

三年游击战争阶段（1934 年 12 月—1937 年 7 月）。在这一阶段，坚守在根据地的党组织及红军力量，重建了红二十八军，积极开展游击战争，并多次打破敌人的“清剿”。在游击战争中大力发展便衣队运动。到 1937 年春，共组建 82 个队和 20 个小队 600 余人，遍布于鄂豫皖边界的 22 个县境，协助红二十八军和游击师、独立团、战斗营坚守老区、建立新区，对三年游击战争的胜利进行作出了重要贡献。便衣队“是地方党政军三位一体的组织，是以地方工作为主的武装工作队”①，适应了对敌斗争的需要，一经产生就显示强大的生命力，成为坚持鄂豫皖边区革命斗争的基本力量。三年游击战争时期，鄂豫皖边区的武装便衣工作队由少到多，由弱变强，至 1937 年初，“发展到 89 个，共计 600 余人，星罗棋布地分布于边区 22 个县境”②，为坚持鄂豫皖革命斗争作出了重要贡献。“建立便衣队，是鄂豫皖边区党和红军的一大创举”③，是鄂豫皖根据地的重要特色之一。“便衣队发展之快，作用之大，使敌人大为震惊，但又无可奈何”④。

1936 年 12 月西安事变后，蒋介石背信弃义，调兵遣将，组织发动了对鄂豫皖边区的 3 个月秘密“清剿”。红二十八军和地方武装进行了英勇顽强的反抗，采取灵活的游击战术，打破了敌人的“清剿”。在三年游击战争中，红二十八军转战于鄂豫皖边区的 45 个县。地方武装和便衣队就地坚持斗争，人民群众始终进行全力支援。以不足 2000 人的红军，牵制敌人大量兵力，最多时达 68 个团，约 17 万人；歼敌 18 个营又 15 个连和大量小股敌军，粉碎了敌人的反复“清剿”，使革命的红旗始终飘扬在大别山上。同时，有力地支援了主力红军的战略转移，配合了南方各省红军游击队的斗争。

七七事变后，鄂豫皖边区的共产党组织和红军面临着由反对国民党“清剿”的战争到反对日本帝国主义侵略战争的战略转变。边区党和红军领导人根据中共中央关于建立抗日民族统一战线的方针，响应国民党当局关于停战谈判的倡议，达成了停止内战，共同抗日的协议。根据协议，红二十八军和地方武装及便衣队共 1800 多人，集中改编为新四军第四支队，开赴抗日前线，从而揭开了鄂豫皖边区军民进行抗日民族解放斗争的新篇章。在艰难困苦的三年游击战争中，红二十八军是南方八省唯一成军建制的红军主力部队。1935 年 2 月 1 日，高敬亭率领的红二一八团在立煌县（金寨）抱儿山与鄂东北独立团会合，得到鄂豫皖省委

① 本书编委会编：《鄂豫皖革命根据地》第一册，河南人民出版社 1989 年版，第 37 页。
② 本书编委会编：《鄂豫皖革命根据地》第一册，河南人民出版社 1989 年版，第 37 页。
③ 本书编委会编：《鄂豫皖革命根据地》第一册，河南人民出版社 1989 年版，第 38 页。
④ 本书编委会编：《鄂豫皖革命根据地》第一册，河南人民出版社 1989 年版，第 38 页。

责成他重建红二十八军的指示信。随后，高敬亭在太湖县凉亭坳主持召开干部会议，决定第三次组建红二十八军，全军1000余人，高敬亭任政治委员，并统一领导鄂豫皖边区党政军工作，创建新的游击根据地。高敬亭善于总结游击战争经验，提出游击战争“四不打”原则：“敌情不明不打；地形不利不打；伤亡过大不打；缴获不多不打”。

二、创建鄂豫皖革命根据地的历史意义

从1927年到1934年间，全国各地先后建立起十几块革命根据地。八一南昌起义的部队南下，在潮汕地区受到严重挫折，保存下来的部队由朱德、陈毅率领上井冈山，与毛泽东率领的秋收起义部队会师，成立红四军，扩大了井冈山的斗争，建立了湘赣边界井冈山根据地。为了粉碎敌人的“围剿”，红四军进军赣南、闽西，与郭滴人、张鼎丞、邓子恢发动的农民起义队伍一起，开辟了闽西革命根据地，到1931年与赣南连成一片，形成了中央革命根据地。

1928年7月，彭德怀等领导的平江起义部队组成红五军，主力上井冈山与红四军会合，留下的部队向鄂东南发展，以后扩建为红八军，开辟了湘鄂赣革命根据地。方志敏领导的赣东北地区弋阳、横峰农民起义队伍，在斗争中不断发展壮大，1930年秋成立红十军。以后赣东北和闽北两块革命根据地合并，形成了闽浙赣革命根据地。

湖北黄安、麻城的农民起义队伍，创建了鄂东革命根据地，以后又与豫东南、皖西连成一片，形成了鄂豫皖革命根据地，成立红一军，在徐向前等领导下，曾发展到45000余人。1932年秋，主力转移到川北，建立了川陕革命根据地。留下的部队在徐海东、吴焕先率领下成立红二十五军，坚持斗争，长征到陕北，与刘志丹领导的陕北红军会合。在洪湖和湘鄂西，贺龙和周逸群领导的武装力量分别成立红二军和红六军，建立了湘鄂西根据地，后转到湘鄂川黔地区。在广西左右江地区，1929年12月，邓小平、张云逸领导百色起义，成立了红七军，建立了左右江根据地。1930年2月邓小平领导龙州起义，建立了红八军。另外，彭湃领导建立了海陆丰根据地。王文明、冯白驹领导建立了琼崖根据地，吴光浩、徐朋人、曹学楷、周维炯、徐百川等人领导建立了鄂豫皖根据地。

土地革命战争时期创建的以大别山为中心的鄂豫皖苏区，是仅次于中央苏区的全国第二大革命根据地。大别山是红军的摇篮，由此先后诞生了红四方面军、红二十五军、红二十八军等10支红军部队。从这里走出去的红军把由此诞生的《八月桂花遍地开》和《红军三大纪律八项注意》两首著名革命歌谣唱遍全中国，成为大别山英雄儿女英勇斗争的生动写照。鄂豫皖革命根据地鼎盛时期，拥

有主力红军 4.5 万余人，地方武装 30 万人，根据地面积 4 万余平方公里、人口 350 余万、建立了 30 个县市革命政权。经过八年抗战，豫鄂边抗日根据地发展到跨越鄂、豫、皖、湘、赣 5 省交界的广阔区域，面积达 9 万平方公里，人口 1300 多万，建立了 8 个专区和 11 个行政中心县、66 个党政军组织齐全的县级政权，成为全国六大抗日根据地之一。

从土地革命战争时期创建全国第二大革命根据地——鄂豫皖苏区，到抗日战争时期创建豫鄂边抗日根据地，解放战争时期创建大别山解放区，革命烽火在鄂豫皖边区熊熊燃烧；在中国共产党的领导下，大别山革命老区人民为了中华民族的解放事业，前赴后继，艰苦奋斗，有 200 多万人参军参战、近百万人英勇牺牲，以鲜血和生命赢得了“红旗始终不倒”的崇高荣誉。在整个新民主主义革命时期，以大别山为中心的鄂豫皖边区是全国唯一保持 28 年红旗不倒、22 年武装斗争不断的革命老区。

三、鄂豫皖革命根据地是“红四方面军的摇篮”

中国工农红军第四方面军，简称红四方面军，与红一方面军和红二方面军并称，为中国工农红军三大主力部队之一。

中国工农红军第一军于 1930 年春诞生于新县箭厂河，全军下辖 3 个师和 1 个独立旅，共 2100 余人。1930 年 10 月 18 日，中共中央发出给鄂豫皖特委的指示，决定将蕲春、黄梅、广济地区划归鄂豫皖区，令活动于该地的红十五军与红一军合编为中国工农红军第四军。红四方面军以鄂豫皖苏区部队为主力组成，它在 1931 年 10 月底，由鄂豫皖革命根据地的第四军、第二十五军开始组建。11 月 7 日，中国工农红军第四方面军于黄安（现为红安县）七里坪镇宣告成立，徐向前任总指挥，陈昌浩任政治委员，刘士奇任政治部主任，实际领导权由张国焘控制。方面军下辖第四军、第二十五军。第四军军长为徐向前（兼），政委为陈昌浩（兼）；第二十五军军长邝继勋，政委为王平章。原四军部改为方面军总部，两军所辖各师归总部直接指挥。总兵力 3 万余人。时为中国共产党控制下仅次于中央红军的军事力量。不久，又建立红九军，全军共有 6 个师。

1932 年 3 月 21 日，红四方面军发起苏家埠战役。此役采取围点打援和调动敌人于运动中加以消灭的战略战术，历时 48 天，共计歼敌 3 万余人，俘敌总指挥厉式鼎及 5 个旅长、12 个团长，缴枪 1.5 万余支，机枪 250 挺，炮 44 门，电台 5 部，还击落敌机 1 架，取得了中国工农红军创建以来的空前大胜利。

1932 年 7 月开始，国民党军队以 30 万人的兵力，对鄂豫皖革命根据地发起“围剿”。10 月 12 日，红四方面军主力离开鄂豫皖革命根据地，除留下红七十四师和红七十五师及各独立部队编成红二十五军由沈泽民负责坚持游击战之外，军部和主力红十师、红十一师、红十二师和红七十三师转战陕西南部，取消各军番号，西越京汉铁路线，实行战略转移。经过两个月的浴血奋战，红四方面军突破漫川关，越秦岭，走关中，涉汉水，数破敌重围，转战5000里，终于胜利结束了西征。红四方面军挺进川陕后，迅速创建了包括23个县（市）的革命政权、500万人口的川陕革命根据地，部队由入川时的4个师1.5万人，发展到5个军约8万人。

1933年7月，红四方面军击败川军的三路围攻，力量迅速发展，遂将所辖4个师升格为军，依次改编为红四军、红九军、红三十军和红三十一军，又将川东游击队改编为红三十三军，共辖5个军，总兵力达8万人。1933年10月至1934年8月，红四方面军再一次击败以刘湘为首的川军的六路围攻，歼灭大量川军部队，并缴获众多武器等物资，大大充实了红四方面军的实力，使川陕革命根据地到达顶峰时期。

1935年3月下旬，红四方面军为策应中央红军，强渡嘉陵江，开始长征。在长达19个月的过程中，红四方面军历尽艰难曲折，往返雪山草地，大小战斗千百次，先后打击了数十万敌军的前堵后追，在川、康、甘、青四省边境广大地区，宣传了革命思想，播下了革命种子，扩大党和红军的影响，终于在1936年10月10日在甘肃会宁实现了红军三大主力会师，胜利结束了长征。

1936年10月25日，红四方面军总部率第三十军、第九军、第五军共2.18万人组成西路军，西渡黄河，执行中央军委下达的打通“远方”的光荣任务。在艰苦卓绝的西征中，红四方面军指战员在极其艰难的条件下与强敌进行了顽强战斗，先后毙、伤敌前敌总指挥马廷祥、马元海以下2.5万人。1937年3月，虽然这次西征由于战线长、补给匮乏、众寡悬殊等原因而失败，但红四方面军指战员与敌人血战到底的革命精神永垂不朽。

结论

1934年11月16日，在中共鄂豫皖省委的率领下，红二十五军高举中国工农红军北上抗日第二先遣队的旗帜，由罗山县何家冲列队出发，开始长征。红二十五军是第一支到达陕北的红军长征部队，并因此被誉为“北上先锋”，为迎接党中央和中央红军，把中国革命的大本营放在陕北，作出了重大贡献。

在党的坚强领导下，红二十八军和地方武装、便衣队与大别山人民同生死、共患难，坚持了3年艰苦卓绝的游击战争，粉碎了敌人一次又一次的“清剿”。3年中，红二十八军转战鄂豫皖边区45个县，地方武装、便衣队基本上就地坚持斗争，牵制敌正规军最多时达68个团，约17万人，歼敌18个营、15个连和大量小股敌军，使革命的红旗始终飘扬在大别山区。1938年初，周恩来在武汉会见新四军领导成员时，握着高敬亭的手说："红军长征后，你们在十分困难的条件下坚持敌后斗争，你们的功绩很大，你们在敌后保存这样一支红军部队，这是很了不起的。"

1938年2月中旬，红二十八军和豫南人民抗日独立团正式改编为新四军第四支队，下辖4个团、3100余人。3月8日，新四军四支队召开东进誓师会，随即分别从七里坪和信阳县邢集出发，成为首批奔赴皖中、皖东抗日前线的新四军部队。5月12日，新四军四支队先遣队在巢湖以南蒋家河口西岸，出敌不意地伏击日军巢县守备队，当场击毁两艘日军汽艇，毙伤敌46人，缴枪11支，残敌狼狈逃窜。蒋家口战斗打响了新四军在华中敌后抗战的第一枪。蒋家口战斗首战告捷，有力打击了日本侵略者的嚣张气焰，增强了华中军民的抗战信心。"蒋家口战斗，是第四支队东进皖中敌后的第一仗，是新四军进敌后的第一仗，拉开了华中敌后游击战的幕。"①

鄂豫皖革命根据地是"红军的摇篮"，从这里先后走出了红四方面军、红二十五军、红二十八军三支红军主力部队。鄂豫皖革命根据地是"将军的故乡"，由此诞生了徐海东、王树声、许世友、王宏坤、王建安、刘震、李克农、陈士榘、陈再道、陈锡联、周纯全、洪学智、郭天民、韩先楚、郑维山、秦基伟、皮定均、李德生、尤太忠、刘华清、万海峰、王诚汉等身经百战、威震敌胆的名将，为党和人民造就了一大批党政军领导干部，仅红军时期团级以上、抗战时期师级以上、解放战争时期军级以上的干部就达2512人。大别山是将军的故乡，从"1955年至1965年被授予少将以上军衔的就有570人，占当时全部将军总数的35.5%。红安、大悟、新县、商城、金寨、六安是被誉为将军县"②。在中国共产党的领导下，大别山革命老区人民为了中华民族的解放事业，前赴后继，艰苦奋斗，有200多万人参军参战、近百万人英勇牺牲，以鲜血和生命赢得了"红旗不倒"的崇高荣誉。我们要积极丰富金寨作为"中国革命摇篮"之一的内涵；深入研究红四方面军、红二十五军、红二十八军、新四军第四支队的发展史、战斗史，打响"中国工农红军第一县"的品牌；深入研究金寨籍革命历史人物，反映金寨人民对中国革命、建设和发展作出的重要贡献；打造中国工农红军党性教育基地。

---

① 本书编委会编：《新四军战史》，解放军出版社1985年版，第63页。

② 中共河南省委党史研究室、中共安徽省委党史研究室编：《鄂豫皖革命根据地史》，安徽人民出版社1998年版，第16页。

大别山精神是金寨革命老区加快脱贫攻坚步伐的助推器和加油站

江苏省《南京日报》社　胡海弘

2016年以来，由安徽省金寨县总结提炼、经中共六安市委讨论通过的大别山精神表述语——“坚贞忠诚、牺牲奉献、一心为民、永跟党走”受到了各级各部门的充分认可和广泛宣传，不仅越来越深入人心，而且在加快脱贫攻坚步伐、加快小康社会建设的新征途中，发挥着巨大的作用、产生了较大的影响。

那么，什么是大别山精神？大别山精神的内涵是什么呢？它有哪些积极作用和重要意义？应该如何进一步弘扬和传承大别山精神呢？本文拟就这些问题谈一些个人的观点和看法。

一、大别山精神是中华民族精神家园的重要组成部分，在团结人民、战胜敌人、征服困难、取得胜利的长期革命斗争中发挥了不可替代的作用

大别山位于鄂豫皖三省交界地带，是长江、淮河的分水岭。大别山区包括安徽省六安、安庆，湖北省黄冈、孝感、随州以及河南省信阳等地几十个县市区。在波澜壮阔、烽火连天的峥嵘岁月里，以安徽金寨、湖北红安、河南新县为代表的大别山人民用鲜血和生命创造了28年红旗不倒的伟大奇迹，铸就了“坚贞忠诚、牺牲奉献、一心为民、永跟党走”的大别山精神。

这种伟大的精神是一面鲜红的旗帜，在团结人民、战胜敌人、征服困难、取得胜利的长期革命斗争中发挥了不可替代的作用。在革命年代，它坚定了党和人民群众的信仰，汇聚起一股强大的革命力量，推动中国革命顺利前行直至取得最后胜利。它是我们党带领人民群众继往开来、实现中华民族伟大复兴的重要法宝，是凝聚民心士气、振奋民族精神的强大动力。它和井冈山精神、延安精神、沂蒙精神、西柏坡精神一样都是中国共产党领导人民群众在不同时期、不同地域

进行革命、建设和改革的精神载体，都是中华民族精神的重要组成部分。

2016年4月24日，习近平总书记来到安徽省金寨县红军广场。在金寨县革命博物馆一楼大厅里，讲解员向习近平总书记汇报了金寨县的有关情况和“三个十万”以及“大别山精神”。总书记边听边点头，给予了很多赞许。习近平总书记满腔热情地说：“一寸山河一寸血，一抔热土一抔魂。回想过去的烽火岁月，金寨人民以大无畏的牺牲精神，为中国革命事业建立了彪炳史册的功勋。”

24日下午，在金寨县花石乡，习近平总书记与村民们一起座谈脱贫攻坚工作时，特别强调：要大力弘扬、积极践行“大别山精神”。他说，打好脱贫攻坚硬仗，必须继续发扬“大别山精神”，各级各部门和广大基层干部都要勇于牺牲、甘于奉献，千方百计地加快脱贫攻坚步伐，确保老区人民和全国人民一道共同迈入小康社会。

（一）“坚贞忠诚”是大别山精神的核心本质

无论是在革命的初始阶段、高潮时期，还是在革命遭受挫折的危急关头，大别山军民始终对党无比热爱、无比忠诚。面对敌人反复多次的“围剿”“清剿”，大别山军民义无反顾地坚持革命斗争不动摇，临危不惧、初心不改，用鲜血和生命捍卫着红色政权。面对第四次反“围剿”失利、红军主力撤离的严峻形势，大别山人民依然积极响应党的号召，纷纷送郎、送子当红军，坚持敌后游击战，革命红旗不倒、革命薪火相传。面对敌人的残酷迫害、血腥镇压、威逼利诱，广大党员、群众大义凛然、誓死不屈，在生与死、血与火的考验面前，舍生取义、视死如归。面对组织的误解和蒙受的冤屈，革命前辈们凭着对马克思主义的坚定信念、怀着革命必胜的信心，逆境不改初心、冤屈不变忠心，生命不息、战斗不止。艰难方显本色，曲折逾显忠贞。这就是大别山精神的本质核心所在！正是因为有了对党的无比忠诚，大别山人民才使得革命的星火燃遍全国、革命的事业从胜利走向胜利。

（二）“牺牲奉献”是大别山精神的鲜明特征

革命战争年代，大别山区200多万人民投身革命，近100万人为国捐躯。仅金寨县就牺牲了10万人，占当时全县总人口的40%。解放后，被追认为革命烈士的就有11000多人，占安徽省烈士总数的1/5、全国烈士总数的1/50。金寨地区涌现出许多三代英烈、满门忠烈的典型。

在漫长的革命岁月里，大别山人民节衣缩食、积极奉献，把最后一粒米当军粮、用最后一块布做军装、将最后一个儿子送战场，以巨大的牺牲换取革命的胜利。社会主义建设时期，大别山人民为治理淮河水患、支持国家建设，再次作出了巨大牺牲和奉献。仅金寨境内修建的梅山、响洪甸两大水库，就淹没了三大经济重镇、10 万亩良田、14 万亩经济林，10 万群众离开故土、移居深山。

无论是在革命战争年代，还是在和平建设时期，舍小家、顾大家都是大别山军民的自觉行动，勇于牺牲、甘于奉献一直是大别山精神的最鲜明特征。

（三）“一心为民”是大别山精神的根本所在

无数先烈闹革命、打天下、求解放的最初目的就是为了有饭吃、就是为了让广大无产阶级革命兄弟能够过上好日子。大别山区党组织和苏维埃政府从诞生之日开始，就一直坚持全心全意为人民服务的宗旨，始终与人民群众同甘共苦、患难与共，想群众所想、急群众所急，把百姓冷暖温饱放在心上，从最具体、最直接的事情做起，真真切切地、实实在在地解决群众的困难和问题。为了使贫苦农民能够获得梦寐以求的土地，党领导广大军民建立红色政权，打土豪、分田地，开展轰轰烈烈的土地革命；为了保卫和巩固鄂豫皖苏区、改善群众生活，党和苏维埃政府制定了一系列经济政策，努力发展根据地经济，千方百计地帮助群众搞好生产；为解决根据地内劳动力缺乏问题，党领导农民群众建立劳动互助社、耕田队、换工队、耕牛站、耕牛合作社等互助合作组织，建立红军公田制度，帮助群众克服困难、发展生产。

（四）“永跟党走”是大别山精神的永恒主题

早在 1920 年，大别山区就建立了马克思主义学习小组，1922 年就建立了党组织。土地革命时期，大别山区相继爆发了著名的黄麻起义、立夏节起义和六霍起义，组建了 50 支主力红军队伍，其中金寨就组建了 12 支，位居全国第一。在长期的革命斗争中，大别山军民精诚团结、浴血奋战，面对困难和危险，他们坚忍不拔、百折不挠，为中国革命的胜利和新中国的诞生建立了彪炳史册的功勋。在红四方面军撤离鄂豫皖的艰难时期，一些被分散安置的红军战士，对党、对军队依依不舍，一直从金寨跟到川陕。三年游击战争期间，在与党中央失去联系、被敌人分割包围的情况下，红二十八军紧紧依靠大别山人民的鼎力支持、主动配合，在极端困难的环境中，拼搏奋战、辗转迂回，坚持了艰苦卓绝的革命斗争，留住了革命火种、保存了革命实力，大别山上的革命红旗永远不倒！在张国焘分裂党、分裂红军的危急关头，红四方面军广大将士与其进行了坚决的斗争，保证了党对人民军队的绝对领导，体现了人民军队对党的无限忠诚。西路军广大将士不畏强暴、舍身成仁，与“马家军”进行了殊死搏斗，谱写了悲壮的凯歌，一些被打伤打散的红军将士，怀着一定要“找到部队、回归组织”的坚定信念，历经千辛万苦、沿途乞讨回到陕北。在大别山区，有很多整村整庄、整个家族都参加革命、血洒疆场的红色典型，有很多家庭一家几代都参加了红军，为了革命的胜利，他们前仆后继、英勇献身。漫长的斗争历程、无数的革命史实，见证了大别山人民不屈不挠、永跟党走的坚定信心和顽强意志。

二、大别山精神不仅具有深远的历史意义，而且具有伟大的现实意义，在当前决战脱贫攻坚、全面建设小康社会的新征途中，仍然具有很强的针对性、指导性和促进作用

金寨县地处大别山腹地，“八山半山半分田，一分道路和庄园”是其真实的写照。金寨，既是全国著名的革命老区县，也是全国扶贫攻坚的重点县，长期以来一直在贫困县的行列中徘徊。近几年，他们通过凝练大别山精神、打响“两源两地”（中国革命的重要策源地、人民军队的重要发源地）品牌，推出一大批红色文化研究成果、做大富有特色的红色宣传，赢得了中央和省市各级各部门的高度重视和大力支持。随着“大别山精神”“两源两地”理论和红色文化资源研究开发利用工作的深入推进，老区金寨的红色文化氛围越来越浓、功能越来越强、名声越来越大、影响越来越广，政策、资金、项目，人流、物流、资金流、信息流纷至沓来、蜂拥而至。据统计，近几年，金寨县共引进红色旅游项目 7 个、总投资 50 亿元。这些资金和项目的投入，不仅加快了旅游业的发展，而且促进了第三产业的繁荣，增加了农民收入、加快了脱贫步伐，金寨呈现出前所未有的发展势头和喜人局面。他们的成功经验主要是：

（一）整合力量抓研究

为了认真总结、大力宣传、积极开发利用、进一步传承弘扬大别山精神，2014 年，金寨县专门成立了大别山精神暨红色文化研究开发工作领导组，超前实施机构改革、将县委党史研究室、地方志办公室、档案局（馆）、博物馆整合在一起，组建成新的“金寨县党史县志档案局”，并成立了“金寨县红色文化研究中心”，编制红色文化研究开发规划，出台红色文化研究成果奖励办法，设立红色文化研究开发专项资金，充分调动县内外、社会方方面面参与大别山精神暨红色文化研究开发工作的积极性、主动性。三年来，他们重点研究了金寨红军队伍的发展历程、总结提炼了伟大的大别山精神，编纂出版了《红军源》、《红星闪耀》、“八月桂花遍地开”——金寨红色文化系列丛书等 40 多本红色文化书籍。

（二）突出重点抓宣传

几年来，金寨县紧紧抓住习近平总书记视察金寨的历史机遇，积极与相关高

等院校、科研院所联合深入开展“大别山精神”暨“两源两地”理论研讨活动。通过采取“请进来、走出去”相结合的办法，邀请主流媒体记者、著名军旅作家来县采风创作，组织党史、党校、宣传、文化等部门深入挖掘、积极推介“大别山精神”暨“两源两地”理论和金寨的红色历史、红色人物、红色故事。3年来，仅金寨县内人员就在全国各级各类公开发行的报刊上发表有关宣传“大别山精神”暨红色金寨的各类文章400余篇，制作、播放有关纪录片、专题片10余部，进一步擦亮了“大别山精神”暨“两源两地”的红色品牌，有效地扩大了老区金寨的影响力、知名度、吸引力。

（三）多措并举抓传承

着力打造以安徽金寨干部学院和金寨县革命博物馆为龙头的“大别山精神”暨红色基因传承平台，目前，这“一院一馆”已成为面向全国全军推介“大别山精神”、开展党史党性教育和革命传统教育的培训基地。认真做好革命旧址的维修、展陈工作，广泛征集红军文物资料，积极开展各种纪念活动，真正把“大别山精神”和“两源两地”理论及红色基因传承工作与学校的德育教育、与党员干部的党史党性教育有机地结合起来，深入开展送红色基因“进学校、进军营、进乡村、进企业、进机关、进社区、进网络”活动，把大别山精神送进千家万户，让红色基因融入人们的学习、工作和生活的各角落，多渠道、全方位地造浓红色文化氛围、传承红色基因、弘扬大别山精神。

（四）全力以赴抓促进

一方面，通过广泛深入地开展宣传宣讲，用大别山精神来坚定广大干部群众脱贫攻坚的信心和决心，用大别山精神来激励广大干部职工扶贫攻坚、决战决胜的积极性、主动性、自觉性。认真开展“大别山精神研讨、宣讲、传承、弘扬”系列活动，让广大干部群众学习革命先烈的坚定信念、顽强意志，首先从精神上战胜贫困、树立必胜信心；学习革命前辈出生入死、建功立业的斗志和勇气，教育群众立足自身、从我做起，找准致贫原因、选准脱贫之路，用勤劳的双手、科技的力量，发展生产、务工就业、增加收入、实现脱贫；学习广大红军将士和老区人民牺牲奉献、一心为民的高尚品质，切实增强干部职工驻村扶贫、结对帮扶的责任心、紧迫感，让他们带着感情结对子、扑下身子抓扶贫，真正把精准扶贫的各项措施落到实处。3年来，全县13000多名干部、职工积极参与结对帮扶工作，主动帮助结对贫困户选路子、筹资金、送科技、上项目，真心实意地帮助结对贫困户“发展生产挖穷根”。500多名驻村扶贫工作队员吃住在村组、战斗在第一线，与贫困群众打成一片、带领群众攻坚克难，谱写了一曲曲“万众一心抓脱贫、众志成城齐攻坚”的壮丽凯歌。

另一方面，充分发挥“大别山精神”暨丰富红色文化资源的优势和潜能，大力发展红色旅游、积极拓展绿色旅游，引导让广大人民群众吃旅游饭、发旅游财、走致富路。几年来，该县精心编制了红色旅游发展规划，建设了一大批与发展红色旅游相配套的道路、交通、供电、供水、文化、教育、卫生、环保等项目，着力优化投资环境，不断夯实发展基础，努力以红色资源开发利用促进红色旅游发展，以红色旅游发展引领绿色旅游、带动乡村旅游、助推全域旅游的快速发展。在此基础上，放手发展、大力扶持旅游区、公路沿线的贫困群众重点发展乡村旅游和“农家乐”项目，鼓励他们发展旅游产业、增加现金收入、实现脱贫致富。2018 年，全县共接待各类游客 1018. 9 万人次、创综合收入 40. 33 亿元，分别比 2016 年的 754 万人次、30 亿元增长 35. 2%和 34. 4%。据统计，全县有近 20 万人直接或间接地分享了发展红色旅游带来的红利。2018 年，全县财政收入 19 亿元，比 2016 年的 12 亿元增长 58. 3%；农村居民可支配收入 11088 元，比 2016 年的 9353 元增长 18. 6%。金寨，以“大别山精神为中心”的红色文化的引领作用、促进作用、带动人民群众脱贫致富奔小康的作用越来越大、成效越来越明显，促进了全县旅游、三产以及县域经济社会的大发展、快发展。

三、积极开动脑筋、创新方式方法，扎实做好“大别山精神”“两源两地”理论和红色文化资源研究开发利用工作，让伟大的大别山精神在新时代里放射出更加灿烂耀眼的光芒

伟大的革命锻造伟大的精神，伟大的精神指导伟大的实践，干事业、求发展、上台阶，更离不开伟大精神的指导。要摆脱金寨老区目前这种贫穷落后和逐步被边缘化的被动局面，我们需要从伟大的大别山精神中汲取加快发展、破解难题的思想智慧和精神力量。只有全面理解大别山精神的科学内涵，充分认识大别山精神的当代价值，切实找准弘扬大别山精神的有效路径，我们才能在今后的工作中做到继承光荣传统、坚定理想信念，迎难而上、奋发进取，努力把建设中国特色社会主义的伟大事业向前推进。

2019 年是中华人民共和国诞生 70 周年，也是老区金寨实现脱贫攻坚的关键之年。国家陆续出台的以脱贫攻坚统揽经济社会发展全局，抓重点、攻难点，补短板、强弱项的相关政策和文件必将给弘扬大别山精神、加快红色文化资源的开发利用工作带来难得的机遇。全县上下一要充分发挥大别山精神的独特价值功能，切实增强研究开发利用红色文化资源的责任感、使命感、紧迫感，牢固树立保护红色文化资源就是保护党的红色历史血脉、传承红色文化基因的观念，增强

责任感和使命感，把这项工作置于增强党的意识形态领导力、促进社会主义核心价值观大众化、提升文化软实力和文化竞争力的高度来审视。

二要努力在全社会形成弘扬大别山精神、开发利用红色文化资源必须以保护为前提、以公共利益为指向、以科学诠释内涵为基础、以平衡资本与文化关系为关键的基本理念，在保护开发的实际工作中坚持应保尽保、保护第一的基本原则，使“没有保护的开发是破坏性的开发、没有开发的保护是不可持续的保护”的科学理念深入人心，最终实现合理开发、适度利用的目标。

三要加快推进体制机制创新和法律法规建设，着力为弘扬大别山精神、做好红色文化资源的保护与开发工作提供制度保障。要准确定位、深入挖掘红色资源的文化内涵，推动红色文化品牌战略建设。要加强对红色文化历史的深度研究和精神价值的挖掘提炼，尤其要在对物质形态的红色资源保护和开发的同时，注重对非物质形态（精神形态）红色文化资源的挖掘，如大别山精神、革命歌曲、革命文学作品等。在保护和开发红色资源过程中，充分利用现代科技手段以新的形式展现其文化内涵，努力实现物质形态的红色资源和精神形态的红色资源有机结合，不断提升红色文化的内涵和品位。

四要注重品牌建设，发挥文化创意的引领功能，推动文化产业多样化发展，培育具有地方特色的文化产业集群，提升红色文化旅游的文化内涵和可持续发展能力，在经济力的提升中形成和提高文化认同感。

五要延伸红色文化产业链条，加大与其他旅游资源的业态融合力度，增强产业间的横向渗透，提高产业规模，带动经济社会发展。要注重红色与绿色（自然生态旅游）和古色（历史文化旅游）的融合发展，增强产业间的横向渗透，形成叠加吸引力，发挥整体优势。要着力推出集红色文化、自然生态与民俗古建筑于一体的旅游经典路线，更好地发挥红色旅游的产业辐射带动作用，努力为决胜脱贫攻坚、全面建成小康社会打下坚实的思想基础、提供不竭的动力源泉，让伟大的大别山精神和丰富的红色文化资源在新时代脱贫攻坚、建设小康的新征途中熠熠生辉、永放光芒！

最后，需要指出的是，像金寨这样的革命老区，往往是国家扶贫开发工作重点县。一方面，金寨县拥有众多的、丰富多彩的红色文化资源；另一方面又是群众收入偏低、基础设施落后的贫困地区。如何开发利用红色文化资源？怎样加快脱贫攻坚步伐？是一个非常重要而又非常紧迫的现实问题。如何解决这个问题，国内已经有一些地方找到了二者融合的关键点、探索了很多成功之路。据媒体报道，四川省苍溪县走出了红色旅游扶贫之路，陕西省延川县农村空窑洞“生”出致富钱，江西省井冈山市红色旅游助力脱贫，河南省新县依靠红色资源摘掉贫困帽子……许多革命老区、红色景区都在积极探索、大胆尝试“红色”扶贫的新途径。金寨也不例外，一定要认真学习贯彻《2016—2020 年全国红色旅游发展规划纲要》精神，紧扣爱国主义和革命传统教育主题，进一步加强革命历史文化遗产的有效保护和合理利用，着力完善配套设施建设，着力加强生态文明建设，更加突出强调红色旅游的内涵式发展，更加突出强调红色旅游的脱贫攻坚作用，促进全县红色旅游和经济社会持续发展，更好地发挥“政治效益、社会效益和民生效益”。

具体来说，就是要坚持“多方投入、有效保护，试点示范、融合发展，普惠共享、农民受益，改革创新、开放合作”的基本原则，大力实施“红色遗址保护、红色徒步践行、红色校园研学”等红色基因传承、红色项目引领、红色扶贫富民、红色旅游推介等几大工程，进一步完善组织领导机制、创新红色旅游发展体制、落实财政引导资金、加大政策扶持力度、健全红色旅游队伍，不断提高红色站位、丰富红色展览，弘扬大别山精神，开发利用红色资源、建设红色秀美山川，尽快地让贫困群众吃旅游饭、发旅游财、走脱贫路、圆致富梦。

鄂豫皖苏区时期社会教育研究

国防大学政治学院军政训练系　张磊

习近平总书记深刻指出："教育是民族振兴、社会进步的重要基石，对提高人民综合素质、促进人的全面发展、增强中华民族创新创造活力、实现中华民族伟大复兴具有决定性意义。"① 社会教育作为教育事业的重要组成部分，在教育群众、提升社会活力、促进人的全面发展上发挥了重要作用。鄂豫皖苏区时期，在苏区党的领导下，社会教育如火如荼地开展起来，在巩固根据地、调动广大群众革命积极性、改变根据地落后面貌上发挥了重要作用。

一、鄂豫皖苏区社会教育发展的历史背景

所谓社会教育，是与正规学校教育相对应的一种教育形式，是苏区教育事业的重要组成部分，较之于其他教育形式，内容更加丰富活泼。苏区社会教育得到发展，是有其历史必然性的。

（一）社会教育是改变苏区落后社会状况的必然要求

鄂豫皖苏区建立前，该地区的社会状况十分恶劣，由于地处大别山区，文化教育十分落后，边区人民"沉沦文化低落的黑暗地狱中间"②。接受过教育的人很少，"祖孙三代不识丁""斗大的字不识一个"的群众比比皆是，造成了普遍的文盲现象。"每百人中不识字的有 80 到 90 人之多，每千人中能够进学校读书的不过 15 到 20 人，极大部分的工人和农民都是文盲，尤其是劳动妇女可以说整个都是文盲。"③ 同时，该地区经济文化发展落后，"文化娱乐简直不堪言"④，除

① 习近平：《思政课是落实立德树人根本任务的关键课程》，人民出版社 2020 年版，第 1 页。

② 《鄂豫皖区第二次苏维埃代表大会关于文化教育政策》，1931 年 7 月。

③ 《全苏教育大会何凯丰同志的报告》，1933 年 10 月。

④ 《中国共产青年团鄂豫皖区中央分局第一次扩大会议决议》，1937 年 8 月。

了一些当地的传统戏班子偶尔演出一些旧社会的戏曲、皮影戏和民歌外，很难在文化艺术形式上有所创新。更值得注意的是，苏区群众封建迷信的程度很高，拜佛求神的现象普遍存在。此外，国民党势力和封建残余势力在这里大力宣扬专制主义、封建主义和崇洋媚外的殖民主义思想。

从上述现象可以看出，鄂豫皖苏区文化教育十分落后，要实现对苏区整体落后状况的转变，就必须加强对苏区人民的教育。苏区建立后，广大群众在政治、经济、文化上翻了身，获得了解放，也迫切地希望摆脱不识字、没有文化的状况。联系鄂豫皖苏区地理环境闭塞、经济落后、群众政治觉悟普遍较低的实际，苏区政府决定必须通过社会教育的途径展开民众教育。与其他教育形式不同的是，社会教育的形式更为多元活泼，且无须脱离生产进行学习，效果也更为直接明显，成为改变当地文化落后状况的重要教育方式。

（二）社会教育是巩固苏区、动员民众进行苏区建设的现实需要

随着商南起义和六霍起义的相继爆发，鄂豫皖革命根据地初步形成，为了进一步巩固和扩大苏区，取得革命战争的彻底胜利，有必要充分发动群众，鼓励广大苏区群众参加红军、扩大红军，从而发展人民武装力量，更好地动员群众参与到革命事业中来。同时，随着苏区土地改革的深化推进，为了进一步推翻封建政治经济制度，巩固新生的政权，依然需要充分发动苏区群众，启发群众的阶级觉悟，提高他们对革命的认识。因此，展开社会教育，扫除文盲，使群众了解革命形势，提高民众政治觉悟就成为当时的重要一环。1932 年 5 月，颁布的《鄂豫皖省苏维埃文化委员会决议案（草案）》就指出，“文化和教育是一种有力的武器，所以，我们工农劳苦群众也要拿起这个武器来加强自己的战斗力”，以此“来完成建立新社会的伟大使命”。这也鲜明地指出，苏区的建设需要加强对群众的社会教育，以此来提高苏区群众的思想政治水平和文化知识水平，发展他们的创造能力，使之更好地参加到革命战争、阶级斗争、土地革命等各方面的建设中去。同年 7 月，中共中央在给鄂豫皖苏区的信中也指出，社会教育要“遵循提高和组织群众积极性与觉悟程度，动员他们最积极地参加革命战争，一切为着战争的胜利，在战争胜利中去争取赤化工作，巩固苏维埃政权，造成可靠的根据地”①。可见，社会教育在巩固苏区、推进革命事业、动员民众参加苏区建设上发挥了重要作用。

（三）社会教育是巩固党的执政地位的实际需要

鄂豫皖苏区的社会教育是在党的领导和组织下展开的，实现民众对党的政治

---

① 张耀纶等：《鄂豫皖苏区教育史》，河南大学出版社 1988 年版，第 76 页。

认同可以说也是社会教育开展的重要目的。所谓政治认同，就是要让鄂豫皖苏区的群众积极拥护党的领导，高度认可党在苏区的革命事业，拥护党的政权，执行党的方针政策。但从鄂豫皖苏区建立前夕该地区的实践来看，该地区地处偏僻，民众长期与外隔绝，缺乏政治参与的意识与热情，政治参与感不强。同时，该地区的群众具有较强的乡土本位意识，对外来的力量和政权保持较强的排斥心理。对党的宗旨、方针政策的认识也仅仅停留在浅层，对红军还保持较高的怀疑态度。广大群众反而对当地的士绅、地主富农、社会强人等乡村精英更为信奉。可以说，苏区建立初期，党在该地区的政权基础是较为薄弱的。

因此，必须通过社会教育来实现对群众思想的改造和动员，使得党的政权、方针政策在鄂豫皖苏区更好获得群众支持。卓有成效的社会教育，可以让民众的文化素质逐渐提高，自觉与各种腐朽思想作斗争，对党产生共鸣和信仰，逐渐形成对党的政治认同，为党的各项工作奠定坚实的群众基础，从而推动党在鄂豫皖地区政治目标和革命理想的实现。

二、党领导鄂豫皖苏区加强社会教育的主要内容

鄂豫皖苏区在党的高度重视下，社会教育迅猛发展，紧密结合了当时的斗争形势，一改过去落后的状况，使得苏区群众思想面貌焕然一新，取得了很好的效果。

（一）高度重视社会教育，建立完善领导架构和制度机制

党高度重视鄂豫皖苏区的社会教育，在苏区建立后不久，就逐渐建立开展社会教育的领导组织架构，形成并完善了相关的制度机制，有力推动了苏区社会教育的发展。

一方面，建构社会教育的领导组织架构。在党的领导下，苏维埃各级政府逐渐设立了负责社会教育工作的机构。1931 年 7 月，《鄂豫皖苏维埃政府临时组织大纲》规定，“特区政府、县政府、区政府、乡政府下设文化教育委员会，办理文化教育事宜”。鄂豫皖苏区教育文化委员会下设学校教育科、社会文化科和国家出版科，其中，社会文化科主要负责苏区的社会教育。该科下设公共图书馆、博物馆、公共阅览室、通俗讲演所、俱乐部、政治问题研讨会等，在组织苏区社会教育、开展教育活动中发挥了重要领导作用。

另一方面，完善社会教育的制度机制。在党的重视下，苏区规定了社会教育的相关原则，制定了社会教育相关的方针政策，有力指导了苏区社会教育的开展。如苏维埃人民政府规定，社会教育必须要以马克思列宁主义为指导思想。

1931年7月，苏维埃政府颁布了《文化教育政策》，其中规定，必须“严格以马克思列宁主义为根据去创造鄂豫皖苏区的文化教育”，强调了社会教育必须以无产阶级思想作为指导思想。同时，明确提出了“教育与生产相联系”的方针，指出，“我们不仅仅是要一面学习，一面又参加生产，而且要学习一件东西，就要了解这件东西的实质”。这就强调了社会教育的重要性。在社会教育的目的和任务上，《文化教育政策》指出，“我们要在革命战争的枪弹烟火中，去创造鄂豫皖苏区的文化教育”。1932年5月，《鄂豫皖省苏维埃文化委员会决议案（草案）》也指出，“苏区的工农劳苦群众们在得到了经济政治解放之后，必须要实现文化上的完全解放，我们必须从地主、豪绅、资本家的奴隶文化中解放出来，首先要读书识字，提高我们的思想和文化，增强我们斗争的力量，来完成建立新社会的伟大使命”。对社会教育的目的、任务作出了规定。

除了从宏观上对社会教育的原则、方针进行规定外，鄂豫皖苏区政府还从微观上对社会教育进行了规范，提出了一系列具体方法举措。1931年7月，苏区政府在鄂豫皖区第二次苏维埃代表大会上明确提出，社会教育要“努力消灭文盲”的号召。1931年11月，鄂豫皖苏区规定，在社会教育中，男子和女子完全享有同等的权利和义务。1932年初，中共鄂豫皖中央分局在《红五月决议》中指出，全区县应“特别抓紧成人教育识字运动的开展”，并批评了忽视识字运动的错误倾向，并指出，“各级党委必须纠正对这一工作的忽视，特别帮助社会教育的发展”。同年6月，苏维埃政府发布《第六号训令》，指出苏区各级文化委员会要在各乡村组织妇女识字班和田间流动识字班。此外，还就开展识字运动、工人教育、妇女成人教育等作出了详细的规定。

这些组织领导架构的建立及相关方针政策的提出，对鄂豫皖苏区社会教育的开展发挥了关键性和指导性的作用，在推动社会教育稳定快速发展上发挥了重要作用。

（二）通过灵活多样的形式展开社会教育

鄂豫皖苏区的社会教育在党的领导下发展极为迅速，其形式灵活多样，既传播了文化知识，又丰富了群众的文化生活，受到广大工农群众的欢迎。

首先，创办了各类工余学校。利用工农人员工作之余的时间，对他们进行社会教育，这些学校既不耽误工农群众的生产，又教授了他们文化知识，受到了群众的喜爱。如苏区政府创办工农学校、工人业余学校、妇女识字班、农民夜校等，其主要任务是以识字为主，扫除工农群众中的文盲，灌输革命思想，这些学校的经费从政府经费中拨付。这些学校的主要目的在于提高工农群众文化水平，在改变群众文化素养上发挥了重要作用。

其次，编印了书籍、报纸等帮助群众识字。在苏区文化委员会的领导下，结合社会教育的特点，鄂豫皖苏区编印了《平民识字课本》《工农识字课本》《工余课本》等教材书籍，这类书籍以通俗易懂的形式出现，常常结合工农群众身边的事情展开，寓教于乐，将思想政治教育和文化知识学习紧密结合起来，教育效果很好。同时，鄂豫皖苏区还出版了《鄂豫皖日报》《红旗报》《大众报》《因特纳雄耐尔》等报纸，帮助群众学习识字，据统计，鄂豫皖革命根据地先后创办了30多种报刊，在群众中有着较大的影响。

再次，建立了形式多样的社会教育组织。为了更好地帮助群众进行学习，苏区政府相继建立了不少群众组织，如妇女识字班、农村俱乐部、讲演队、歌咏队、化妆表演队、新剧团、墙报队等。这些组织活跃在群众之中，寓教于乐，通过活泼的文艺形式展开对群众的社会教育，如进行话剧演出、组织政治演讲、编写革命歌谣、进行漫画创作、在墙上刷写标语等，教育内容活泼生动，形式多样，受到群众的喜爱，并在潜移默化中达到了教育效果。

最后，开展了识字运动。为了更好地扫除文盲，提高苏区群众的文化水平，苏区政府在群众中开展了广泛的群众性的识字运动，广大群众纷纷参与到运动中，相互帮助，互相教学。1932年1月，鄂豫皖区苏维埃政府决定，从1月21日至28日为识字运动周，编印了《识字运动周刊》，提出了“工农每天至少要学一个字”的号召。识字运动开展后，效果十分明显，不少工人农民都由原来的不识字，转变为可以阅读书报、写信和写简单的思想汇报、工作小结。

在党和政府的高度重视下，苏区的社会教育获得了极大的发展，青壮年、老年人和妇女都广泛参与了社会教育，形成了群众学习的热潮，为扫盲工作作出了很大的贡献。

（三）努力拓展社会教育人才队伍

社会教育的对象是广大的苏区群众，面对教育人才的缺乏，党和政府着力扩大社会教育的人才队伍，将社会教育开展为广泛的群众性的教育，党员干部、专职教师、红军指挥员，甚至群众本身，都成为社会教育师资队伍的重要来源，推动社会教育朝着更为广泛、更为轰轰烈烈的方向发展。

在社会教育中，苏区政府招聘了一些专职的教师，并着力扩大这个来源，除了从苏区内部进行招聘外，还大力吸收非苏区的革命教育工作人员来苏区工作，这些专职的教师需要经区苏维埃文化教育委员会核准并发给证书。同时，为了推进教师队伍更好地发挥在社会教育中的作用，鄂豫皖苏区还成立了赤色教师联合会。1932年7月，苏区文化委员会颁布了《鄂豫皖省赤色教师联合会简章》，其中明确指出，赤色教师联合会在社会教育中要“铲除地主资产阶级旧文化，建设苏区新文化等”，同时，赤色教师联合会还负责指导苏区社会教育中的艺术游戏运动、卫生，并负责帮助识字和工余学校等工作。

与此同时，除了专职的社会教育教师外，党还十分注重发挥苏区群众在社会教育中的作用。在对工厂工人的社会教育中，教师一般由该工厂的负责同志和老工人兼任。1931 年，鄂豫皖苏区五一模范工厂成为苏区社会教育中的一面旗帜。该厂主要生产任务是为红军做衣服和被褥，因此也被称为被服厂。该厂工人每天坚持 8 小时繁重的缝纫任务，还利用晚上和星期天进行学习。他们既学习政治文化，又学习生产技术。其中，政治文化课由该厂负责同志兼任教师，以识字和学习党的政策为主要教学内容。政治文化课的老师由工厂负责同志兼任好处很多，他们比较了解厂内工人的实际情况，在讲授文化知识和政治常识的同时，常常表扬那些在学习和生产中表现突出的工人，发挥了典型宣传的激励作用，激发了工人进取的力量。生产技术课则一般由本厂技术熟练、有一些文化的老工人担任教师，这些工人教师对身边工人的技术和生产具体要求十分熟悉，在授课时能够综合利用各种方式使得工人能够同时学到文字和技术上的知识，且这些知识易于转化到实践工作中去。这些工人教师现身说法，充分结合生产实际，结合自身工作实践经验，向工人们进行传授，教学效果极好，受到工人们的欢迎。再如红安县衣工厂、麻城县衣工厂、列宁市衣工厂、六安县衣工厂、固始县衣工厂等，都是由厂长兼任政治文化课的教师。固始县衣工厂还充分动员工人，组织工人写墙报，写日记、周记，写信和小结等，并定期举行识字比赛，充分调动了工人学习的积极性。

在对农民教育中，党和苏区政府也注重充分发动群众的力量，在农民中大力开展识字教育运动，特别是不少乡、村都开办了识字班和夜校，除了由农会领导、文化教育委员会成员，以及共青团、少先队等担任教师外，特别注重从农民群众中选拔教师。农民识字班或农民夜校的教师主要“从稍有文化的贫苦农民中推选出来的”，其中“识 100 个字的农民可以当不识字农民的先生。识 200 个字的农民又可以当识 100 个字农民的先生”，在农民的社会教育中，“只要文化较高即可成为文化较低者的教师”①。

此外，值得一提的是，一些被革命风暴所裹挟，后来倾向于红色政权的开明士绅，以及农村其他非贫农出身的知识分子也被选派为识字班的文化课老师。同时，乡村苏维埃政府的干部、基层党团农会的干部皆可做兼职教师，有力扩大了社会教育教师的来源。可以说，在党的领导下，鄂豫皖苏区的群众不仅成为政治经济上的主人，而且成为文化教育上的主人。

---

① 张耀纶等：《鄂豫皖苏区教育史》，河南大学出版社 1988 年版，第 88 页。

三、党领导鄂豫皖苏区社会教育的现实启示

鄂豫皖苏区社会教育取得了明显成效，苏区群众的文化水平显著提高，移风易俗的成效也十分明显，群众对党的领导高度认同，并积极支持革命斗争。其中形成的良好经验，也给今天的社会教育带来了较多启示。

（一）社会教育必须坚持党的领导，坚定正确政治方向

教育事业是党的事业的重要组成部分，社会教育则是教育事业的重要一环。鄂豫皖苏区的社会教育事业得以蓬勃发展，在短时间内就取得了十分卓越的成效，从根本上来说，是因为有了中国共产党的领导。在党的领导下，苏区的社会教育坚持了正确的方针原则，坚持了正确的政治方向，制定了相关法规制度，充分动员了群众，推动了社会教育的健康稳定发展。坚持党的集中统一领导是鄂豫皖苏区社会教育得以发展的根本保证。

当前，社会教育正以更为丰富的形式展开，在社会发展建设中的重要性也日益凸显，但要实现社会教育健康稳定发展，就必须坚持在党的统一领导下展开。2018 年 9 月 10 日，习近平总书记在全国教育大会上深刻指出，教育工作必须始终“坚持党对教育事业的全面领导”。只有坚持党对社会教育思想、政治和组织工作上的领导，才能确保社会教育工作正确的发展方向。要做好当前和今后一个时期的社会教育工作，就必须以习近平新时代中国特色社会主义思想为指导，全面贯彻党的教育方针，坚持马克思主义指导地位，坚持中国特色社会主义教育发展道路，坚持社会主义办学方向，把党对教育事业的全面领导贯彻好、落实好。各级党委也要充分认清社会教育的重要意义，明晰自身在社会教育中的领导责任，为社会教育提供良好的政治制度环境，营造良好的教育氛围，将各项政策制度落细落实，推动社会教育朝着更高质量、更高水平发展。

（二）社会教育要把握时代特点，服务时代主题

马克思主义哲学认为，矛盾具有普遍性，鄂豫皖苏区建设时期，社会教育在党的领导下，在指导思想、教育目标和教育内容上，都积极服务于革命斗争这个中心任务和主要矛盾，服务了当时革命斗争的实际，适应了当时的社会特点。社会教育在革命斗争和苏区建设中发挥了重要作用。

随着社会的发展，中国社会矛盾也在发生着变化。值得注意的是，社会教育的目标任务、指导思想也应随之发生变化，其教育的主要内容要紧密地结合时代主题，与时代相适应，最大限度地发挥其在时代发展中的功能作用。当前，中国

社会的主要矛盾已经转化成为人民日益增长的美好生活需要和不平衡不充分的发展之间的矛盾，全国各族人民在党的领导下正朝着实现中华民族伟大复兴的中国梦不断努力。社会教育也要紧密结合这一主题，充分发挥自身在塑造思想品德，提升社会活力，凝聚民众意志的作用。同时，社会教育也要把握时代特点，紧跟时代步伐，针对教育中存在的不适应时代发展的问题，要制定有效的解决措施，不断发挥自身的时代功能和作用。

同时，社会教育也要逐渐摒弃落后的传统观念，做到解放思想、实事求是，实现工作思路和工作方法的不断创新，积极研究提升社会教育效能的方法途径，特别是要结合科技创新和时代发展的最新成果，实现领导架构、指导思想、方针原则、教育内容、教育形式的创新发展，切实增强社会教育的活力。

（三）社会教育要坚持依靠群众、服务群众

马克思主义唯物史观认为，人民群众是历史发展的决定性力量。鄂豫皖苏区的社会教育，从一开始党和政府就采取了群众路线的办法，服务群众，依靠群众自己办学，很多教师都是从群众中来到群众中去。这是由于当时的苏区处于白色政权的包围之中，敌人对根据地的军事打击十分凶猛，战争频繁，根据地的政治、经济、文化都受到较大限制，仅仅依靠苏维埃政府有限的人力财力是无法满足广大苏区群众的教育需求的，必须紧紧依靠广大人民群众，才能汇聚起磅礴的力量，从而才能推动苏区社会教育事业稳定发展。同时，苏区群众在政治、经济、文化上得到解放后，学习文化知识的热情也十分高涨，群众中有一定文化知识的人也为此提供了有利条件。由此，苏区政府采取群众路线，充分相信群众、依靠群众，发动群众参与到社会教育事业中去，取得了很好的成效。

当前，随着科技手段的不断发展，社会教育的形式越发多元。但值得注意的是，社会教育要始终坚持相信群众、依靠群众，充分发挥群众在社会教育中的主动性，要形成群众互相学习的生动活泼的良好局面。要让群众成为社会教育的主角，自觉将人民群众作为工作的重点和中心。同时，社会教育在方式方法上也要注重贴近群众，要教群众之所需，解群众之所难，要注重用群众听得懂的语言和喜闻乐见的形式展开工作，不断增强自身的影响力和感召力。

试论商南起义在探索中国革命中的地位和作用

国防大学政治学院马克思主义理论系　王梓屹　王馨仪

习近平总书记指出："无论搞革命、搞建设、搞改革，道路问题都是最基本的问题。"① 革命道路问题事关革命成败全局，中国共产党能领导中国人民取得新民主主义革命的胜利，关键是走出了一条正确的符合中国国情的革命道路。

1927 年大革命失败以后，党的八七会议选出了新的临时中央政治局，确定了土地革命和武装斗争的总方针。过去党的工作重点在城市、在工厂、在领导工人运动，但怎样开展土地革命，怎样搞武装斗争，此时并没有现成的答案。面对这一新的革命历史课题，全国各地的共产党人结合武装起义进行了一系列艰苦卓绝的探索，最终总结出了中国革命必须走农村包围城市、武装夺取政权的道路。在毛泽东领导的秋收起义在湘赣边界星火燎原的同时，大别山地区也如火如荼地开展着武装斗争，爆发在金寨的商南起义同样走上了工农武装割据道路，为中国革命正确道路的形成作出了重要贡献。

一、商南起义是工农武装斗争的成功实践

商南起义是大别山地区继黄麻起义后我党领导的又一次大规模武装起义，它发出了豫东南地区土地革命、武装斗争和根据地建设的先声，是革命时期党领导人民进行武装斗争的一次典范。

（一）党的坚强领导是起义成功的关键因素

党的领导是起义成功的保证，中国的革命斗争只有在中国共产党的领导下才

① 中共中央文献研究室编：《习近平关于实现中华民族伟大复兴的中国梦论述摘编》，中央文献出版社 2013 年版，第 28 页。

能始终保证无产阶级的性质，保持与人民群众的血肉联系，保持斗争的正确政治方向。从1924年起，商城先后建立了共产党小组、中共商城特支、中共商城县委，传播马克思主义，组织秘密农会，开展抗捐抗税斗争。但是，由于没有掌握革命武装，蒋介石、汪精卫背叛革命，商城的国民党反动派掉转枪口镇压革命时，我党没有抵抗之力，革命遭受挫折，商城的革命群众运动转入低潮。

党的八七会议后，随着全党战略方针的转变，商城的党和人民，也跟着全党的革命步伐开始了复苏和新生。至1928年初，商城城关恢复了支部，商南扩建为区委，商北的南司、武桥，商东的峡口、杨山均新建了党的支部。5月间，河南省委又明确指示豫东南特委发动商南农民暴动，组织以商南暴动为重点的商城起义，就成了省、特、县三级党组织共同的战略行动。

正当革命形势顺利发展之际，自1928年冬以来，县委机关却连续两次遭敌破坏。为使党的领导不至中断，加快商城起义的准备步伐，1929年3月13日，商城和、乐二区划归商罗麻特区，暂归鄂东北特委指挥，并委派参加过黄麻起义的徐子清为特区书记，徐其虚为特区委员前来商南主持工作，保证起义工作始终在党的领导下进行。起义成功后，1929年5月9日，各路起义武装在斑竹园会师，庄严宣告成立中国工农红军第十一军第三十二师，师长周维炯，党代表徐其虚，下辖九十七、九十八两个团，全师约100余人，这是在河南省诞生的第一支工农红军。从此，豫东南在党的领导下进入工农武装割据的新阶段。中国共产党的领导是商南起义顺利举行并取得重大成果的关键，是“党指挥枪”并成功实践的典范之一。

（二）长期谋划、精心准备是起义成功的坚实基础

党的八七会议后，河南省委将河南的暴动分为四个区域，商城属于豫南区。由于其地处河南省东南边陲，南临湖北省麻城、罗田，东接安徽省六安、霍山，是鄂豫皖三省的交界处，大别山横贯全县，优越的地理位置和自然环境为开展武装斗争提供了有利的客观条件。

1927年9至10月间，河南省委两次委派新的县委负责人到商城开展工作，组织起义，并把商城及豫东南作为全省工作的重点之一。新县委负责人来商后，积极贯彻党的八七会议精神，考察登记党员，整顿恢复组织，调查了解情况，准备武装起义。1928年初，县委经过实地考察，认为商南党组织和群众基础较好，领导力量较强，地处深山，敌人统治薄弱，暴动易于取胜。3月，中共河南省委在向中共中央的报告中又进一步提出“组织光、潢、商、固、息五县特委……改

造五县党部，极力发动五县暴动”①。5月，又提出在“商城、固始、潢川、息县一带努力于乡村割据局面之造成，城市工人运动之积极进展，以希图造成一县或数县的割据局面”②。为贯彻这一精神，中共商城县委作了多方面的准备。1928年底，党的六大精神和中共河南省委新的工作方针传达到豫东南后，中共豫东南特委和中共商城县委进一步加紧了起义的准备工作：一方面深入发动群众，建立农民协会，组织秘密武装；另一方面派遣党员或骨干打入民团，争取团丁，掌握民团武装。通过艰苦的工作，起义条件日渐成熟。从起义计划到最后实施一共经过两年多的时间，相比于以往的农民起义准备时间长，考察充分，积蓄了相对较强的革命力量，制订了完整而又周密的起义计划，为起义的成功打下了坚实的基础。

（三）坚持实事求是、理论与实践相结合是起义成功的重要保证

1927年大革命失败之后，大别山地区的武装革命受到了“左”倾盲动主义的影响，如1928年3月的大荒坡起义，就是中共南五县特委机械执行中共河南省委关于发动南五县暴动的指示，在条件尚不成熟的情况下发动的。这次起义事前对主客观条件没有认真分析，行动缺乏周密计划和准备，没有充分发动群众，最终失败。河南省委鉴于大荒坡以及其他地区起义失败的教训，于1928年5月间指示豫南特委纠正军事盲动主义，商南起义领导人认真分析斗争成功的主客观条件，坚持实事求是、理论联系实际，最终领导起义取得成功。

客观上看，敌人势力相对较弱，因相互斗争无暇旁顾。在鄂豫两省，国民党新军阀正忙于混战，蒋桂战争在湖北尚未收场，蒋冯战争的序幕在河南已徐徐拉开。冯系驻豫主力韩复榘、石友三部，在蒋介石的收买下，正密谋叛冯投蒋。军阀间忙于争斗，已无力派正规军镇压暴动，面临的敌人主要是民团，而商南三股民团主力一共只有200多人。同时，正值春荒，农民在死亡线上挣扎，强烈要求开仓分粮，只要一处暴动，就会即刻燃遍商城。

主观上看，革命力量有着较大积累。在兵运方面，党的骨干已经打入三股民团，在各民团中都秘密发展了一批党员。农运方面，党在开展经济斗争的同时，还组成了几个秘密武装小组，每组10至12人，群众称之为“摸瓜队”。随着兵运、农运的发展，党的队伍、农会组织、革命武装都逐渐发展壮大。到1929年2

① 中国人民解放军历史资料丛书编审委员会编：《土地革命战争时期各地武装起义·山东地区、河南地区》，解放军出版社1997年版，第486页。

② 中国工农红军第四方面军战史编辑委员会编：《中国工农红军第四方面军战史资料选编（鄂豫皖时期）》上，解放军出版社1993年版，第461—464页。

月间，商城共有党员 370 多人，农会会员 400 余人（这些党员和会员大部在商南）。共青团员仅南溪一带就发展到数百名，并成立了团的区委，秘密武装达百余人。在民团中的秘密工作成绩也很显著，发展党员 40 余名，建立了党的外围组织“兄弟会”，革命的力量逐渐增强。

同时，起义领导还能因地制宜，结合上级指导和自身实际发展革命武装。起义胜利以后，红三十二师成立，这支红军一开始就按照中央规定的原则组建。设立党代表，建立师党委，使军队置于党的绝对领导之下，在士兵中建立士兵委员会，实行军事民主和士兵监督的制度。但随着红军和根据地的胜利发展，各种非无产阶级思想也不断反映到党内来，诸如个人主义、非组织观点、单纯军事思想等。这些如不及时克服，革命就难以前进一步。针对上述问题，1929 年 10 月，商城县委根据信阳中心县委指示信，及时总结斗争以来的经验教训，对党的建设、军队的建设、土地革命、白区工作、对敌斗争等各方面的工作进行调整充实。整顿提高给豫东南革命发展及时指明了前进方向，对商城党组织的成长，对红军和根据地的发展起到了重要作用。

从贯彻党的八七会议精神到商南起义成功和豫东南革命根据地的开创，党始终坚持把武装斗争的重点放在敌人统治相对薄弱，革命影响比较深入的豫南、豫东南，认准在大别山区开展武装斗争，创造工农革命势力割据的正确方向。特别是党的六大以后，克服了“左”倾盲动错误，从挫折和失败中汲取教训，从黄麻起义和鄂豫边区武装割据的成功中借鉴经验，遵照上级指示联络黄安、麻城革命力量共谋大业，最终取得了成功。创造了工人运动、农民运动和民团兵变相结合组织起义的典型经验。

二、商南起义较早形成了武装割据局面

毛泽东工农武装割据思想包括土地革命、武装斗争和根据地建设 3 个方面。武装斗争是中国民主革命的主要斗争形式，是进行土地革命、巩固和发展革命根据地的最有力的工具；土地革命是中国民主革命的中心内容，农民是民主革命的主力军，满足了农民的土地要求，才能最广泛地动员和组织农民群众参加武装斗争，巩固和扩大革命根据地；农村革命根据地是中国民主革命的战略阵地，是开展土地革命，进行武装斗争的基础和依托。三者相辅相成，缺一不可，是有机的统一体。商南起义过程中，武装斗争始终是中心，土地革命和政权建设又与武装斗争结合在一起同时推进。这个结合是随着以下 4 个阶段的推进逐步加强、展开、成熟的。

第一阶段，商南暴动时期。商南起义一开始就将土地革命和政权建设贯穿于

武装斗争之中。起义时打出的口号有“打倒土豪劣绅”“有饭大家吃、有田大家种”“没收地主土地”“建立农民自己的政权”等。①5月7日暴动成功后，商南群众纷纷集会，庆祝起义的胜利，各地召开了群众大会，宣传共产党的政策，成立临时革命政权性质的农民委员会，宣布打土豪、杀劣绅，开仓分粮。5月9日，商南区委在斑竹园召开会议，宣布成立中国工农红军第十一军第三十二师。会后，在南溪成立了办事处，即临时革命政府。接着又建立了学兵团、军需处、医院等。这些机构的设立，表明区委已有明确的红色政权观念，决心以商南为武装斗争的立足点和出发点，建立根据地，开展武装割据斗争。

第二阶段，反“会剿”时期。由于敌人不断“进剿”“会剿”，起义部队辗转游击的同时，在其活动区域内广泛宣传了土地革命的意义，扩大了共产党和工农革命军在群众中的影响。还积极做好敌军工作，接收了湖北溃兵42人携带步枪42支投诚；河南李克邦部吴云山一个连起义，被编为红三十二师第一〇〇团，吴云山任团长。之后，为避免与敌人主力拼消耗，红三十二师主动转移到外线作战，在麻城北部的八字门楼与徐向前领导的红三十一师会合，配合当地农民赤卫军，开展游击战。起义领导人能因地制宜，不计较一城一地之得失，注重保护革命有生力量，并能配合友军行动，相互联动，扩大革命果实，说明在商南起义过程中党对武装斗争有了更深一层的认识。

第三阶段，商南赤区恢复时期。反“会剿”胜利之后，红军立即展开了土地革命、武装斗争和政权建设，实现了三者初步结合。第一，在群众的紧密配合下，红军出兵消灭了禅堂、吴店、南溪、丁家埠等地的“编练团”，镇压了一批土豪劣绅和反革命分子，使商南的游击区域迅速得到恢复。第二，发动群众，发展党员，建立苏维埃政府、党的组织和农民协会。10月间，中共商城县委在南溪林氏祠堂成立了商城县工农革命委员会。不久，又正式建立了南溪和吴家店2个区的苏维埃政府、25个乡的基层政权，还建立了县总工会和县农民协会。第三，在根据地中心区域没收地主和反动派土地及财产，分配给贫苦农民，其他地方则开展减租减息和抗租、抗税、抗债斗争。第四，发展地方经济，开办了医院、被服厂、枪械所，并创办了文化、教育和其他福利事业。第五，改编和扩充部队，红三十二师由初建时的百人武装发展到300余人，还建立了各区乡的游击队、赤卫队、少先队等地方武装。这一切都标志着以丁家埠、南溪为中心的革命根据地初步创立。

不仅如此，10月中下旬，中央巡视员和信阳中心县委在对豫东南党组织的指示中，强调建立乡村政权可以学习鄂东北的经验，充分地体现了鄂豫皖边区人

---

① 中共金寨县委宣传部编：《立夏节烽火》，安徽人民出版社1980年版，第30页。

民在初创革命根据地的斗争年代已经建立了相互学习、取长补短、团结战斗的亲密关系。

第四阶段，商城解放时期。1929 年 12 月，经过一段时间的休养生息，红三十二师乘商城县城防务空无，决定乘虚袭取。此战由于时机选择得当，商城得以顺利解放。红三十二师一入城，就宣布红军宗旨，布告安民。27 日，商城县工农兵代表大会举行，成立了商城县苏维埃政府，颁布施政纲领，号召全县人民积极行动起来，开展武装斗争，建立苏维埃政权，实行土地革命。随后，中共商城县委、团县委以及工会、农会等群众团体也陆续由南区迁到县城。县苏维埃政府成立后，又成立了军事、土地、财经、文化、粮食等委员会，具体负责扩军、分配土地、建立金融和消费合作社、剧团、报社、印刷厂等工作。同时还成立了县工会、共青团、妇女会、少年先锋队、童子团等组织。攻克敌人坚固设防的县城，在豫东南还是第一次，这标志着红军的战略战术水平达到了一个新的高度。

从此，武装起义的革命风暴席卷豫东南地区。商城四乡和邻近的潢川、固始、光山等县边界地区先后爆发了多次武装起义，据调查，1930 年春，工农暴动达 35 处之多，并纷纷建立起了农民赤卫队、工人纠察队和苏维埃政权，红色区域不断扩大。至 1930 年 2 月，一个地跨商城、固始、光山县，东连六（安）霍（山），南接罗（田）麻（城），纵横约 100 余公里的豫东南革命根据地基本形成。红三十二师也发展到 6 个团、1 个手枪队、1 个警卫队，800 余人枪，各级党组织和政治工作制度日臻完善，为实现大别山区的工农武装割据作出重要贡献。不久红三十二师被统一编为中国工农红军第一军第二师，开始了由游击战向带游击性的运动战的过渡。

三、商南起义丰富了工农武装割据理论

工农武装割据理论既是毛泽东对他亲自领导的湘赣边界秋收起义实践经验的总结，也是革命时期斗争实践的产物。“‘工农武装割据’思想是在实践中产生的，是在党和人民的集体奋斗中产生的，这一思想不仅是属于毛泽东同志一个人的，而且是属于全党和全国人民，也凝结着领袖集团和老一辈无产阶级革命家的心血。”① 商南起义正是以自己的重要探索，总结了自身的经验，丰富了工农武装割据理论。

① 金东和、马维政：《“工农武装割据”思想是党和人民集体奋斗的产物》，《延边大学学报》（哲学社会科学版）1980 年第 2 期。

（一）农民暴动与兵士起义相结合的经验

革命力量问题是中国革命道路理论中一个重要的问题。毛泽东认为："农民问题乃国民革命的中心问题，农民不起来参加并拥护国民革命，国民革命不会成功；农民运动不赶速地做起来，农民问题不会解决；农民问题不在现在的革命运动中得到相当的解决，农民不会拥护这个革命。"① 但农民运动必定要同军事运动相结合，才能取得更巨大的威力。1921 年成立后至 1927 年大革命失败前，年轻的中国共产党把主要力量放在群众运动方面，集中全力从事工人运动、农民运动，未能对军事斗争给予应有的重视。1927 年，以蒋介石为首的国民党新军阀的背叛与残酷屠杀，迫使中国共产党拿起枪杆子，开展武装斗争，兵运工作应运而生。商南起义力量虽然以农民为主，农民运动开展得深入广泛，有坚强的农民武装基础。但同时十分重视兵士工作，打入民团内部，不仅有效化解反动武装对革命的阻力，变起义阻力为起义动力，还为革命发展积累了宝贵的武装力量。商南起义实质上是农民暴动和士兵起义相结合的武装起义。此后的实践证明，起义与暴动要取得成功，"先便要做到工农兵的联合组织""农会政权的斗争和土地革命必需革命的武装才能保障其胜利"。因此，"要积极做兵士运动，要鼓动广大的兵士兵变，必须明白地认清缺乏这一条件工农暴动是很难成功的"②。

（二）创建根据地的经验

到敌人统治薄弱的区域创建农村根据地是毛泽东工农武装割据思想的一大亮点。毛泽东认为："军阀间的分裂和战争，削弱了白色政权的统治势力。因此，小地方红色政权得以乘时产生出来。"③ 怎样创建根据地？商南起义给了我们以下启示：第一，选择根据地必须综合考虑多种因素。豫南根据地的成功开辟表明，作为根据地的地域，须满足敌人的统治力量相对薄弱，群众的觉悟程度高，有着丰富的革命传统，党的组织活动有深厚根基，地形、物产及社会环境对革命力量的生存发展有利等条件。第二，开辟根据地必须选择有利时机。比如，商城县城就是在新军阀在河南混战期间夺取的。此时，在豫西，蒋冯大战还在继续；在豫中，唐生智的反蒋炮火就已打响。大军阀在河南混战，地主民团也斗争激烈，以敌商城县县长宋慎为代表的地方实力派，以为红三十二师远在皖西，是夺

① 《毛泽东文集》第一卷，人民出版社 1993 年版，第 37 页。

② 中国人民解放军历史资料丛书编审委员会编：《土地革命战争时期各地武装起义·综合册》，解放军出版社 2001 年版，第 451 页。

③ 《毛泽东选集》第一卷，人民出版社 1991 年版，第 51 页。

取地盘扩大实力的大好机会，遂参加豫东南五县的民团混战，这为我军夺取县城提供难得时机。第三，有能力的情况下割据区域应该相互支援。1929 年 11 月，六霍起义爆发，红三十二师两次东进南下进行支援，开辟商光边区，不断扩大豫东南革命根据地，并努力打通与皖西、鄂豫边区的联系，致使居于东、西两大革命区域之间的商南赤区初步形成巩固的根据地。本地和邻近地区革命力量的发展，为商南工农武装割据局面的波浪式向外发展提供了有利条件。正是由于采取了这些符合实际的政策措施，才有了豫东南根据地的生存和扩展。

（三）游击斗争的经验

毛泽东所倡导和实践的游击战争是适合中国革命实际的战争形态，敌我实力的巨大悬殊是实行游击战的必然因素。商南起义中，敌人连续发动的三次大规模“会剿”之所以能被一一粉碎，主要是由于红军采取了避强击弱的作战方针，结合赤卫队和广大群众开展了广泛的群众性的游击战争。在敌以强大兵力疯狂向根据地“进剿”时，红军和游击队则采取敌进我退，敌东来我西去，运用声东击西的计策，与敌人兜圈子，调动敌人，疲劳敌人，寻机打击敌人。敌人据地固守，红军和游击队就在其周围活动，昼夜袭扰，白天化装杀民团走狗，夜间摸瓜杀土豪劣绅。敌人分进合击，红军就找空子钻出敌人的包围圈，转到敌军侧后，以突然袭击等手段，大量消灭地方反动民团。敌人进行“搜剿”“清乡”，红军就采取空室清野的办法，掩护群众，带着锅盆、碗盏和粮食、衣物、牲畜，向安全地带转移，并在适当地点布置兵力监视、打击敌人，相机歼灭其一部或打掉敌人的“尾巴”。敌人行军时，采取小股游击的方法，打击分散之敌，红军守候在半路上打埋伏，赤卫队乘机去打敌人的行李担子，纠缠住敌人的掩护部队。这样就使“会剿”之敌处处受阻，束手无策不断遭到失败。

红军在商南起义的游击战斗中还表现出一往无前的战斗精神。中共商城县党组织的创始人之一詹谷堂在战斗中被捕，遭到敌人严刑拷打，但他坚贞不屈，视死如归，壮烈牺牲于南溪狱中。就义前他咬破手指，在墙上血书五个大字“共产党万岁”，表现了共产党人大无畏的革命英雄气概。

在胜利地粉碎敌人连续三次“会剿”的过程中，根据地军民获得了丰富的游击战争经验。群众对敌斗争的信心更加坚强，红军和赤卫队的战斗力得到了很大提高，地方武装和红军也进一步壮大起来。

（四）加强党的领导的经验

中国共产党的领导是工农武装割据长期存在和发展的关键。豫东南根据地在开展政权、军事建设的同时，始终把坚持和加强党的领导作为革命的头等大事。

在商南起义和开辟赤区的过程中，共产党的组织和红军队伍也有了很大发展。但由于处在农村游击战争的环境，党员大都出身于农民和其他小资产阶级家庭，红军也是以当地的农民为主体，各种非无产阶级思想难免经常地大量地渗透到党和红军中来。

1929 年 7 月 18 日，中共信阳中心县委针对商城的情况发出指示信。针对地方和红军中存在的“地方主义”“宗派主义”“非组织观点”“个人主义”等提出了严厉的批评。要求“要积极的充实指导机关的指导力量”，指出“要极力反对个人独裁”“要严防小集团组织”“绝对反对一切违反党的组织系统和精神的行动”。对于党员的政治思想教育工作，指示信也指出，“使他们对于政治有正确的认识”“注意培养干部人才，党校应筹备办理”。信阳中心县委给商城县委的指示信，是对商城党和红军的各项工作的政策性的指示，对加强党的领导具有重要的指导意义。根据“七月来信”的指示精神，商城县委与红军进行集中整训，回顾总结了半年多来的工作，组织上整顿和调整了党和红军的领导班子，有效地提高了广大党员和红军指战员的政治觉悟，加强县委的集中统一领导。

六霍起义的英雄精神及其时代价值

中共六安市委党史和地方志研究室　张启静

习近平总书记指出："一个有希望的民族不能没有英雄，一个有前途的国家不能没有先锋。"① 什么是英雄？习近平总书记回答："近代以来，一切为中华民族独立和解放而牺牲的人们，一切为中华民族摆脱外来殖民统治和侵略而英勇斗争的人们，一切为中华民族掌握自己命运、开创国家发展新路的人们，都是民族英雄，都是国家荣光。"② 在革命战争年代，皖西一大批革命者为了民族的独立和人民的解放，抛头颅洒热血，他们是皖西大地的英雄。2019 年是六霍起义爆发 90 周年，我们回顾六霍起义的英雄精神，思考其时代价值，不仅对于缅怀六霍起义的英烈具有重要意义，而且对于弘扬英雄精神，传承红色基因，教育激励六安老区人民在新时代展现新作为、开创新事业都具有十分重要的意义。

一、六霍起义的基本概况

90 年前，在鄂豫皖边区爆发了震动全国的三大武装起义之一的六霍起义，时间从 1929 年 5 月起，以霍山诸佛庵民团起义、六安武陟山农民暴动及南庄畈六保联络自卫团起义拉开序幕，至 1929 年 11 月六安中心县委领导的以六安独山暴动、霍山西镇暴动为全面爆发，到 1930 年 4 月以六安、霍山为中心皖西各地爆发的数十次武装起义为标志，六霍起义获得全面胜利。这次起义以农民武装起义为主体，民团兵变相配合，是鄂豫皖边区规模最大、范围最广、持续时间最长的一次武装起义。起义胜利后，在六安、霍山、霍邱、英山、潜山、舒城等相毗连地区，初步创建了东起淠河，西接商南，南抵金家铺、水吼岭，北至白塔畈、

① 《习近平在学习贯彻党的十九大精神研讨班开班式上发表重要讲话》，《人民日报》2018 年 1 月 6 日。
② 习近平：《在颁发"中国人民抗日战争胜利 70 周年"纪念章仪式上的讲话》，《人民日报》2015 年 9 月 3 日。

丁家集，南北 200 多里、东西 100 多里、人口 40 多万的皖西革命根据地，形成了大别山的工农武装割据局面。后来，皖西革命根据地与鄂东北革命根据地、豫东南革命根据地连成一片，形成了鄂豫皖革命根据地，是当时仅次于中央苏区的全国六大革命根据地之一。皖西也因此成为了全省土地革命运动的中心地区，党在安徽领导土地革命斗争的主要地区。起义胜利后创建的中国工农红军第十一军第三十三师，与黄麻起义后成立的红三十一师和立夏节起义后成立的红三十二师被称为鄂豫皖地区的三支主力红军，并于 1930 年春合编为红一军，直属中央军委指挥。1931 年 1 月，红一军与红十五军合编为红四军。同年 11 月 7 日，红四军与红二十五军又组建成红四方面军。红四方面军是参加长征的三大主力红军之一。因此，六霍起义所诞生的红三十三师是红一军、红四军和红四方面军的重要源头。正因为此，皖西被称为中国革命的重要策源地，人民军队的重要发源地。

然而，在血雨腥风的战争岁月，任何一次革命斗争都需要付出巨大代价。六霍起义的巨大成功，引起了国民党反动派的极大震惊和恐慌，于是蒋介石调集大批武装力量对皖西革命根据地进行疯狂反扑，加之李立三、王明等“左”倾路线当时在皖西的推行及后来张国焘的大“肃反”政策，导致这次武装起义中的很多领导人及革命者先后牺牲或惨遭杀害，他们中的杰出代表有方英（牺牲时 26 岁）、舒传贤（牺牲时 32 岁）、周狷之（牺牲时 27 岁）、刘淠西（牺牲时 28 岁）、刘仁辅（牺牲时 45 岁）、朱体仁（牺牲时 25 岁）、徐育三（牺牲时 25 岁）、车厚桥（牺牲时 24 岁）、毛正初（牺牲时 30 岁）、吴干才（牺牲时 23 岁）、许希孟（牺牲时 26 岁）等。这些发动六霍起义的皖西革命早期领导人和早期党员领导干部在皖西革命早期几乎牺牲殆尽，他们没能够看到天安门升起的五星红旗。六霍起义的英烈们为了民族独立和人民解放，浴血奋战，壮烈捐躯，上述英烈牺牲时的平均年龄只有 28 岁。多么年轻的生命啊！他们是多么地伟大！他们是我们的民族英雄！

二、六霍起义的主要英雄精神

是什么样的力量促使六霍起义英烈们为了革命不顾生命铤而走险呢？在他们身上至少体现有这几种英雄精神。

1. 追求光明的进取精神

六霍起义英烈们最为显著的一个特点就是他们都青春年少，正值花样年华，但都努力向上，热爱学习，接触新思想，积极追求光明。中共六安中心县委书记、六霍起义主要领导人舒传贤，父亲去世早，家境贫寒，15 岁才开始上学。

但他勤奋学习，边干活边读书，只用1年就读了同龄人3年才能读完的书，并且成绩名列前茅，19岁考取了在省城安庆的安徽省立第一甲种工业学校。在校期间，他积极进取，接触马克思主义新思想，参与筹备成立了安徽省学生联合会，22岁当选为省学联会长，参加并领导了安徽学生爱国运动，成为安徽学生运动的主要领导人之一。此后，他孜孜不倦寻求强国之路并为之奋斗终身。中共六安中心县委常委、六霍起义总指挥部政治主任周狷之，出生豪绅地主家庭，家境殷实，深受五四运动先进思想影响后，18岁就参加了安庆六二学潮、反对省议会贿选和反对曹锟贿选总统等斗争，还曾在卧室张贴“反对封建旧礼教，建设民主新家庭”的对文，毁家纾难，公开反叛自己的封建剥削阶级家庭。在他的教育和动员下，他的妻子、弟弟、弟媳和家里的长工纷纷投身革命。

2. 对党忠诚的执着精神

六霍起义的英烈们坚守马克思主义信仰，胸怀共产主义远大理想，矢志不渝为理想奋斗，在生死考验面前，视死如归，信念坚定，对党忠诚。周狷之在敌人的利诱、威胁和拷打下，信念坚定，不为所动，还慷慨咏诗“头颅抛千斛，风雨憾孤舟。宁为革命死，不作阶下囚！”敌人听说周狷之是个孝子，抓其母亲逼其就范，周狷之却安慰老母亲道：“妈，我们共产党就像大地上的巴根草，节节生根，他们斩了我这一节，其他节照样生根，将来的胜利一定属于我们！”临刑前，他高喊口号，从容就义。1930年秋，六霍赤卫师师长车厚桥在龙门冲战斗中不幸被捕，在被押送六安途中，他高喊“不投降、不自首、不叛党”。路过家门时他叮嘱家人说：“在共产党的领导下，20年后革命一定成功！”敌人用尽各种酷刑，又以高官厚禄相许，都没能动摇他的革命意志，最后敌人惨无人道地用十几根大铁钉将他钉在六安城门上示众。车厚桥英勇就义。这就是六霍起义英烈身上所体现的忠诚，他们用生命诠释了信仰的力量，用信仰铸就了忠诚之魂。

3. 勇于开拓的创新精神

六霍起义的英烈们虽然当时都很年轻，但是他们勇于开拓，敢闯敢试，敢为人先，这种精神有力地促成了六霍起义的成功。1929年10月，中共六安中心县委成立后，决定当年举行秋收起义。中央巡视员方英和舒传贤等中心县委成员善于观察思考，发现六安独山、西河口、郝家集和霍山西镇等地农民运动基础较好，革命要求强烈，离六安较远，敌人力量较薄弱，境内多山，便于回旋，也便于商城红军接应，又有三四十名党员骨干活动于此，恰巧赶上当年歉收，农民吃粮困难，社会极不稳定。遂将起义地重点放在上述地区，而没有按照惯例选取攻打六安县城，避免了“城市中心论”带来的巨大损失甚至牺牲。秋收起义原定11月中旬，但六安三区二乡农协常委何寿全等3人于11月7日夜被捕，《农会花名册》被搜去，党和革命处于极大危险之中，若不果断行事，革命就会遭受损失，起义也会流产。中心县委领导人周狷之等与在独山的党和农会组织负责人紧急磋商后，果断决定于11月8日提前举行暴动，同时向在霍山开展农民运动的中心县委书记舒传贤报告。独山暴动打得敌人措手不及，遂获成功。在独山暴动推动下，郝家集、龙门冲、落地岗、古碑冲、南庄畈、七邻湾和霍山西镇、桃源河、黑石渡、诸佛庵及六安徐家集民团相继暴动。这种勇于开拓、敢闯敢干的创新精神最终促成了六霍起义的节节胜利。

4. 百折不挠的斗争精神

在中国共产党成立初期，国民党反动派力量异常强大情况下，六霍起义能够获得成功，至关重要的因素就在于无数革命志士和广大群众坚韧不拔、机智勇敢、百折不挠的斗争精神。车厚桥自幼习武，足智多谋，武艺高强，能倒立行走，双手使枪。他投身革命后，为革命出生入死，奋勇杀敌。在六霍起义中，他立下了赫赫战功，仅在1930年几个月时间里，车厚桥就率赤卫师先后夜袭落地岗，包抄大埂店、独山寺，巧取龙门冲，大战柳树店，威震皖西。河西暴动领导人毛正初，在六霍起义中先后组织领导了徐家集民团兵变、河西农民起义，历任六安四区红军游击大队长、六安县独立团长、六安县游击师长、赤卫军总指挥、皖西北军委常委等职，开创了六安河西红色区域，打红了皖西半边天。六安中心县委委员朱体仁在诸佛庵民团起义中，机智混入民团，取得发动道会门“红学”头目陈乾士信任，在一次饭局上将陈乾士灌醉后，佯装不会用枪，利用陈乾士教他使用手枪之机，将陈乾士一枪除掉，还带领进步团丁缴获“红学”武装30余人枪械，接着又消灭了前去“调查”的县自卫团的十几人武装。

5. 敢于担当的敬业精神

六霍起义英烈们在错误面前敢于坚持真理，在危难时刻敢于扛起责任，在关键时刻义无反顾地担起重任，这正是他们心中有责、敢于担当敬业精神的集中体现。1927年10月底，六安特区委书记胡苏明等抵制了中共安徽省临委强令六安立即举行武装起义的“左”倾盲动主义错误，胡苏明被开除党籍并被撤职。1928年秋，六安县委书记王逸常抵制了省临委书记尹宽强令六安举行起义的“左”倾盲动主义错误。这两次抵制行动的成功，使六霍起义免蹈固始大荒坡起义失败的覆辙。1930年秋，舒传贤抵制李立三“截断长江，打到武汉过中秋”的“左”倾冒险计划，冒着自己受处分的风险，解散了六霍暴动总指挥部，停止攻打武汉的冒险行动，率中心县委、六霍两县部分干部、赤卫队员、少先队员3000余人和避难群众万余人转移到商南根据地，避免了与敌人死打硬拼、全军覆没的恶果，保存了革命有生力量。后来他到中央汇报工作时，又大胆揭露李立三错误路线给皖西革命造成的巨大损失。1930 年建设苏区时，舒传贤因工作繁重，战事紧张，生活极其艰苦，患上了肺结核病，经常吐血，身体极度虚弱，但他仍夜以继日地工作，拖着病体到前线指挥战斗。一次，他正在前方指挥作战时，突然吐血不止，大家要送他到红军医院治疗，他说：“红军医院医生少，床位少，药品少，伤病员多，我这点小病算什么呢！”他刚回到驻地休息，可看见办公桌上急待处理的文件、报告时，又不顾病情坐下批阅文件和报告。大家劝他好好休息，他却说：“形势如此紧张，工作如此繁忙，我怎么能安心休息，革命任务不允许啊！我已下定了决心，为了革命鞠躬尽瘁，死而后已！”这些事例都集中体现了六霍起义的英烈们胸怀己任，为革命呕心沥血的敬业精神和历史担当。

6. 甘于牺牲的奉献精神

在物质匮乏的革命战争年代，普通百姓挣扎在吃不饱穿不暖的死亡线上，可六霍起义英烈们为了干革命，深明大义，他们不求回报，不图名利，甘愿为革命出钱出物，出人出力，甚至随时准备为革命牺牲自己的生命。西镇暴动领导人之一刘仁辅被捕后，面对敌人百般折磨，他大义凛然，宁死不屈，并痛斥敌人道：“我们共产党人不为名誉地位，不图升官发财，我们信仰的是共产主义，为的是天下穷苦人民得解放！我们可以舍得一切，甘愿献出一切！”最后敌人残暴地用铁钉将他钉死在六安城门上。刘仁辅牺牲后，敌人对他的亲属也不放过，全家 6 人为革命献出了宝贵生命，满门皆为忠烈。诸佛庵兵变的领导人之一刘淠西，在刑场上面对反动派的枪口，岿然不动，誓死不跪，最后壮烈牺牲。六安中心县委委员朱体仁、吴干才，三区区委书记许希孟被害后，敌人割下他们的头颅，在独山示众，企图恐吓老百姓，可是这并没有吓到英勇的人民群众，他们依然母亲送儿打敌人、妻子送郎上战场、男女老少齐参与，誓与敌人血战到底。

7. 心系群众的为民精神

六霍起义英烈们舍弃“小我”选择“大我”，舍弃“小家”顾全“大家”，关爱百姓，心系人民，体现了他们一心为民的爱民情怀。1929 年春荒，六安六区区委书记桂伯炎、支部书记桂杰生，为了穷苦大众生计，说服当地青帮头子桂海洲、桂绍堂带领青帮会人员和农协会员，向当地企图囤积发财的粮商朱鼎元家“借粮”，以“借”为名，为平民百姓开仓赈济 500 多担大米。毛正初，出身地主家庭，1929 年春，徐集乡发生旱灾。为了救民于水深火热之中，他公开反叛自己的阶级家庭，发动全乡农民开展“抗粮”斗争，最终迫使当地豪绅取消“人头积谷”，减轻了劳苦大众的负担。他哥哥毛占魁欺压百姓，欺负良家妇女，为了替民伸张正义，他亲率摸瓜队处决了自己的哥哥。这种对于自己所属阶级的叛逆源自于对人民的热爱，正是这种热爱，使六霍起义英烈们在人民最需要的时候，挺身而出，救民于危难之中。

三、六霍起义英雄精神的时代价值

英烈已逝，但是六霍起义的英雄精神却永不过时，将永垂史册、永远流芳。六霍起义英烈们用生命和鲜血诠释的英雄精神，是留给后人的宝贵财富，历久弥新，具有十分重要的时代价值。

1. 六霍起义英雄精神是中华民族的精神脊梁

中华民族之所以历经磨难而巍然屹立，正是因为有无数个像舒传贤、周狷之、刘仁辅、刘湃西、车厚桥、毛正初、朱体仁、吴干才、许希孟……这样的民族英雄，他们青春阳光，不甘接受旧中国封闭、落后，受人奴役、任人摆布，人民陷于水深火热的黑暗现实。他们受新思想感召，他们追求进步，胸怀理想，孜孜不倦寻求救国救民新道路，义不容辞地扛起了民族独立、人民解放的历史重任，并用他们的血肉之躯铸就了中华民族坚不可摧的民族脊梁，他们是缔造新中国的民族英雄，他们是人们敬仰的时代先锋，他们是民族最闪亮的坐标，他们是老区人民心中的灯塔。

2. 六霍起义英雄精神是皖西老区人民的宝贵财富

六霍起义的英雄精神是大别山精神的重要渊源，是六安红色基因的本质内容。六霍起义英烈们坚定共产主义远大理想，坚持中国共产党的领导，对党绝对忠诚。他们为了人民幸福，为了民族复兴，奋起抗争、勇于创新、甘于奉献、信念坚定、对党忠诚、心系人民，历经千难万险，付出巨大牺牲，创造了彪炳史册的光辉业绩，正是这种英雄精神铸就了“坚贞忠诚、牺牲奉献、一心为民、永跟党走”的大别山精神，是六安红色基因的本质内容。尽管六霍起义已经过去了 90 年，但是六霍起义的英雄精神犹在，英烈们创造的辉煌成绩犹在，英烈们跋山涉水的红色印记犹在，大别山革命历史纪念馆、金寨县革命烈士陵园、安徽省红色区域中心纪念园、独山革命旧址群、六安中心县委旧址、六霍起义纪念馆、六霍起义纪念塔、西镇暴动纪念馆、诸佛庵兵变旧址、东北乡暴动旧址等一大批革命遗址遗迹、革命纪念设施和红色景点，就是他们留下的红色印记，就是他们辉煌历史的见证，更是他们留给后代的精神食粮，是他们留给老区人民的宝贵财富。

3. 六霍起义英雄精神是开展“不忘初心、牢记使命”主题教育的鲜活教材

六霍起义英烈们曾经梦想国家富强、民族独立、人民幸福，用自己的实际行

动践行他们的革命初心，为此付出了生命代价，终于换来了老区人民今天的幸福生活。老区人民唯有不忘初心，方能慰藉英雄，笃定前行。习近平总书记指出："一切向前走，都不能忘记走过的路；走得再远、走到再光辉的未来，也不能忘记走过的过去，不能忘记为什么出发。"① 抚今追昔，饮水思源，我们不能忘记六霍起义英烈们前仆后继、舍生忘死、以身许国、精忠报国的英雄精神。90 年后的今天，六霍起义英烈们的初心实现了，虽然他们早已离我们而去，但是作为他们的后代，我们要牢记他们的革命初心，弘扬好他们的英雄精神，传承好他们的红色基因，完成好当代人的使命。在我们全党大兴"不忘初心、牢记使命"主题教育之时，六霍起义的英雄事迹和英雄精神就是开展红色教育的最好教科书，就是教育广大老区干部群众的精神营养剂。

4. 六霍起义英雄精神是激励老区干部群众建设幸福六安的精神力量

英烈是历史天空中最闪亮的坐标，英烈精神如同熊熊燃烧的火炬，始终照亮我们前行的道路。六霍起义的英雄精神是激励六安老区人民继续前行的强大精神力量。当前革命老区六安正处于加快绿色振兴、打好三大攻坚战、决胜全面小康的关键阶段，我们唯有继承革命遗志，挑起当代六安人的时代重任，以习近平新时代中国特色社会主义思想为指导，牢固树立"四个意识"，始终坚定"四个自信"，坚决做到"两个维护"，用六霍起义英雄精神为激励，以习近平总书记视察六安三周年为契机，抓住大别山革命老区振兴发展的历史机遇，打造"一心一廊""一谷一带""一岭一库"绿色发展平台，把新时代幸福六安建设好发展好，才能对得起六霍起义英烈们曾经的流血牺牲，才能不辜负习近平总书记视察六安时的"把红色江山世世代代传下去"殷殷嘱托。

① 《习近平谈治国理政》第二卷，外文出版社 2017 年版，第 32 页。

皖西革命根据地创建期间的党风廉政建设

中共商城县委史志研究室　柯大全

1929年5月至1930年4月，是皖西工农革命掀起高潮，举行武装起义，创建工农红军，建立革命根据地阶段。这时期，皖西各级党组织坚决贯彻党的八七会议精神和党的六大决议，积极发展党的组织、武装工农群众，发动了著名的六霍起义。六霍起义是第二次国内革命战争初期，继黄麻、商城两大起义之后，党在鄂豫皖边区领导的又一次大规模武装起义。这次起义党创建了中国工农红军第十一军第三十三师，在六安、霍山、霍邱、英山、潜山五县相毗连的皖西地区，初步开辟了东起淠河，西接商城南部，南抵金家铺、水吼岭，北至白塔畈、丁家集，南北200多里，东西100多里，人口40多万的皖西革命根据地。

在皖西革命根据地的开创和发展过程中，皖西党组织着重从思想上、政治上加强党的建设，用马列主义武装党员，同各种错误思想作斗争，结合皖西的工作实际，在各级党组织中开展了如火如荼的党风廉政建设，使党由弱到强、逐步地成熟起来，形成强有力的领导，从而有力地保障了党在整个大别山区工农武装割据得以实现，为党创建鄂豫皖革命根据地作出了巨大贡献。

一、皖西革命根据地的形成

大革命失败后，一大批皖西籍的共产党员陆续从外地回到家乡，贯彻党的八七会议精神，发动武装起义，创建革命根据地。1929年5月6日，立夏节起义成功，成立了中国工农红军第十一军第三十二师，给正在准备六霍起义的六霍县委和群众以深刻的影响和鼓舞，使六霍人民更加认清了胜利的前景。

1929年8月5日，中央巡视员方英在六安、霍山两县交界的豪猪岭大庙召开六安县第三次党的代表大会，霍山、霍邱、寿县的党组织都派有代表出席。会议认为“六霍地理位置优越，群众基础好，特别是黄麻起义和商城南部起义，成立红三十一师、红三十二师，对六霍起义是巨大的鼓舞”。为此，根据党中央的指示，会议确定要不失时机地发动秋收武装暴动，组建苏维埃政权，创建皖西革命根据地。1929 年 10 月上旬，方英又在六安郝家集附近的老母猪岭主持召开了六安、霍山、英山、霍邱、合肥、寿县六县党的代表会议，宣布成立六安中心县委，并决定 11 月 15 日首先在六安独山举行起义。11 月 7 日，六安县三区二乡农协常委兼秘书长何寿全被捕，导致起义提前，六安中心县委于 9 日发出紧急通知，要求六安各区和邻近各县立即举行武装起义。负责领导西镇起义的六安中心县委书记舒传贤、喻石泉等认为“西镇地方纵横有百里，党的组织虽有一个区委、一个特支，但同志工作都极幼稚，是没有暴动成功的可能，遂决定派高起及少数同志担任三十二师向导”①。高起等人遂前往河南商城，再请红三十二师支援西镇起义。与此同时，西镇起义行动被敌察觉，敌人西镇事务所秘密会议决定对西镇革命分子执行总逮捕，企图对革命进行镇压。千钧一发之际，商南红三十二师师长周维炯带领两个连，于 16 日连夜赶到西镇的闻家店附近，于 1929 年 11 月 19 日，先后打掉了驻闻家店的西镇自卫团、捣毁了西镇事务所等反动机构，随后，皖西党组织在古碑冲、七邻湾、白塔畈、徐集、江店、尧冲等地相继领导起义成功。

1930 年 1 月 20 日，各路起义队伍集结于流波碹宣布成立中国工农红军第十一军第三十三师。1930 年 2 月 18 日，六安中心县委在给中央的信中写道，“商城的三十二师如果发展成千的武装，则黄安的三十一师，六霍的三十三师将成了三角形势，无各种后顾之忧，都背靠背地向外发展，但在鄂豫皖相交的十几县，造成中国中部巨大的赤色区域，进一步影响到武汉路及安徽的工作，这于中国的革命是有很重大的意义”。在党的领导下，六霍起义由一点起义到多点起义，由分散的小块红色区域的创立到联合的大块革命根据地的创立，其间经历无数次不屈不挠的浴血奋战，终于取得胜利，至 1930 年 4 月皖西革命根据地初步形成，6 月皖西苏区有了 4 个县级政权，10 多个区级政权，100 多个乡级政权。

二、皖西革命根据地的党风廉政建设

（一）党的建设

1. 思想建设

皖西党组织注重从思想上建党，加强用马列主义武装党，用马列主义教育党

① 《霍山县委关于经济、政治等情况的报告》，1930 年 4 月。

员和群众。六霍起义前，各级党组织在各地举办农民夜校、工人夜校、工农识字班和青年读书会，学习上级党组织的文件和从党在霍邱开办的“开明书店”、六安“三民书店”购进的各种马列主义书籍和进步刊物。舒传贤等经常给农民义务学校的学员讲授共产主义 ABC、革命理论大纲、农民问题训练大纲等，并坚持对党员和建党对象进行轮训，使大家对马克思列宁主义和中国新民主主义革命的性质、任务、主要对象及目前的斗争任务、政策、方法有基本了解。陆续把经过教育“确认为忠实有阶级觉悟及明了主义者”吸收入党，指导党员“由斗争去实验党的理论，由斗争中去找工作方法，由斗争去锻炼党的同志”①。并选派骨干同志参加上级举办的训练班。对党组织内部，翻印中央下发的各种中央文件、通告等，交各级党部讨论。同时定期出版刊物，定期出版政治通讯、小报等发给党员干部看，以提高他们的政治水平。

七邻湾会议后，皖西党组织领导苏区人民群众进行根据地开辟和建设，需要大批有一定水平的干部，提出“加紧党的无产阶级意识和提高党的政治理论水平线”②。各级党组织在进行党的思想建设中，注重加强干部的理论学习。六安中心县委在闻家店举办两期干部训练班和一期军事训练班，学习党的六大和六届二中全会决议案及六县联席会议决议案。并经常翻印一些通俗明了的宣传文章，还运用板报、壁报、歌谣、标语、传单等形式，在群众中广泛开展马列主义教育，大力促进党的思想建设。由于皖西党组织始终把马列主义作为党的思想理论基础，坚持不懈地抓党的思想建设工作，注重理论联系实际，用革命思想武装党和苏区人民群众，在敌我力量相当悬殊的情况下，始终以坚定的无产阶级革命信念，英勇顽强地带领广大人民群众坚持斗争。

2. 组织建设

大革命失败后，白色恐怖蔓延到皖西地区，国民党右派安徽省党部和“清党委员会”成立，派人到皖西“清党”，皖西革命力量受到摧残，中共各级党的组织遭到破坏。当时六安县“县委不健全，没有经常工作，无固定机关。大约全县党员有三百人”，霍山县“县委不健全，县委书记常交人代理，指导不免没有固定机关以及指挥部敏捷”③。鉴于此种情况，省临委组织党员到各地恢复、整顿和发展各地党的组织，“建立党的统一指导机关”，以便领导工农群众开展武装斗争。

为形成能领导群众斗争的党组织，中央根据中央巡视员和皖西党组织的报

① 《霍山县委关于经济、政治等情况的报告》，1930 年 4 月。

② 《鄂豫皖边第一次全区代表大会政治任务决议案》，1929 年 12 月。

③ 《舒传贤关于六霍党务、军事情形给中央的报告》，1929 年 9 月。

告，于1929年8月17日指示“现在可能依照中央的规定一切工作和任务成立中心县委组织，与中央建立经常的联系”。10月6日，中共六安中心县委成立，对各地党组织形成统一有力的领导。

1930年3月21日至25日，六安中心县委在六安县七邻湾关帝庙召开了所辖六安、霍山、霍邱、寿县、英山、合肥六县和红三十三师党的联席会议。总结“过去一切斗争经验”，借鉴黄麻、商城等地成功的做法，提出“推进六县的革命高潮”的总任务，更加明确了有关皖西党和红军在组织方面、上级对下级巡视监督、党对苏维埃和红军的领导、党的自我批评工作等关系，对皖西革命根据地的开辟和建设产生了深远的影响。

3. 巡视工作

1929年5月24日，中央在给皖西的指示信中指出，“派遣巡视员，以帮助地方党部工作的建立与推进。由中央分区派遣巡视员，巡视各县区的工作，尤其中心区域的工作，巡视员不仅传中央的政治主张和一切策略于地方党部，尤须很切实地帮助一切工作的建立，使工作得到正确的指导与进展”。是年，中央派巡视员方英等多次对六霍各县进行工作巡视，使中央掌握了皖西情况，调整了斗争策略。1929年8月5日，方英主持召开有霍邱、霍山、寿县参加的六安县第三次代表大会，会议及时决定成立中共六安中心县委，研究确定了县委人选，并上报中央批准。此举有力地加强了皖西的统一领导，对取得六霍起义全面胜利有着非常重要的意义。

六安中心县委成立后，对县区的巡视工作的方法任务提出要求，如“巡视工作要深入基层，不只是上级到下级去而是要到群众中去”，“到某地要多找群众和同志谈话，从谈话中多告诉他们工作方法，同时要采取组织分工方式引进和培养新的工农干部”等。七邻湾会议后，中心县委又对皖西各级党组织巡视工作进行了具体规定：（1）县委应组织巡视会议，有准备地到各处巡视。（2）中心县委每三个月到各县巡视一次，县委每月到各区巡视一次，支部书记与干事每周须参加小组会议，上级党部巡视员到支部中或参加群众会议，当地党部应为保守秘密，只拿同志名义的党员与群众介绍。（3）巡视的任务。一是考察下级党部是否执行党的一切政治任务和策略。二是帮助和指导下级党部执行一切决议和进行日常工作。三是规定工作计划，注意中心群众工作及工作的平衡发展。四是巡视群众组织。五是参加和指导群众斗争。六是考察下级党部是否能集体分工等。六安中心县委书记舒传贤是巡视工作身体力行的表率，他常年坚持深入基层巡视，掌握第一手情况，多次写出高质量的巡视报告给中央和安徽省委。在六霍起义前，他曾以省委巡视员的名义，组织成立六霍军事委员会，并担任书记领导指挥起义工作。他在担任六安中心县委书记时，经常到各县区巡视，把上级巡视员在皖西工作情况向中央报告；对上级派来巡视工作有异议，不能认真工作、没有经验指导基层工作、基层群众不满意的上级巡视员，也可按组织程序对上级汇报所派巡视员工作情况，“过去中巡高中林同志来六安指导独山、麻埠的暴动的确有许多错误，不但没有实际工作经验，并且他指导的前后政治思想系统，都是自相矛盾的。我们希望此次中央对六安工作要重视，派巡视员来一定要有斗争经验”①。这样使党的巡视工作在更大程度上取得了实效。

从今天所能查阅的中央和皖西档案资料中，我们看到当年巡视工作对革命事业的重要性。1930 年 3 月 16 日，中央在给六安中心县委的信中写道，“根据你们的书面报告与巡视员的报告，在目前革命形势下，加强党的主观力量，是冲破反动统治的压迫，检阅六安过去的工作，虽然仍有很多的缺点与弱点，但这半年来，工作是有相当的进步。中央对于六安工作的讨论，有以下指示……”当年，党通过巡视这一特殊年代的特殊方式和重要工作手段，使上级做到及时了解基层情况，并能对下级工作进行及时的指导。这样党的领导机关工作上避免了盲目指挥，下级党组织也能及时得到上级党组织的指示，更有利于基层革命工作的开展。

3. *党群关系*

保持党同人民的血肉联系，是党的事业无往而不胜的保证。皖西苏区的党组织正是在与人民群众的血肉联系中产生、发展和壮大的。皖西革命根据地建立后，明确地把群众利益作为党的工作的根本出发点，在自己的纲领和实践中唤起苏区全党团结城市与乡村最广大的劳动群众于党的领导之下。要求各级党组织和政府的工作人员，实行人民工作日的方法，轮流分班参加生产。工会、贫农团等群众团体、苏维埃政府机构要反对借口秘密工作向群众摆官架子、同群众隔离。在皖西革命根据地不断加强群众组织的建立与建设，通过各种群众组织加强与人民群众的联系。

随着皖西苏区的巩固与扩大，各级党委和苏维埃政府不仅发展了原有的各种群众团体，而且根据革命需要又成立了一些群众组织，1930 年 3 月，中共六安中心县委在召开六霍等六县联席会议上，作出《对六县 C. Y 工作决议案》，使团的工作有了明确的方向，在共青团的领导下，皖西苏区普遍建立了劳动童子团，他们成为苏区一支朝气蓬勃的集体。农民协会在苏维埃政权成立前，起着政权的作用。当时六安、霍山两县都成立了农民协会，区、乡、村的农协组织，在苏维埃政权建立后，保存了农协支、分会，其主要任务是发展生产，供应红军粮食，组

---

① 《六安中心县委关于设立特委问题给中央的请示报告》，1930 年 2 月。

织运输队支援前线。“在各区农协、各乡农协中，都有党的成分。在群众团体中的党团，尚能起领导作用、先锋作用。在群众团体中的党员与群众是没有差别的。”① 要求各级党组织：“（1）党的组织与群众组织划分清楚。（2）若有群众组织的地段，内有党的支部，即以支部起党团作用。（3）各支部的同志皆加入群众的组织中，并于其中组织党团，起领导作用。（4）党的组织部与工农委员会经常巡视工农协会的工作。”② 在六霍起义前，六安县一些区“赤色小组”发展成为总工会。依据全国总工会颁布的《苏区工会组织法》，逐步建立和健全组织。工会在同级党委和苏维埃政府及上级工会的领导下，积极输送工人参军、参政，领导工人、雇农参加土地革命，支援革命战争。六霍两县的妇女对革命的认识非常坚决，当时青年妇女大多数都出来参加革命工作了，“妇女工作的发展，是六安党工作进步的表现之一”③。皖西苏区的各级党委通过这些群众组织，把广大人民群众紧紧地团结在自己的周围，形成了党和苏区群众的血肉联系，领导人民群众万众一心开展革命战争，进行土地革命，建设根据地，使苏区出现一派欣欣向荣的景象。

4. 廉政建设

皖西革命根据地苏区是刚刚推翻旧社会制度而建立起来的，几千年来的封建残余思想、官僚主义、消极腐败、铺张浪费不可能一下荡然无存，有些不良风气随着党的不断壮大在党内表现出来，对党形成严重的危害。为此，皖西革命根据地各级党组织把坚持不懈地反对和惩治腐败作为党的建设的一项重要措施。在苏区各级党组织和广大党员的努力下，迅速使苏区出现一个领导机关清正廉洁、各级党组织坚强团结、社会生活风清弊绝的崭新局面。

各级党组织坚持通过党的文件、宣传来不断教育党员防腐反腐。皖西党组织清醒地注意到过去工作最大的缺点之一是“生活腐化、脱离群众”，严厉批评机关工作人员工作时间不谈政治的消极现象，要求“反对一切官僚，空喊不做、脱离群众的落伍表现”。坚持经常教育，使每个党员在日常工作中时刻保持清醒的认识，处处保持党性，为人民乐于吃苦，乐于牺牲和贡献。同时，坚持有腐必惩，保持党的队伍的纯洁。始终坚持对广大党员的认识问题和某些工作过失实行惩办主义。对屡教不改、消极腐败、在群众中造成不良影响者则坚决惩治。对工作“不切实负责”“生活腐化”“专图舒服”“不服从工作分配的”都进行严肃处理。霍邱采用“提高纪律同时须提高教育的原则，故对于未曾受过相当的教育

① 《霍山县委关于经济、政治等情况的报告》，1930 年 4 月。

② 《霍邱县委关于经济、政治及党组织情况的报告（第二号）》，1930 年 6 月。

③ 《中共中央给六安县委的指示》，1930 年 3 月。

的同志有了错误，先施以个别的训练，若再不能改正，才依其错误之大小，执行轻重之纪律，或警告、察看、开除。但对于受过训练的同志有了错误，则直接予以适当之处分"①。

皖西还规定各级党的机关"禁止一切腐化和浪费的行为"，同时处处作廉政表率。1930年3月，六、霍、寿、霍、英、合六县联席会议召开，作出9项决议案。此次会议力倡节俭之风，各县代表及保卫后勤共18人，会期5天。为此，对会议使用经费情况，六安中心县委在给中央的报告中专门予以报告，"联会连各代表参加人及步岗、烧饭等共十八人，会开五天，共用去二十六元"②。

（二）皖西各级苏维埃政权党风廉政建设

1. 政权建设

皖西苏区形成后，内部的政权、武装和群众团体也随之建立和健全起来，苏维埃政权的党风廉政建设经历了创立、发展和日臻完善的过程。

皖西党组织在准备起义中，就秘密建立了政权的筹备班子，并在起义胜利后坚决而敏捷地成立了政权机关。在1929年冬至1930年春的六霍起义过程中，每一处起义胜利就由下而上先后建立起各级工农政权。1929年11月中旬六安县独山农民起义成立了三区革命委员会；西镇起义胜利后，为了巩固和扩大起义成果，为"统一西镇起见，又组织了一个革命委员会，暂时执行一切政治"。随后在漫水河、燕子河先后成立了第五区、第六区苏维埃政府，建立由"工农兵自己起来管理自己的事务的苏维埃政权"。1930年4月上旬，皖西已建有村、乡、区三级政权；1930年4月13日又成立了皖西地区第一个县级政权——霍山县苏维埃政府。

苏维埃代表由工农大众和其他劳动者选举产生。苏维埃政权在本质上不同于历史上任何剥削阶级的政权，它"是工农民主专政的政权，是彻底替工农兵谋解放的政权，与地主资产阶级国民党政权完全对立，它的组织原则是立法行政合一，完全运用民主集中制"，具有广泛的代表性。各级苏维埃政府委员中，"中农贫农要占十分之六，工人要占十分之二，革命的知识分子要占十分之二，但党员要占全数之半，乡各级执委中劳动妇女要占十分之三"③。1930年，六区自成立农协后，即着手组织乡农协会及工会等组织，由区农协发起组织苏维埃筹备委员会，筹备委员会系工会、各乡农协会执委产生出来，在3月15日开筹备委员会，所有筹备委员会均能负责向群众宣传苏维埃意义，筹备会决定选举方法。出

① 《霍邱县委关于经济、政治及党组织情况的报告（第二号）》，1930年6月。

② 《六安县委关于六县联席会议情况给中央的报告》，1930年4月。

③ 《鄂豫皖区苏维埃临时组织大纲》，1931年7月。

席苏维埃大会的代表的产生，公决是划分选举区召开全区选民大会公开推举。4月13日大会正式开幕，到会代表共计132人，其中工人36人、农民42人、妇女36人、兵士6人、小学教员5人、区农会6人、筹备委员会代表2人。

皖西明确对各级苏维埃建设提出具体要求。苏维埃政府是党领导下的工农民主政权，党执行领导政府的任务，执行的时候必须通过政府的组织，但不以党包办苏维埃。这样，就使党、政分开，既坚持了党的领导，又发挥了政府的职能作用。

2. 廉政建设

苏维埃政权有一套严密的组织系统和监督机制。《六安中心县委关于六霍等六县目前工作计划的决议案》（1930年4月），对苏维埃政府机关工作要求“须具诚朴的精神，坚决地防止官僚主义发生”。因此，要求“谨慎地选择自己的工作人员，定期参加劳动的制度，对脱产人员数额则严格控制，工作人员的报酬也很微薄”①。在这种严密的组织程序和严格的组织纪律指导下，各级政府的工作人员大都能做到努力工作，廉洁奉公，作风正派。

各级苏维埃政府吸收广大工农群众参与政事，工作中走群众路线，接受工农兵的监督和批评。为此，乡以上苏维埃都设立了与政府平行的工农监察委员会（或乡工农监察委员会），工农监察委员会受代表大会指挥，其主要工作是对各部门官僚腐化分子实行检查等，并受理群众的检举、控诉。这样，就使各级苏维埃政府置于人民群众的严格监督之下。

各级苏维埃政府都设立了专门机构土地委员会，具体实施田地和山林没收和分配。土地委员会由农民推举忠于革命、群众关系好、公认无私心的人组成，多数是贫雇农，一般5—7人，内设没收、征收、斗争、监察等委员。

（三）红三十三师党风廉政建设

1. 党的领导

为了保卫和发展六霍起义革命成果，六安中心县委积极组建主力红军。1930年1月6日中心县委召开第二次全委会议，讨论了军事组织原则。会后，把中心县委掌握的武装编为安徽红军第一纵队，冯晓山任纵队长；把西镇起义武装编为安徽红军第二纵队，徐育三任纵队长。1月20日，中心县委把两支红军纵队集结于流波疃，与六安六区游击队会合，中心县委书记舒传贤主持中心县委与游击队党、团负责人会议，决定将上述部队合编为中国工农红军第十一军第三十三师，任命徐百川为师长，张建民为政治部主任。为了发展大好形势，把武装斗

---

① 《中共中央给鄂豫皖边特委关于党务、政治、军事的综合指示》，1930年10月。

争、根据地建设和土地革命结合起来，形成工农武装割据，六安中心县委于 3 月中旬，在六安县六区七邻湾召开所辖的六安、霍山、霍邱、寿县、英山、合肥六县和红三十三师党的联席会议，会议强调党对红军的绝对领导。红三十三师组建后，党从一开始就加强部队的建设，部队实行党代表制度。党在部队中的任务有加强党的无产阶级意识，提高党员政治水平，加强组织生活、切实执行党的纪律等。红三十三师组成成分复杂，正是在党的正确领导下，这支部队才逐渐走向革命化、正规化。

2. 部队纪律

七邻湾会议上，中心县委对刚组建的红三十三师提出，“加紧红军官长、士兵的政治训练，使他们明了自己的任务：是工农无产阶级的武力，是苏维埃政权的保护者，能到底不懈地和敌人英勇的斗争”①。要求部队纪律要严明，要用模范的纪律来影响群众。部队与群众间要公买公卖，损物要赔偿。要求部队时刻严格遵守群众纪律，领导干部带头从小事做起，严格反对任何人拿取当地群众一针一线。红军是苏维埃的支柱，但绝不能超出群众利益，脱离群众，与群众对立。当时，红军派饭一桌付银洋一元；借被一床付三个铜板；野外吃了群众地里的红薯，也要将钱埋在薯秧下面。

三、皖西革命根据地党风廉政建设的成效

皖西各级党组织和红军开展的党风廉政建设，牢固树立了党在苏区人民心中的形象，赢得了人民的衷心拥护和支持。在各级苏维埃政府成立的日子里，人民群众欢欣鼓舞，敲锣打鼓，张灯结彩，庆祝新政权的诞生，欢呼自身的解放。六安六区苏维埃政府成立时，参加庆祝大会的群众达 3 万人之多。

皖西革命根据地开展的党风廉政建设，使各级党组织风清气正，党员干部看到了中国共产党带领人民群众走向幸福的希望所在，对党的事业充满了蓬勃之气，焕发出为党干事创业、为人民打天下的激情。霍山五区（漫水河）苏维埃成立时，七区（诸佛庵）苏维埃赠送一副贺联：“合全球，无产阶级化成布尔什维克；联世界，工农兵士制行德摩克拉西（‘民主’译音）。”六安县苏维埃政府成立时，游击师师长毛正初写了一副贺联：“干干干，扫黑暗，抱牺牲决心，杀向前去；来来来，扩大赤区，继烈士遗志，冲破重围。”这些都充分表达了党员干部对人民政权的热爱之心和对革命必胜的信念。

---

① 《六安中心县委关于六霍等六县目前工作计划的决议案》，1930 年 4 月。

坚持党的领导是立夏节起义和六霍起义成功的根本保证

中共六安市委党校　丁仕龙

黄麻起义、立夏节起义和六霍起义是土地革命时期中国共产党在鄂豫皖边区领导的三大武装起义。立夏节起义后，组建了中国工农红军第十一军第三十二师，开辟了豫东南革命根据地；六霍起义后，组建了中国工农红军第十一军第三十三师，开辟了皖西革命根据地。第三十二师和第三十三师是后来的红军三大主力之一的红四方面军的主要来源，豫东南革命根据地和皖西革命根据地是后来的全国第二大革命根据地——鄂豫皖革命根据地的主要组成部分。立夏节起义和六霍起义是中国革命和人民军队历史上的光辉篇章。90年后的今天，站在这块红色土地上，重温那段可歌可泣的历史，瞻仰先辈们的英雄业绩，笔者心中充满了敬仰之情，同时也深感责任重大。

“领导我们事业的核心力量是中国共产党，指导我们思想的理论基础是马克思列宁主义。”① 毋庸置疑，立夏节起义和六霍起义的成功也是坚持党的领导的结果。

党的领导主要是政治、思想、组织领导。政治领导是指政治方向、政治原则、重大决策的领导，集中体现在党的路线、方针、政策为党的各级组织所接受并坚决贯彻执行，党充分发挥了政治领导作用。思想领导是指党的理论观点、思想路线、思想方法在党的实践活动中起着重大引领作用，党员的信仰信念坚定。组织领导是指党的各级组织坚强有力，党的各级干部和党员素质良好，在任何情况下都能为实现党的任务和主张而奋斗。立夏节起义和六霍起义在上述诸方面都充分体现了坚持党的领导的原则。

一、政治领导

1927年大革命失败后，中央政治局及时召开了八七会议，确定了土地革命

① 《毛泽东文集》第六卷，人民出版社1999年版，第350页。

和武装起义的总方针，毛泽东在会上明确指出“须知，政权是由枪杆子中取得的”。1928 年 6 月，党的六大在莫斯科召开。大会指出，当前中国社会性质仍然是半殖民地半封建社会，中国现阶段革命是资产阶级民主革命，中心任务是反对帝国主义和封建主义，实行土地革命，建立工农民主政府。大会在清算陈独秀右倾投降主义错误的同时，也批判了瞿秋白“左”倾盲动主义错误的发生。党的八七会议和党的六大是我们党在革命低潮先后召开的两次重要会议，为中国革命指出了正确方向，为挽救党和中国革命作出了重要贡献。

对于党的八七会议精神和党的六大精神是否坚决贯彻执行是判断当时各级党组织是否坚持党的政治领导的唯一依据，回望历史，我们看到当年商城县委、六安中心县委及其下属的基层党组织是积极而审慎地贯彻党的八七会议精神和党的六大精神的，在党的路线、方针、政策上与党是保持一致的，也就是说他们坚持了党的政治领导。

从党的八七会议到立夏节起义不到 2 年时间，从党的六大闭幕到立夏节起义不到 1 年时间，在那“黑云压城城欲摧”的极端恶劣环境中，中共河南省委、商城县委、商南区委、豫南特委、鄂东特委、商罗麻特委采取非常隐蔽的方式，召开了多次会议，会议中心议题全是贯彻党的八七会议精神和党的六大会议精神，组织武装暴动。

1928 年 3 月 28 日，中共商城县委在商城县七里岗召开中共商城县委扩大会议，会议明确提出，要坚决贯彻党的八七会议精神，并决定在商城南部积极开展工作，以商城南部山区（即现今的金寨县南溪、斑竹园一带）敌人统治薄弱地区为武装起义重点，利用一切可以掌握的武装，广泛发动群众，积蓄力量，准备再次（此前大荒坡起义失败）发动武装起义。

5 月 10 日，中共商城县委关于再次武装暴动的计划得到省委同意后，立即在商南太平山穿石庙召开了商南区委会议，传达河南省委关于组织发动武装斗争的指示。

1929 年 3 月 13 日，中共豫南特委和鄂东特委在柴山保举行联席会议，会议决定在中秋节举行商南起义。会议还决定商南党组织暂由鄂东特委领导，由鄂东特委直接领导指挥商南起义。

4 月，在鄂东特委前来支援商南武装暴动的人员遭民团包围全部壮烈牺牲的情况下，中共商罗麻特别区委在商南吴家店太平山成立，徐子清任书记，徐其虚、李梯云、肖方、周维炯、廖炳国等为委员。特别区委下辖罗田北部两个区委和商城的和区、乐区两个区委，决定指挥商南起义的领导任务由中共商罗麻特别区委独立承担。

5 月 2 日，中共商罗麻特委在反动势力加紧“清乡”的紧急时刻，在吴家店太平山穿石庙召开紧急会议，研究举行起义问题。经过慎重地分析和研究，会议认为与其坐等敌人来收拾我们，不如利用现有力量先发制人，决定改变原定在中秋节举行起义的时间，提前到 5 月 6 日立夏节的晚上，趁民团忙于过节、疏于戒备之机，举行“立夏节”武装起义。

在党的八七会议结束刚刚 2 个月，即 1927 年 10 月，中共安徽省临时委员会就召开会议，准备尽快发动暴动，并决定：六安、霍山、霍邱、英山、寿县 5 县为第一暴动区。然而“尽快暴动”绝非盲目行动，当时，六安县委、霍山县委认为，暴动绝非易事，必须做好充分准备，在实际工作中一再抵制盲动主义的命令。

对于安徽省临委与六安县委、霍山县委的分歧，中央很重视。1929 年 3 月 11 日，中央政治局常委周恩来在上海召集安徽省临委书记尹宽、六霍县委书记王逸常及在沪的许继慎、柯庆施举行专门会议进行讨论。会议明确指出：六霍一带立即暴动条件不成熟，要积极创造条件准备起义，当下六霍县委采取的抗租反霸，争取群众的策略是符合党的六大决议精神的。这次会议使皖西革命力量避免了盲动主义带来的损失。

中央的重视使皖西党的组织更加确信，只有坚持党的领导，才能使党的路线、方针、政策得以正确贯彻执行，革命才能成功，因此加强集中统一领导势在必行。1929 年 10 月初，在中央巡视员方英指导下，六安中心县委正式成立，舒传贤任书记，并决定从 11 月 15 日开始在六安、霍山一带发动武装暴动。随即，六安中心县委发出举行秋收起义的指示，农民武装暴动一触即发。

二、思想领导

1927 年大革命失败后，蒋介石挥舞屠刀大肆屠杀共产党人，许多党的组织遭到破坏，党的活动被迫转入地下，中国革命陷于低潮。在这种“白色恐怖”、血雨腥风的年代，如何正确看待当时的革命形势，如何坚定革命理想信念、振奋革命精神，是对每个共产党人及革命者的严峻考验，也是商南、皖西两地党组织坚持党的思想领导的重要内容。回望历史，我们看到商城县委、六安中心县委及其下属的党组织从实际出发，客观地认识与分析当时的革命形势，注重积蓄力量，讲究斗争策略，采取更加隐蔽的方式，待条件成熟时再进行公开斗争，同时，加强启发广大受苦受难群众的阶级觉悟，坚定共产党员的理想信念，为武装暴动奠定坚实的思想基础。

伟大的斗争精神，源于对形势任务的清醒认识，源于对革命责任的深刻把握。在革命陷于低潮的艰难岁月里，两地党组织认为，革命形势总是要向前发展的，反革命势力虽然逞凶一时，但“试看将来的环球，必是赤旗的世界”①。因此，他们“并没有被吓倒，被征服，被杀绝，他们从地下爬起来，揩干净身上的血迹，掩埋好同伴的尸首，又继续战斗了”②。

1927年11月底，中共商城特支召开扩大会议，决定中共商城特支改组为中共商城县委，蒋镜青任书记。随即，利用农协会、兄弟会这些民间组织对深受地主豪绅压迫和剥削的农民群众进行阶级教育，启发他们的阶级觉悟，对共产党员则着重加强入党目的性教育。在此基础上，进行恢复党的活动和发展党员工作。2个多月后，蒋镜青来到商南，以拜年为名，对党员进行重新登记。紧接着，成立了直接与商城县委发生联系的商南区委，书记漆德琮，李梯云、周维炯、肖方为委员。1927年8月，中共六安特别区委成立后，就着手在六安、霍邱、霍山、合肥4县恢复党的组织和发动工农群众，宣传土地革命，组织秘密武装，准备武装起义。1928年1月，中共六霍县委成立，领导六安、霍山、霍邱3县党的工作。1928年3月中共霍邱县委成立，1929年2月中共六安县委和中共霍山县委先后成立。

“实事求是”是党的思想路线，中国革命的胜利归根结底是党的思想路线的胜利。由于坚持了党的思想路线，正确认清了当时的政治形势，使得广大党员和群众思想觉悟进一步提高，党组织迅速得以恢复和发展，这就为不久将要举行的武装暴动提供了现实的可能。

“政策和策略是党的生命”，革命的低潮即将过去，高潮即将到来，但是这并不能成为不讲究策略，盲目蛮干的理由，在敌我力量对比悬殊的情况下，采取更加隐蔽的方式，讲究斗争策略则是取得暴动成功的中心环节。为此，两地党组织都遵循党的六大提出的方针，注重兵运与农运相结合，选派革命意志坚定，又有丰富的斗争经验的党的骨干打入敌人内部，做艰苦细致的兵运工作，待条件成熟时，一举暴动成功。

1928年秋，商城各民团为扩充势力纷纷招兵买马。中共商城县委决定利用民团扩充势力之机，将一批共产党员打入到民团中。如周维炯、廖业琪打入商南丁家埠杨晋阶民团，漆德玮、徐进生打入县民团，王炳厚打入商北胡晓云民团。这些同志打入民团后，积极在民团中开展兵运工作，为后来的暴动作出了巨大贡献。皖西党组织也乘敌人扩充地方武装之机，选派一批优秀的共产党员，利用各种社会关系，打进一些民团内部，控制敌人武装。六安县的党员毛正初、王退之、李野樵、郭仲西、袁皋甫等，分别被派到徐集、江店、南岳庙、金家寨等民

① 本书编写组编：《李大钊传》，人民出版社1979年版，第44页。

② 《毛泽东选集》第三卷，人民出版社1991年版，第1036页。

团任队长；霍山县的刘淠西、朱体仁、胡祥仁等，分别被派到诸佛庵、戴家河、舒家庙、管家渡等民团任队长。他们在掌握了民团领导权后，利用有利身份教育争取团丁，秘密建立党组织，为发动民团起义创造条件。1929 年 5 月间，霍山诸佛庵民团起义、六安武陟山农民暴动、六安县南庄畈（今属金寨县）六保联络自卫团起义相继举行，并分别组建了游击队，为六霍起义揭开了序幕，提供了有生力量和经验。而这几次民团起义和农民暴动都是由共产党的骨干分子打入敌人内部掌握了领导权后才取得成功的，这充分说明斗争策略的极端重要性。

马克思主义哲学认为，"一切以条件、地点和时间为转移"①，时间地点条件的最佳状态便是机会。立夏节起义和六霍起义的领导者，经过积蓄力量的长期准备，在认真吸取周边起义成功经验和失败教训的基础上，抓住了不可多得的机会，适时地果断地举行武装起义，是认真分析了当时当地敌我双方的力量对比而作出的明智选择，也是坚持党的思想领导的体现。

立夏节起义原定于 1929 年中秋节举行，之所以提前到立夏节，就是因为情况发生了变化，使得当时的起义决策者作出相应的改变。第一，鄂东特委派往商南参加起义指挥的全体同志途中遇难，这就使得商罗麻特委有权而且必须独立思考起义的时间、地点和方式。第二，当时，商南地区反动势力加紧"清乡"，商罗麻特委及其下属的党组织有可能随时暴露，党的骨干及广大党员有可能随时遭意外，客观形势预示着起义必须从速。第三，党在商南地区做了大量工作，群众发动得比较充分，并且掌握了一定的武装，有可能起义成功。第四，立夏节是传统节日，民团团总杨晋阶会在立夏节这个传统节日以丰盛的宴席犒劳他的官兵，而这一天恰逢周维炯当值班班长。天时地利人和，因此，他们毅然决定把起义时间提前至 5 月 6 日（立夏节）。

六霍起义是鄂豫皖边区以农民起义为主体，民团兵变相配合规模最大、范围最广、持续时间最长的一次武装起义，它从 1929 年 5 月霍山诸佛庵民团兵变拉开序幕，一直到 1930 年 4 月中旬六安、舒城边界地区农民起义，其间爆发的起义有数十次之多，持续 12 个月。而作为打响六霍起义第一枪和标志的独山暴动从 11 月 7 日晚，农民协会会员聚集在独山马氏祠，用武力营救被逮捕的农友，夺回花名册开始，到舒传贤赶到独山，召开会议通知各县立即举行起义，响应独山暴动，成立三区工农革命委员会，纵横几十里都飘起了革命的红旗，只用了 3 天时间。"兵贵神速"，这是六霍起义的领导者抓住了有利的战机的结果，他们准确地判断出时间差，巧用地形优势，阻击了增援之敌，赢得了时间，终将起义范围迅速扩大，为鄂豫皖革命根据地的创建立下了鼎足之功。六霍起义的重要组

① 《斯大林选集》下卷，人民出版社 1979 年版，第 430 页。

成部分西镇暴动（时间为 1929 年 11 月 19 日）也是很好地把握了机遇，选准了时间节点和地理方位。首先，西镇暴动距立夏节起义只有半年时间，距独山暴动仅仅 10 天，这两次起义的巨大影响正在这里口口相传，激励着人们摩拳擦掌。其次，这里属于大山区，又处于商南与独山之间，群众基础好。正是看准了这样的时间地点条件，中共六安中心县委书记舒传贤和霍山县委书记喻石泉在独山暴动后，马不停蹄地在西镇一带部署暴动。11 月 19 日商南起义领导人、红三十二师师长周维炯接到西镇区委书记刘仁辅求救信后，便亲自带领 80 名战士星夜赶赴燕子河，配合当地赤卫队 200 多人，一举将驻在闻家店（今属金寨县燕子河镇）的民团包围，俘虏敌官兵 20 多人，缴获步枪 32 支，打掉楼房湾（今属金寨县长岭乡）豪绅地主余良池家反动武装，得钢枪 20 多支，捉住王多宏等 5 名反动分子。第二天，暴动队伍向西镇事务所漫水河进发，迅速击溃漫水河自卫团，捣毁西镇事务所、经济维持会等反动机构，后又进入回头岭、上土市、深沟铺、太平畈（今属霍山县），起义队伍所到之处贫苦农民热烈欢迎。这些胜利都是基于实事求是思想路线的指导，从党的领导角度上讲，即坚持了党的思想领导。

三、组织领导

党的力量来自组织。列宁曾指出："无产阶级所以能够成为而且必然会成为不可战胜的力量，是因为它根据马克思主义原则形成的思想统一是用组织的物质统一来巩固的。"① 科学的组织是马克思主义政党力量运用的有力保障。

面对大革命失败后，大批党组织遭到严重破坏的现实，为了贯彻党的八七会议精神，开展土地革命斗争，组织武装起义，商城县委于 1927 年底秘密成立，接着采取十分隐蔽的方式着手恢复全县党的支部、发展党员和开展共青团工作。1928 年 2 月，商南地区成立了中共商南区委，到 1929 年春，商南地区已发展党员 300 多人，党的队伍得以壮大，农协会普遍建立。1927 年前后，皖西地区的革命基础较好，一大批革命者深入穷乡僻壤，宣传革命道理，发展农协会员，播撒革命火种。8 月初，中共六安特别区委成立后，即重点在六安、霍山、霍邱、合肥 4 县恢复和发展党的组织，发动工农群众，组织秘密武装，准备武装起义。

党的组织路线是为党的政治路线服务的。关于党的组织的设置，刘少奇指出："党的组织形式与工作方法，是依据党所处的内外环境和党的政治任务来决定的，必须具有一定的灵活性。如果环境变更，工作条件改变，党提出了新的政

① 《列宁选集》第一卷，人民出版社 1972 年版，第 510 页。

治任务，那末，党的组织形式与工作方法，也必须有所改变。”在商南起义的非常时期，豫东南党组织把起义的领导工作暂托（给）鄂东特委，随后，又成立了中共商罗麻特别区委，商罗麻特别区委领导商南起义就有着更直接、更机动、更随机应变的效果。为了检查并领导六霍起义准备工作，1929 年 10 月初，经中央批准，中共中央巡视员方英在六安县的郝家集召开了六安、霍山、霍邱、寿县、英山、合肥 6 县党的代表会，成立了六安中心县委，直属中央领导（1931 年 3 月划为新成立的鄂豫皖边区特委领导），下辖六安各县区委、特支和合肥特区委，同时，指导和巡视霍山、霍邱、寿县、英山县委工作。中心县委设秘书处、组织部、宣传部、工委、农委、兵委、妇委、青年部等机构，共有党员 1500 多人，负责全面领导起义的准备工作，并决定从 11 月 15 日开始在六（安）霍（山）一带发动秋收起义。随即，中共六安中心县委发出了举行秋收起义的指示，各地农协会员积极响应，农民武装暴动一触即发。上述这些做法就是“党的组织形式依据党所处的内外环境的变化和党的政治任务来决定”这一原则的灵活运用，也是党的历史智慧的生动体现，更是坚持党的组织领导的体现。

“党的干部是党的事业的骨干”①，“政治路线确定之后，干部就是决定的因素”②。大革命失败后，党选派了一批骨干分子来到商南和皖西发动群众，开展土地革命，领导和指挥武装起义，这是两大起义成功的决定性因素。如立夏节起义主要领导人周维炯、李梯云、詹谷堂、袁汉铭、廖炳国、漆德玮，六霍起义主要领导人舒传贤，拉开六霍起义序幕、发动诸佛庵兵变的刘淠西，领导西镇暴动的刘仁辅，霍山县第二任书记、西镇暴动领导人之一喻石泉，先参加独山暴动后领导南庄畈农民起义的桂柏炎等，这些党的骨干分子的共同特点是较早地接受党的教育和马克思主义的熏陶，具有远见卓识、政治素质高、立场坚定、斗争经验丰富、有勇有谋，又都分别出生在商南或皖西。陈毅元帅曾赋诗道“投身革命即为家，血雨腥风应有涯，取义成仁今日事，人间遍种自由花”，立夏节起义和六霍起义的领导者及指挥者是烽火岁月的良将，是“革命理想高于天”的志士，他们那奋勇疆场的英姿像丰碑永远矗立在我们的心中，他们那与日月同辉的精神已穿越时空，历久弥新。

坚持党的领导是立夏节起义和六霍起义胜利的根本保证，这是宝贵的历史经验。它给我们以重要的启示：壮阔的航程，需要领航的力量，这个领航的力量就是伟大的中国共产党。没有中国共产党，就没有新中国；没有中国共产党，就没有中国特色社会主义。习近平总书记在党的十九大报告中明确指出，“党政军民

---

① 《习近平谈治国理政》第二卷，外文出版社 2017 年版，第 224 页。

② 《毛泽东选集》第二卷，人民出版社 1991 年版，第 526 页。

学，东西南北中，党是领导一切的”，“没有共产党的领导，民族复兴必然是空想”。在实现“两个一百年”奋斗目标的伟大征程中，我们要借鉴立夏节起义和六霍起义的成功历史经验，进一步坚持党对一切工作的领导，切实树立“四个意识”，坚定“四个自信”，做到“两个维护”，紧密团结在以习近平同志为核心的党中央周围，敢于担当，奋发有为，积极推进改革开放和现代化建设事业，让烈士鲜血染红的土地开出更加灿烂的自由之花，结出更为丰硕的惠民之果！

从立夏节起义、六霍起义的胜利看中国共产党的责任担当

中共金寨县委党史和地方志研究室　李业坤

担当起该担当的责任，是中国共产党人的精神风范和崇高境界。2019 年是伟大的立夏节起义、六霍起义胜利 90 周年。两大起义的胜利成就了金寨成为中国革命的重要策源地、人民军队的重要发源地和中国革命的重要摇篮、中国革命的圣地之一。90 年前，在中国共产党领导下，以金寨为代表的大别山党组织和人民以中华民族伟大复兴为己任，在生与死、光明与黑暗、大家与小家之间，毅然选择了共产主义的信念信仰，毅然选择了忠诚奉献、永跟党走，“面对大是大非敢于亮剑，面对矛盾敢于迎难而上，面对危机敢于挺身而出，面对失误敢于承担责任，面对歪风邪气敢于坚决斗争”①，取得了立夏节起义、六霍起义的伟大胜利，谱写了一曲共产党人的责任担当的华章。

一、两大起义胜利体现共产党人政治担当

重党性、讲政治，坚持正确政治方向，保持高度政治定力，是党员干部敢于担当的第一要求，也是党员干部安身立命之本。在革命、建设、改革各个时期，我们党都高度重视党的政治建设和政治担当。从立夏节起义、六霍起义的胜利来看，皖西的共产党员特别注重政治担当。

（一）自觉用“幽灵”拨亮大别山

毛泽东指出：“一九一七年的俄国革命唤醒了中国人，中国人学得了一样新的东西，这就是马克思列宁主义。”② 马克思主义的“幽灵”自五四运动开始到

① 《习近平谈治国理政》第一卷，外文出版社 2018 年版，第 413 页。

② 《毛泽东选集》第四卷，人民出版社 1991 年版，第 1514 页。

1927 年，迅速在金寨及皖西其他地区播火播种，金寨地区一些学校及进步知识分子建立马克思主义学习小组、马克思主义文化研究会、马克思主义读书会、青年学习会、鄂豫皖青年学会等组织，学习宣传马克思主义，用马克思主义最朴素的原理唤醒大别山区的劳苦大众，武装挣扎于封建桎梏下的广大农民，为党的基层组织创建和革命武装斗争打下了思想理论基础。

在金寨东部及其周边，1920 年初，朱蕴山和桂月峰在六安组建中国革命小组。当年 10 月，燕子河燕溪小学校长徐狩西和 7 位教师组成马克思主义学习小组，“每天晚上学习，讨论如何在中国实现革命，推翻封建军阀的统治，打倒帝国主义，铲除一切不合理制度”。淠阳学堂也在宣传新思想、新文化。

在金寨西北部，笔架山农校、明强和志成等小学相继建立学习马克思主义读书会等组织。笔架山农校青年读书会组织进步师生学习马克思主义，成立新文化演剧社、歌咏队，向群众进行新思想、新文化宣传，深受群众拥护。张子敬、汪少襄等组建白沙河禅堂蚕业学校 48 人同学会，学习马克思主义等新思想，向农民宣传反帝反封建思想。詹谷堂在志成小学组建 80 多人的马克思主义学习研究会（又称读书会），学习马克思主义，开展社会实践活动，撰写印发《为反对军阀、帝国主义告同胞书》，呼吁：“大联合、大团结，工农结合，商学结合，一切都结合……重新振起精神，摧碎我们的枷锁……跳出水深火热的火坑，享受光明和幸福！”吓得地主老财不敢催租加佃。李梯云、周维炯、漆德玮等很多成员入党，成为两大起义的骨干。

金寨南溪、汤家汇的袁汉铭、胡攻非、黄炳耀等联合 20 多名进步知识分子，创办商城书社，成立商城学会，建立县立中学、城关一小、平民夜校、女子小学等分会。

在金寨中部，王明组织鄂豫皖边区百余位进步青年，在武汉创办豫皖青年学会，在金家寨宣传反帝反封建等主张，组织到群众当中，到街上募捐，演文明戏，宣传新思想，深入调研，写下《访农家》诗：“……年年送稻愁无稻，代代耕田盼有田……穷人总有出头日，家家户户盼变天。”

十月革命和五四运动后，金寨地区马克思主义的深入传播和农民、工人反帝反封建斗争的广泛开展，形成一批初步具有共产主义思想的骨干分子，为传播马克思主义，为金寨乃至鄂豫皖边区中国共产党组织创建，启迪鄂豫皖边区人民的觉悟和革命起了重要作用。

（二）始终坚持党的领导

中国共产党首位责任担当，就是始终坚持党的领导。毛泽东指出：“中国产生了共产党，这是开天辟地的大事变。”① 1924 年秋，金寨地区党组织渐进发展。共产党员詹谷堂在汤家汇首先组建皖西地区第一个党支部——中共笔架山支部，李梯云任书记。至 1927 年，金寨西部地区及其周边，建立党支部 11 个、发展党员 150 多人。

1920 年，白塔畈蒋光慈经陈独秀介绍到上海外国语学社学习，后去苏联留学转为中共党员。1924 年与董必武委派回乡的袁汉铭到志成小学发展恩师詹谷堂入党。詹谷堂成立皖豫边区第一个党支部。1925 年 3 月，詹谷堂任南溪明强小学校长，倡导新文化教育，积极开展党组织建设，发展王凤池等进步教师入党，建立党支部，以“明耻教战”典故作对联：“明耻所以教战，必知家国共安危，端赖教学良师，青年学子；强种乃可争存，促我英雄造时势，趋逐欧风袭我，亚雨侵人。”发展南溪特别支部，并任书记。袁汉铭在商城县中、一小、女小、平民夜校等学校发展金寨詹庆岳等入党，组成支部、特支，并任特支书记。

1926 年秋，中共简家坳支部成立，书记李声武。8 月至 9 月，禅堂（白沙河）支部成立，书记汪少襄；太平山党支部成立，书记汪品清。次年 3 月，漆家店（沙堰）党支部成立，书记罗银青。南溪、斑竹园等地，党组织已有很大发展。

1926 年 10 月，李梯云在罗田滕家堡平民小学主持商城、罗田、麻城三县边区党组织负责人联席会议，创建鄂豫皖边区第一个党支部中共商罗麻边区特别支部，书记肖大椿，筹划边区党组织建立和农民运动等问题，派漆禹源等三人负责商南革命联络工作。1927 年秋，中共黄麻特委负责人李梯云回商南地区，成立中共商罗麻特别支部。1928 年 2 月，中共商城县委书记蒋明华为加强商南党组织统一领导，召开会议成立以漆德琮为书记的中共商城南邑区委员会，以取代中共商罗麻特别支部工作。同时，中共鄂东特委派党员徐子清和徐其虚到商南，协助商南党组织开展工作。“三一八”惨案后，重建商城县委，决定由李梯云、廖炳国负责商南党组织工作。鄂豫皖三县边区党组织活动进入了新的阶段。

1927 年春，金家寨、燕子河、白塔畈等地区很多知识分子加入中国共产党。10 月中共燕子河支部成立，书记刘仁辅；11 月中共古碑冲支部成立，书记袁继安；在白塔畈、大岗、开顺街成立白塔畈党支部，书记杨晴轩。这些党组织利用办学、开商店、做手艺等为掩护，进行革命宣传活动，为党组织建设和农民运动培养了大批骨干。

在发展党组织的同时，金寨共青团组织也有较大发展，仅斑竹园一带即建立小河、桥口、简家坳、吴家店等支部，有团员 20 多人。

---

① 《毛泽东选集》第四卷，人民出版社 1991 年版，第 1514 页。

党的八七会议之后，中共商罗麻特委及南邑区委，中共六安中心县委、六霍县委等，坚决按照党中央要求迅速开展革命武装斗争准备工作。当地方党组织与省委发生革命斗争意见分歧时，冒着开除职务等风险，一面向中央如实反映，坚决维护党中央的集中统一领导和权威，另一方面以应有的政治责任担当精神，积极准备，发动群众，伺机而动。李梯云在起义过程中受到不公正处理，但依然投身革命事业中。

1929 年初，商城县部分党组织连遭破坏。为了便于就近指挥，4 月，选举成立了以徐子清为书记，以徐其虚、李梯云、肖方、周维炯为委员的中共商罗麻特别区委员会，负责领导商南地区武装起义。鄂东特委还派遣红十一军军长吴光浩到商南指导武装起义，于鄂东滕家堡被反动民团杀害。

正如毛泽东《中国革命战争的战略问题》所说："如果计划和情况不符合，或者不完全符合，就必须依照新的认识，构成新的判断，定下新的决心，把已定计划加以改变，使之适合新的情况。"面对严峻形势，中共商罗麻特别区委和中共商南区委审时度势，在吴家店太平山穿石庙召开会议，分析研究当时的斗争形势和起义条件，认为武装起义时机已成熟，果断决定改秋收起义为立夏节起义，先发制人。

两大起义的积极准备、适时而动的实践证明，党组织及其党员具有政治担当。政治方向、政治立场、政治原则、政治大局等政治建设把握住了，党的建设就立了标，革命斗争就铸了魂；否则，党的各项建设就容易迷失方向、效果不彰。

二、两大起义胜利体现了共产党人的信念信仰担当

坚定马克思主义的信仰，坚定共产主义和中国特色社会主义的信念，始终是共产党人坚守的精神追求。中国共产党勇于责任担当的关键，就是始终坚定理想信念的担当。

十月革命一声炮响，给中国送来了马克思列宁主义。1921 年 7 月，中国共产党应运而生。为中国人民谋求民族独立、人民解放、国家富强、人民幸福的神圣使命，使中国共产党人自觉地担当起历史重任。

民国时期金寨民谣，"穷人头上三把刀：租课重、利贷高、苛捐杂税赛牛毛"。地主收取租课，还收取很多"小课"，即凡佃户种什么、养什么都要向地主交纳，如鸡课、鸭课、鱼课、茶课、柴课、炭课和"送节礼"等。"印子钱"和"买青苗"等高利贷剥削严重。民国初期各种税赋除清末规定照收外，又增加人头税、户口税、屠宰税、印花税、棉衣捐、猪牛税、团防捐、犒赏费、枪支

子弹费、保甲经费、草鞋费等，名目之多，不胜枚举。1924 年，安徽军阀马联甲巧立名目，增派田亩捐，催缴群众 20 年所谓旧欠钱粮。1926 年，河南军阀在豫东南五县（包括金寨县境西部南溪、斑竹园、双河地区）强行筹备军饷，预征后四年的钱粮和各项捐税。人民群众逃荒、要饭、吃草粮、出卖儿女，挣扎在死亡线上。

中国共产党人在这样的历史背景下担当起该担的责任使命。金寨地区共产党人詹谷堂呐喊："茫茫四海起战争，苍生何日庆太平？大江一片狂浪起，斩尽妖魔济众生。"面对血腥屠杀，中国共产党人继南昌起义、秋收起义、黄麻起义、广州起义之后，在长江以北地区的大别山中、西部金寨地区成功发动了立夏节起义、六霍起义。

回顾我们两大起义的胜利史，回顾中国共产党 90 余年来波澜壮阔的发展史及在坚定理想信念和旗帜下一往无前的奋斗史，无论是血雨腥风、战火纷飞的峥嵘岁月，意气风发、激情燃烧的淮河治理及淠史杭水利工程建设时期，还是书写传奇、蒸蒸日上的改革开放时代，中国共产党人始终心怀崇高革命理想，以国家民族利益为重、以人民幸福安康为念，同全体人民一道顽强拼搏、接力奋斗，为诠释不同历史时期的责任担当，奉献了全部智慧、心血乃至生命。

两大起义革命实践说明：理想信念犹如一面旗帜，旗帜就是方向，旗帜就是力量。没有坚贞不渝的理想信念，就没有精神支柱的钢筋铁骨，就会患"侏儒症"和"软骨症"。坚守信念信仰是解读中国共产党人不断走向胜利的红色密码，是中国革命、建设、改革的成功基因。

新时代，新长征。理想信念信仰依然是共产党人精神之"钙"。我们必须把好"总开关"，自觉做共产主义远大理想和中国特色社会主义共同理想的坚定信仰者、忠实实践者。

三、两大起义胜利体现共产党人的求是求真担当

中国共产党责任担当的基石，就是始终坚持一切从实际出发，实事求是。走农村包围城市、工农武装割据的中国特色革命道路，必须坚持"实际化"。

在关键、危难、危急的时刻，皖西党组织以实事求是的担当精神，战胜了盲动。面对商城惨案，金寨人民不气馁；面对反革命血腥屠杀，皖西人民不畏惧；面对反动当局"清乡"镇压，大别山共产党不屈服。

由于共产国际对中国革命道路的时常误判，再加上党内严重的盲动的教条主义倾向，使得中国特色革命道路以工农武装割据为路径探索的阻力强大。党的八七会议关于以革命的武装反对国民党反动派、实行土地革命的总方针，为党明确

了革命斗争方向。但由于对总体上敌强我弱的基本特点认识不足，存在着不顾客观情况限定各地举行秋收起义的盲目性，一些地区党组织一度遭受严重破坏。四望山起义、大荒坡起义失败就是典型案例。所以，中央要求，防止离开群众和盲动主义倾向，斗争与暴动“是在争取几千百万的工农群众，给他们政治教育，组织他们，使他们团结，发动他们起来争斗，来实现本党暴动政策”。

立夏节起义为了克服“左”倾盲动主义的错误，从实际出发，积极开展农民运动、士兵运动、手工业者运动，提出“积极准备，相时而动”方针，这是实事求是的正确做法。

1928 年 3 月至 4 月，县委在北七里岗和商南漆德玮家两次召开扩大会议，重新选举成立商城县委，书记蒋明华。决定由李梯云、廖炳国负责商南党的工作。会议认真分析大荒坡起义失败教训，决定化悲痛为力量，利用鄂豫皖三省边区农民协会基础好、党团组织健全、有斗争经验等 8 个优势条件，在金寨西部举行革命武装暴动，发动商南起义，夺取民团枪支，建立红军和苏维埃政权。

商城县委立即在吴家店太平山穿石庙召开商南区委扩大会议，首先同意发动起义，但认为一定要组织好自己的武装，做好敌人内部工作，争取、利用好一切可以利用的社会力量，积极准备，待机而动，不能重演惨剧。并提出筹枪、筹款和进行农民运动、士兵运动等一系列计划。这些意见和计划得到县委绝大部分同志的同意，从而使商南起义得以有准备有计划地顺利进行。

在金寨东部地区，由于六霍县委坚持起义条件尚不成熟、不能“无条件盲动”、不宜立即举行起义，虽遭到省临委批评为右倾“改良主义”，但仍采取实事求是的态度，积极准备，稳妥前进。安徽省临委将六霍县委意见报告中央，周恩来认为六霍县委意见是正确的，才使六霍地区党组织避免了一次可能的损失。

1928 年 10 月，党的六大精神传达到金寨地区各级党组织，指出全国革命发展的不平衡，并批评全国一度出现的“盲动主义”。党的六大精神更加坚定金寨党组织对武装起义实事求是的正确判断和“积极准备，待机而动”的指导思想。

四、两大起义胜利体现了为民担当情怀

“一寸山河一寸血，一抔热土一抔魂。”人民群众是历史的真正创造者。金寨歌谣：“红军都是英雄汉，白军再多干瞪眼；总有一日天要红，人民定要坐江山。”全心全意为人民服务的根本宗旨，深刻表达了中国共产党的担当责任观。

农民阶级积贫积弱，苦大仇深，革命意志坚定，是中国革命最广大的动力。金寨党组织注重广泛宣传组织凝聚群众，深入了解农民所思所求，通过创办农民夜校、群众识字班，利用庙会、召开会议、印发宣传品、刷写标语，甚至文字暴

动等方式，不断提高农民群众的阶级觉悟，引导广大农民组织起来，与土豪劣绅作斗争，翻身求解放。

在旧中国，农村最难，农民最苦。金寨地区广大农民除了深受自然灾害外，还受尽压迫和剥削。早在20世纪初，金寨地区就爆发了一系列农民斗争，但绝大多数斗争都以失败告终。1926年春，笔架山学生蔡兴芳、余海若、林正刚在双河香炉石、下店、桃岭桐岗成立农民协会。6月，詹谷堂、王凤池在南溪火神庙召集南溪上中下三保农协会员和农民2000多人集会，开展反帝反封建和减租减息斗争，赶跑商城县民团头子周凤山。

从1927年开始，金寨境内农民协会、农民自卫军迅猛发展。在安徽省农民协会筹备会上，金寨燕子河党员徐育三当选为候补委员。1927年4月，商城县农民协会筹备处在金寨斑竹园成立，下辖8个区97个乡农民协会，会员11000多人，还组织农民自卫军。《民国日报》对此报道："商城之南乡一带与鄂接壤，得接受革命宣传，农民继续组织起来，县农会筹备处因特别原因，暂设于该县南距城一百四十里之斑竹园。"

大革命失败后，金寨地区革命活动受到影响，转入低潮。1927年9月，在武汉黄埔军校和农民运动讲习所学习的金寨共产党员周维炯、漆德玮、漆德琮、漆海峰、张欣之、李梯云、罗银青、桂伯炎等回到大别山，根据党的八七会议实行土地革命和武装反对国民党的总方针精神，恢复和发展党组织和农民协会，组建农民武装，准备武装起义。11月，商城县农民协会在斑竹园正式成立。

1928年8月，金寨西部南溪、吴家店、斑竹园、小河、汤家汇等地党组织发动农民协会，开展声势浩大的"文字宣传"，印制大量传单，开展了抗租、抗债、抗捐、抗税、抗粮的"五抗"斗争。1929年9月底，在南溪成立商城县工农革命委员会。

1928年12月，金寨北部（原霍邱）白塔畈、大岗子党员杨晴轩、汪映西、潘荣初、李大刚等积极捐款筹枪，组成一支80多人的农民自卫军。

两大起义胜利后，各地农民协会公开对外挂牌，宣布一切权力归农会，带领农民打土豪，分田地，没收土豪劣绅的财产，召开群众大会，处决恶霸地主和反动分子，广大农民革命热情空前高潮，农民协会和农民赤卫军迅速发展壮大。

立夏风雷激，六霍烽火燎。疾风知劲草，烈火见真金。初心使命重，砥砺永前行！"共和国是红色的，不能淡化这个颜色！"习近平总书记视察金寨，深情地说，"一寸山河一寸血，一抔热土一抔魂。回想过去的烽火岁月，金寨人民以大无畏的牺牲精神，为中国革命事业建立了彪炳史册的功勋，我们要沿着革命前辈的足迹继续前行，把红色江山世世代代传下去"。中国共产党人的初心使命，就是为中国人民谋幸福，为中华民族谋复兴。我们肩上的重大责任，就是对民族的责任，对人民的责任，对党的责任。我们纪念两大起义胜利 90 周年，就是要大力弘扬立夏节起义和六霍起义精神，大力弘扬“坚贞忠诚、牺牲奉献、一心为民、永跟党走”的大别山精神，永葆对党的忠诚心，对人民的感恩心，对历史的敬畏心，严格对标“信念坚定、为民服务、勤政务实、敢于担当、清正廉洁”的要求，做到信念坚、政治强、本领高、作风硬，在知行合一中主动担责作为，不断创造出经得起实践、人民、历史检验的实绩。

“不忘初心、牢记使命”主题教育视域下的大别山红色文化的价值与利用

中共安徽省委党校　汪勇

党的十九大报告指出：“中国共产党人的初心和使命，就是为中国人民谋幸福，为中华民族谋复兴。”中国共产党人的初心和使命是激励我们党不断前进的根本动力，“中国共产党一经成立，就把实现共产主义作为党的最高理想和最终目标，义无反顾肩负起实现中华民族伟大复兴的历史使命，团结带领人民进行了艰苦卓绝的斗争，谱写了气吞山河的壮丽史诗”①。可以说，自诞生以来，党领导全国人民不断夺取革命、建设和改革胜利的辉煌历程就是我们党不忘初心、牢记使命的历史进程。中国特色社会主义进入新时代，党面临实现“两个百年”和中华民族伟大复兴中国梦的宏伟目标和历史使命。新时代全党开展“不忘初心、牢记使命”主题教育，就是要用党的光辉历史、奋斗历程和革命传统培基固本，夯实党性根基；用习近平新时代中国特色社会主义思想武装全党，指导实践，推动工作，夺取新时代中国特色社会主义新的伟大胜利。

“不忘初心、牢记使命”主题教育，活动载体必不可少。中国共产党长期奋斗实践中，在改造物质世界的同时，也创造形成丰富的精神文化世界。作为党精神文化世界的重要组成部分，红色文化是中国共产党在领导革命、建设和改革的奋斗历程中，以马克思主义为指导，在继承中华民族优秀传统文化的基础上创造的崭新文化形态，它代表了20世纪以来先进文化发展方向，凝结着中国共产党的革命精神，是中国共产党人的精神支柱。中国共产党红色文化内涵丰富，作为其重要组成部分，大别山红色文化是党在领导新民主主义革命历程中形成的内涵丰富、种类繁多、特色鲜明的区域红色革命文化之一，包括革命遗址遗迹、革命制度典章和大别山革命精神等内容。当前，在全党开展“不忘初心、牢记使命”

① 习近平：《决胜全面建成小康社会　夺取新时代中国特色社会主义伟大胜利——在中国共产党第十九次全国代表大会上的报告》，人民出版社2017年版，第13页。

主题教育背景下，弘扬大别山红色文化具有重要的时代价值和现实意义。

一、大别山红色文化是中国共产党奋斗历史的文化印证

作为一种社会意识，文化是人类社会实践的物化和标志。红色文化是中国共产党长期奋斗实践的产物，是中国共产党奋斗历史的高度浓缩。作为党在大别山地区奋斗的结晶，大别山红色文化印证了鄂豫皖大别山地区中国共产党成长发展壮大的历程，见证、记载和承载着中国共产党为人民谋幸福，为民族谋复兴的奋斗历史。

大别山区是中国革命的重要策源地、人民军队的重要发源地，在中国革命史上具有重要地位。近代以来，帝国主义、地主阶级、军阀、官僚和土豪劣绅的残酷剥削压迫使得大别山地区社会矛盾异常尖锐。为了获得民族独立和人民解放，大别山地区人民进行了不屈不挠的斗争。五四运动前后，在新文化运动和十月革命的影响下，鄂豫皖地区进步知识分子和青年学生掀起传播先进思想的思想解放运动，为中国共产党的成立做了思想准备。1921 年中国共产党创建初期，以董必武、陈潭秋、高语罕、林育南等为代表的共产党人在武汉等地区建立早期共产主义小组，宣传共产主义思想，董必武和陈潭秋还作为武汉共产主义小组代表参加党的一大，见证了党的诞生。党的一大后，鄂豫皖地区党的组织迅速发展，成为国内较早有共产党地方组织活动的区域。大革命时期，随着北伐战争的胜利推进，大别山地区党的组织建设取得较大发展，在领导工农运动和经受大革命运动的锻炼中，党初步积累了领导群众运动和武装斗争的经验。大革命失败后，为了推翻国民党的反动统治，中国共产党在这里先后领导黄麻起义、立夏节起义和六霍起义，组建了中国工农红军第三十一、第三十二、第三十三师及工农革命军潜山独立师、第三十四师等规模武装，并于 1930 年 6 月创建了以大别山脉为中心的鄂豫皖革命根据地，组建了土地革命时期三大主力红军之一的红四方面军，探索武装割据、农村包围城市的革命道路。在连续粉碎国民党反动派三次“围剿”后，鄂豫皖根据地“向外猛烈扩展，人口由 100 余万发展到 350 余万，武装力量迅速壮大，其中红军主力由 6000 多人发展到 4.5 万余人”①。成为土地革命时期规模仅次于中央革命根据地的全国第二大根据地。由于王明“左”的错误，红军被迫长征，实行战略转移。在 4 支参加长征的红军队伍中，从大别山走出的就有两支：红四方面军和红二十五军。红军长征后，留在大别山苏区的红军在艰苦

① 中共河南省委党史研究室、中共安徽省委党史研究室编：《鄂豫皖革命根据地史》，安徽人民出版社 1998 年版，第 2 页。

卓绝的环境中，高举革命红旗，坚持游击战争三年之久。抗日战争爆发，九死一生的游击战士们以家国、民族利益为重，改编为新四军，投入抗日洪流。解放战争开始，中原突围在大别山区展开，成为“中国革命战争史上的一个重要转折”①。1947 年 8 月，刘邓大军千里挺进大别山，标志着人民军队战略反攻阶段的到来，毛泽东称“这是一个伟大的事变”，“这个事变一经发生，它就将必然地走向全国的胜利”②。三大战役后，人民解放军发动渡江战役，大别山地区成为渡江战役的前线阵地和保障基地，见证了国民党蒋家王朝的覆灭和中国革命的胜利。

整个新民主主义革命时期，在大革命、土地革命、抗日战争和解放战争等不同历史阶段，大别山区党的活动不断，战斗烽火不息、革命红旗不倒，影响规模之大、持续时间之长、环境变化之复杂，在全国各革命根据地中也极为少见。可以说，一部近现代大别山历史就是一部浓缩的中共党史，它在见证和记载了党为了立党初心、为了民族复兴使命而不懈奋斗的光辉历程的同时，也培育形成了极为丰富的红色文化历史资源。目前，大别山地区红色文化遗产达上千处，是全国革命遗迹最多的地区。党的十八大以来，习近平总书记高度重视红色文化的传承和弘扬，多次强调：“要把红色资源利用好、把红色传统发扬好、把红色基因传承好。”③ 大别山红色文化见证和承载着中国共产党为了人民幸福、民族解放不懈奋斗的光辉历史。历史是最好的教科书，中国革命史是最好的营养剂。以大别山红色文化为载体开展“不忘初心、牢记使命”主题教育，在大别山红色文化中学习大别山革命斗争历史，广大党员干部会更加深刻了解中国共产党诞生的历史逻辑、立党初心和肩负使命。更加深刻地领悟党 90 多年来始终初心不改、勇担使命、夺取胜利的奋斗历程。为新时代实现中华民族伟大复兴中国梦的新征途始终坚守初心，牢记使命，攻坚克难，胜利夺取新的伟大胜利打下坚实思想根基。

二、大别山红色文化是中国共产党人红色基因谱系的重要构成

基因是生物遗传的基本单元。区别于其他政党，中国共产党自诞生之日起就秉承了无产阶级政党的先进性和纯洁性。坚定的理想信念、优良的作风品质、严

① 《李先念文选》，人民出版社 1989 年版，第 450 页。

② 《毛泽东选集》第四卷，人民出版社 1991 年版，第 1244 页。

③ 《贯彻全军政治工作会议精神　扎实推进依法治军从严治军》，《人民日报》2014 年 12 月 16 日。

明的纪律规矩和以人民为中心的奋斗价值是中国共产党的初心本色，是中国共产党与生俱来的红色基因。红色基因是党的鲜明标识，不同历史时期表现形式不同，是党在战火硝烟和挫折磨难中始终坚守初心砥砺前进、由小到大、由弱到强、夺取胜利的特有政治优势。

大别山红色文化是中国共产党薪火相传红色基因谱系的重要组成部分，反映了党的先进政党性质和本色。近代以来，鄂豫皖大别山地区人民群众受到的政治压迫和经济剥削十分残酷。在五四运动影响下，马克思主义在大别山地区开始传播。中国共产党成立后，这里是国内较早建立党组织的区域。从此，党成为领导大别山地区革命斗争的核心力量，马克思主义成为指导大别山革命斗争的思想武器。土地革命时期，大别山各地党组织在军事斗争的同时，积极开展党的建设，保持党的先进性和纯洁性。在思想上，要求以“布尔什维克的理论与精神来战胜小资产阶级的和农民的一切不正确倾向”①，加强理论学习、思想教育和斗争锻炼，同错误思想和行为斗争，保持思想的先进纯洁。针对一段时期以来出现的教条主义、经验主义“左”的错误造成的严重危害，1933 年至 1934 年，以郑位三、徐海东等为代表的共产党人坚持实事求是原则，在同“左”的错误坚决斗争中，逐步形成理论联系实际的优良作风。同时各地党组织和党员经常开展自我批评，检讨思想和行动，开展党内民主接受群众批评监督。鄂豫皖党组织坚持从严治党，严格执行党的纪律，对于犯错误同志“依其错误之大小，执行轻重之纪律”②，同时无论职务高低，实现在党的纪律面前人人平等的原则，并选择典型案例通报，引以为戒。第四次反“围剿”失败后，留在根据地的党组织坚决将自首变节分子清除出党，并大量吸收斗争中涌现的先进分子入党，以铁的纪律保证了党的先进性和纯洁性，增强了党的战斗力。革命年代，大别山红旗 28 年始终飘扬，党的领导是根本保障，党与生俱来的红色基因是关键。大别山红色文化中蕴含的坚定马克思主义信仰与共产主义理想大于天的笃定信念，把国家、民族与人民根本利益放在首位的全局观念，大别山革命先辈们“一要三不要”（要革命，不要钱、不要家、不要命）、“一图两不图”（图贡献，不图名、不图利）的革命情怀和优良作风，生动地诠释了中国共产党人红色基因内涵和无产阶级政党的先进性和纯洁性。

大别山红色文化凝聚着中国共产党人的理想信念、政党品格、宗旨价值和优

① 中共河南省委党史研究室、中共安徽省委党史研究室编：《鄂豫皖革命根据地史》，安徽人民出版社 1998 年版，第 362 页。

② 中共河南省委党史研究室、中共安徽省委党史研究室编：《鄂豫皖革命根据地史》，安徽人民出版社 1998 年版，第 363 页。

良传统，是中国共产党红色基因的传承和体现。习近平总书记要求："把理想信念的火种、红色传统的基因一代代传下去。"[①] 新时代新使命，在完成"两个百年"奋斗目标，实现中华民族伟大复兴中国梦的新征途上，做到自觉地传承和赓续革命先烈们用鲜血和生命培育的红色血脉基因，牢记入党初心与誓言，保持党的优良传统和作风，自觉扛起责任与担当，听党话、跟党走，不断凝聚广大党员干部和人民群众的智慧力量，新时代坚持和发展中国特色社会主义就有了坚强政治保证，夺取新的伟大胜利就有了强大力量支撑。

三、大别山红色文化彰显新时代完成历史使命的价值指向

中国共产党自诞生之日起，就把谋求无产阶级和广大劳苦大众的彻底解放写入党的纲领，把全心全意为人民服务确立为立党宗旨。在党 90 多年的历史中，全心全意为人民服务作为党的根本宗旨，贯穿于中国革命、建设和改革的伟大实践，体现了中国共产党人的价值追求。人民性是大别山红色文化的本质特征，大别山红色文化中蕴含的对美好政治理想的追求，人民至上的理念，全心全意为人民服务的宗旨，为新时代实现中华民族伟大复兴中国梦新使命指明了奋斗价值。

马克思指出："无产阶级的革命运动是绝大多数人的，是为大多数人民群众谋利益的革命运动。"[②] 中国共产党是中国工人阶级和中华民族的先锋队，代表最广大人民根本利益，党的活动始终围绕实现、维护和发展人民根本利益这个核心宗旨展开。革命时期，深受剥削、压迫和奴役的大别山人民在党领导下发动武装暴动，组建革命武装，为代表和维护贫苦大众的根本利益建立苏维埃政权。1931 年鄂豫皖区第二次苏维埃代表大会通过《苏维埃政府临时大纲》，指出，"苏维埃是工农代表会议，是工农民主专政的政权，是彻底替工农兵谋解放的政权，与地主、资产阶级、国民党政权完全对立"。在苏维埃政府，人民群众第一次享有了民主权利，"工农兵及一般劳苦群众有选举权和被选举权，叫做公民"，"公民有选举与撤换代表之权，对于各级苏维埃或苏维埃有不满意，可以到工农监察委员会，各级苏维埃或者上级苏维埃去控诉的权限"。苏维埃政权建立后，党领导人民当家作主、关心解决民众疾苦，维护人民根本利益，开展土地革命，大别山"农民分得了土地，工人改善了生活，妇女得到了解放，取消了债务，废除了苛捐杂税，土豪杀尽，政权到手，行路也得安心，呼吸感到了自由，比较革

① 《习近平谈治国理政》第二卷，外文出版社 2017 年版，第 402 页。
② 《马克思恩格斯选集》第一卷，人民出版社 1995 年版，第 283 页。

命以前的生活，已经是两个世界”，大别山人民“不论男女老少，都知道共产党是领着穷人打天下的”①。

在满足民众民生要求和民主诉求的同时，苏维埃政权还广泛开展文化教育和社会建设，满足民众精神文化需求。鄂豫皖根据地积极宣传革命思想，大力发展无产阶级教育事业，提高民众阶级觉悟和文化水平，各级苏维埃政府规定对工农分子实行免费教育，广泛设立列宁小学、红军学校、贫民夜校和读报班等各种学校，教授文化知识和马列主义理论，开展爱国主义、共产主义和时事政治教育，培养各方面人才，目的“在于以共产主义精神教育广大的劳苦群众，在于使文化教育为革命战争和阶级斗争服务，在于使教育与劳动联系起来，在于使广大中国民众成为享受文明幸福的人”②。党坚守立党初心宗旨，始终为人民根本利益奋斗。整个新民主主义革命时期，大别山地区先后有200多万人参军参战，近百万人英勇牺牲，一大批革命先烈为了中国人民的解放事业献出宝贵生命，以实际行动践行了党的根本宗旨。党一心一意为人民谋幸福、求解放，全心全意为人民服务，人民群众反过来衷心拥护和支持党和党领导的事业。在艰苦卓绝的革命斗争中，大别山人民与党和红军同生死共甘苦，全力支援革命战争和根据地建设。徐向前后来总结道：“红军有了群众的支持，如鱼得水，任我驰骋，这是弱小的红军能够生存、发展、克敌制胜的根本原因。”③

人民立场是党的根本政治立场，全心全意为人民服务是党所有行动的出发点和落脚点，新时代开展“不忘初心，牢记使命”主题教育中弘扬大别山红色文化，就是要始终坚持人民群众主体地位，永葆赤子之心，强化宗旨意识，坚持习近平新时代中国特色社会主义思想为指导，牢固树立人民至上观念，把“以人民为中心”的发展理念贯彻到党的工作各个方面，凝聚广大人民群众的智慧，形成推动前进的磅礴力量，继续带领人民为实现美好生活和民族复兴伟大梦想而不懈奋斗。

四、大别山红色文化是新时代全党坚守初心，实现使命的精神动力

红色文化在长期革命斗争中洗礼锻造而成，引领和激励着党领导广大人民群

① 徐向前：《历史的回顾》，解放军出版社1984年版，第48页。

② 中共中央宣传部办公厅、中央档案馆编研部编：《中国共产党宣传工作文献选编（1915—1937）》，学习出版社1996年版，第561页。

③ 徐向前：《历史的回顾》，解放军出版社1984年版，第89页。

众争取民族独立，人民解放，国家富强，人民幸福。习近平总书记强调："没有文明的继承和发展，没有文化的弘扬和繁荣，就没有中国梦的实现。"[①] 新时代新征途中，大别山红色文化是我们党永葆初心，牢记使命，砥砺前行，夺取新的伟大胜利的强大精神动力。

马克思主义信仰和共产主义理想是红色文化的精神内核。习近平总书记指出："在我们党九十多年的历史中，一代又一代共产党人为了追求民族独立和人民解放，不惜流血牺牲，靠的就是一种信仰。"[②] 坚贞忠诚是大别山红色文化的基本特征，突出表现在为了美好社会政治理想，在党的领导下矢志不渝坚持革命斗争，并且越是困难艰险，大别山党和人民对真理和理想的信仰愈执着、对党领导的革命事业愈忠诚，坚持斗争的革命意志愈坚定。残酷斗争中，他们喊出"怕死不革命，革命不怕死""不消灭敌人，不是英雄好汉"的豪迈口号，在敌人屡次"围剿"和白色恐怖统治下，坚持革命理想大于天，高举革命红旗，不屈不挠坚持斗争 28 年，为革命胜利舍生忘死、浴血奋战。大别山战火为中国革命、建设和改革事业锻造出大批革命骨干、军事将领和优秀干部，从大别山地区走出徐海东、许世友、洪学智等一大批功勋卓著的开国将领，仅 1955 年至 1964 年被授予少将以上军衔的就有 570 人，占当时全国将军总数的 35.5%。红安、大悟、新县、金寨、六安被誉为将军县，在全国将军县中数量过半。牺牲奉献精神是大别山红色文化的另一突出特点，历经大革命、土地革命、抗日战争和解放战争，大别山党和人民面对强大敌人和险恶环境不畏艰难、不怕牺牲、勇敢抗争，牺牲奉献，以鲜血和生命坚持大别山"红旗 28 年不倒"，为民族解放事业作出重要贡献。据统计，整个新民主主义革命时期，大别山区先后有 200 多万人参加革命，近 100 万人英勇牺牲，仅登记在册的烈士就有 130351 名，仅安徽金寨县已调查追认革命烈士就有 10408 人。[③]

毛泽东指出："革命文化，对于人民大众，是革命的有力武器。"[④] 革命年代，在红色革命文化的支撑激励下，在极其险恶的环境里，大别山军民坚持党的领导，坚定理想信念，初心不改，攻坚克难，直至胜利。可以说，没有先进红色文化解放民众思想，激励斗争精神，鼓舞战斗意志，大别山军民很难在多重压迫和剥削下觉醒奋斗，很难在极其险恶的环境下始终坚持革命斗争、牺牲奉献，也很难高举红旗 28 年夺取胜利。习近平总书记指出："我们党在长期艰苦卓绝的奋

① 习近平：《出席第三届核安全峰会并访问欧洲四国和联合国教科文组织总部、欧盟总部时的演讲》，人民出版社 2014 年版，第 17 页。

② 中共中央文献研究室编：《十八大以来重要文献选编》上，中央文献出版社 2014 年版，第 116 页。

③ 安徽省金寨县地方志编撰委员会编：《金寨县志》，上海人民出版社 1992 年版，第 3 页。

④ 《毛泽东选集》第二卷，人民出版社 1991 年版，第 708 页。

斗中，历经曲折而不畏艰险，屡受考验而不变初衷，由小到大，由弱变强，靠的还是坚定的理想信念和百折不挠的革命精神。”① 新时代改革发展稳定的任务艰巨繁重，具有新的时代特点的伟大斗争日益复杂，实现中国梦需要全党坚守初心，担当使命，需要红色文化的精神力量。弘扬大别山红色文化，就是用其中蕴含的革命理想信念、乐观英雄主义和牺牲奉献精神教育激励广大党员干部牢记入党初心，坚守马克思主义信仰，坚定共产主义远大理想和中国特色社会主义共同理想信念，树牢“四个自信”，面对前行中的挑战坚定信心，沉着应对，担当作为，为夺取新时代中国特色社会主义事业新胜利，实现伟大中国梦提供强大思想保障和不竭精神动力。

① 习近平：《干在实处走在前列——推进浙江新发展的思考与实践》，中共中央党校出版社 2016 年版，第 456 页。

立夏节起义取得成功的因素浅析

中共金寨县委党史和地方志研究室　马贤钧

2019年是发生在金寨县的立夏节起义胜利90周年。为了纪念这一重要历史事件，由军事科学院军队政治工作研究院、中共安徽省委党史研究院、安徽省军区政治工作局、中共六安市委联合主办，中共金寨县委、金寨县人民政府承办的纪念立夏节起义和六霍起义胜利90周年活动，于2019年5月在金寨县举行，其中理论研讨是重要组成部分。

在党史军史上具有重要地位的立夏节起义，之所以取得胜利和成功，因素是多方面的，既有党的政治路线的根本保障，也有思想路线的正确指引，既有革命者必胜的信念，又有组织、纪律的严密和时机选择的正确，等等。愿此文能够让读者从中有新的认识和升华。

一、立夏节起义经过

1928年5月至8月，中共商南区委在吴家店附近的太平山、穿石庙、潘家湾多次召开会议，讨论兵运工作，制订起义计划，决定于次年中秋节举行武装起义，由打入地方民团的共产党员发动兵变，农民武装配合，成立工农红军，武装夺取政权。

1929年春，革命活动被国民党政府察觉，白沙河农民协会骨干肖登银、李春荣等被杀害，中共关王庙支部遭破坏，一大批群众被逮捕，面对上述不利形势，党组织于5月2日在穿石庙召开紧急干部会议，决定先发制敌，成立起义指挥部，提前于立夏节举行起义。起义领导人明确分工：李梯云、徐子清负责全面工作，肖方、徐其虚、漆海峰任起义总指挥，周维炯负责军事行动，廖炳国、漆先棣等分工联络。5月6日立夏节晚，丁家埠、李家集、斑竹园、白沙河、南流河、吴家店、牛食畈、南溪、汤家汇、西河桥、包家畈、徐王庙、泰山集大屋湾等地士兵和农民同时举行起义、集会和武装行动，因计划周密，时机得当，一举成功。

丁家埠驻有商城县杨晋阶民团主力30余人，共产党员周维炯打入民团任教练兼班长。他以值星班长身份，以“节日内务要整齐”为由，命将枪支、子弹集中存放，另设计安排共产党员田继美值夜班岗，控制警戒。立夏节晚，灌醉民团副队长张瑞生和不可靠的团丁，夺取全部枪支，宣布起义。丁家埠民团团总杨晋阶，家住汤家汇，有新添置的10支护庄枪，商城县清乡委员卢士达当晚也住在他家。丁家埠民团起义后的当夜，周维炯立即率领20多人，以送信给杨晋阶为名，喊开了杨晋阶家的大门，将其老婆和清乡委员卢士达捉住，缴获了10余支枪支，就地处决了卢士达。

李梯云率农民武装30余人包围驻沙堰徐王庙岳正富民团一部，俘全部团丁9人，得枪6支。继率精壮17人，于泰山集大屋湾活捉豪绅罗维楚和反动分子周若发，领导长岭关一带农民起义。

李家集民团（商团）内部的共产党员，在漆成楼等领导下，夺取该民团全部枪支，砸毁了李家集乐区税卡，起义亦获得成功。

肖方、华尔忠、廖家堂等8人在牛食畈活捉杨晋阶和5名团丁，有4名团丁参加起义队伍。

詹谷堂、袁汉铭等于当夜三更集合南溪明强小学师生和附近200多名农民在火神庙集会，宣布起义。

打入吴家店竹叶庵罗志谦民团内的共产党员廖业琪、汪永金、周厚玉、林树生等与50多名农民里应外合，瓦解该部民团30余人，缴枪17支，有17名团丁参加起义队伍。

徐其虚、杨珂、郑延青等率农民武装30余人以共产党员阮绍宏为内应，火烧白沙河佛缘庵，俘驻庵内的卢银冰民团20余人，缴枪11支。打开恶霸漆继堂宅院，开仓济贫。

毛月波率农民武装10余人，突袭驻斑竹园文昌宫岳正富民团，俘敌1个班，缴枪10支。

赵瑞祥、漆耕圃、吴庆廷、吴文珍等率数十名武装农民于西河桥、包家畈两地活捉张绪清等十多名恶霸地主，应群众要求，就地公审处决。同时，成立西河桥农民委员会。

起义队伍控制了松子关、长岭关、伏山、挥旗山以东商南地区。

二、立夏节起义成功的主要因素

（一）党的八七会议精神的正确指引

1927年8月7日，在共产国际的帮助下，党中央在汉口召开了紧急会议。会议总结了大革命失败的经验教训，坚决纠正和结束了陈独秀右倾投降主义，确定了土地革命和武装反抗国民党反动派屠杀政策的总方针，并把发动农民举行秋收起义作为当时党的主要任务。毛泽东在会上强调指出，今后党“要非常注意军事，须知政权是由枪杆子中取得的”。党的八七会议之后，在大革命时期外出武汉、开封、安庆、芜湖等地学习和工作的共产党员漆德琮、李梯云、周维炯、漆德玮、漆海峰等回到家乡，以教书、经商为掩护，宣传贯彻党的八七会议精神，进行革命活动。他们当中的很多人出身名门望族，为富家子弟，又接受了“新学”，在黄埔军校、安庆学堂读书，回到家乡后，以宣传三民主义和国民革命名义开展社会活动，不仅如此，他们注意与一些进步人士搞好团结，与地主乡绅保持适当距离，目的是减少革命活动可能遇到的阻力，经过一段时间的宣传，金寨境内的大多数共产党员对党的八七会议主要精神和全国革命形势有所认识，特别是对蒋介石、汪精卫集团大肆屠杀共产党人和镇压工农革命运动表示极大愤慨，完全赞成党的八七会议确定的土地革命和武装暴动两大决策。正是党的八七会议精神，为立夏节起义取得成功奠定了坚实的政治基础。

（二）中共党组织的直接领导

1927年9月，中共河南省委派人到商城与胡攻非等建立联系，重新成立中共商城特别支部，11月改为中共商城县委，并初步决定在党组织条件较好的商南山区组织武装暴动。1928年2月14日，中共商城县委在斑竹园老鸹窝漆德琮家里召开党的活动分子会议，正式决定在商南举行武装起义。为了加强商南党组织的领导，会议选举成立了中共商城南邑区委员会，简称“商南区委”，书记漆德琮，委员有李梯云、詹谷堂、肖方、周维炯、漆德玮、廖炳国，指定周维炯兼任南邑区团委书记。

大革命时期，金寨县农民运动一度在境内蓬勃兴起。大革命失败后由于当局反动势力的镇压，农民运动转入低潮，但大多数农民还在进行“地下”活动。特别是党的八七会议精神传达贯彻后，农民运动再次发展起来，一些豪绅地主纷纷向国民党政府告状，要求派兵镇压。商城县长到各地“清乡”，一些共产党员相继被杀，商南党组织活动受到严重威胁。

1929年3月13日，中共豫南特委和鄂东特委在光山县柴山保举行联席会议，鉴于商城县委被破坏，商城南乡局势越来越严重，决定先发制敌，立即举行武装起义。为便于指挥，豫南特委考虑到商南和鄂东接壤，党组织原来与商罗麻特支有联系，将商南党组织委托鄂东特委就近指挥。鄂东特委遂派徐子清等到商南帮助工作，并把商城南部、罗田北部、麻城东部划为特别区。4月，在吴家店的太平山穿石庙召开商南各地区党员干部会议，选举产生中共商罗麻特别区委员会（简称“中共商罗麻特委”），书记徐子清，委员徐其虚、李梯云、肖方、周维炯，负责领导商南地区武装起义。5月初，鄂东北特委派红十一军军长兼三十一师师长吴光浩率10余人，由柴山保到商南，帮助发动武装起义。行至罗田滕家堡遭到当地民团包围，全部牺牲。因此，指挥商南起义的领导任务便由中共商罗麻特委独立承担。

从宣传贯彻党的八七会议精神，到决定举行立夏节起义，再到起义之后的红军队伍的建立，党组织的直接领导是起义成功获胜的坚强保证。

（三）起义计划的周详和时机选择的恰当

5月2日，中共商罗麻特委再次在吴家店太平山召开紧急会议，鉴于当前形势，认为党已经掌握了一定武装，不可坐以待毙，决定更改原定于中秋节举行的武装起义为立即发动商南武装起义，并把起义时间选择在5月6日立夏节，便于麻痹敌人、开展武装行动。为此，成立了以徐子清、肖方为首的起义指挥部，制订了周密的起义计划。5月4日，特委在今墨园高氏祠召开商南各支部书记会议，宣布起义决定，讨论具体行动计划，成立起义指挥部，徐子清、肖方、周维炯、徐其虚担任正副指挥，廖炳国、漆先棣负责通讯联络。总指挥部设在斑竹园桥口的王家下湾。本次起义以丁家埠为主，民团起义与农民起义同时举行，相互配合，一举摧毁商南和区、乐区的三股民团武装，夺枪起义，开仓分粮，接济群众，号召民众参军。按照计划，起义分两种形式、在两个区域进行，在有民团的地方，夺取民团枪支，发动民团起义；在没有民团的地方，或召开农民协会会员大会，或者镇压当地恶霸地主，宣布农民起义。各起义点的领导人和任务分别是：丁家埠、李家集、斑竹园等地的起义行动由周维炯、肖方、毛月波负责，主要解除杨晋阶民团武装；沙河、禅堂一带的起义由徐其虚、郑延青负责，解除郑其玉民团武装；吴家店、竹叶庵一带起义行动由徐子清、廖业琪、汪永金负责，解除柯寿恒民团武装；南溪农民起义，则由詹谷堂、袁汉铭、漆禹源负责领导。其余各点的起义，由当地党支部负责组织领导。起义时间定于立夏节的午夜。

指挥部根据起义地点分散、交通不便等实际情况，对各个起义点的行动又作了具体分工。重点是丁家埠民团的起义是否取得成功，如果丁家埠民团起义获得胜利，整个起义获胜就完全有了保证。各地起义之后，要立即召开群众大会，张贴标语进行宣传，让广大人民群众了解共产党的主张，安定社会秩序。5 月 9 日会师斑竹园，建立工农红军队伍和人民政权，开展土地革命。

高氏祠会议结束之后，参加会议人员连夜返回各地，进行紧张的准备。周维炯在回到丁家埠之后，秘密召开了支委会传达会议精神，研究起义行动方案，第二天夜间又秘密召开党支部大会，宣布起义计划，决定借立夏节饮宴之机灌醉团总、队长和部分团丁，夺枪起义。徐子清、徐其虚等分别领导的农民武装，在起义前已经秘密集结于太平山，擦枪待命。

其他各起义地点也都研究了具体起义行动的方法和步骤。

正是起义之前计划的周详、具体和时机的准确、恰当，保证了起义的有序、顺利举行。

（四）地理区位的优势

从当时的区域位置看，起义地点是鄂豫皖三省的交界处，东邻安徽省的六安、霍山县，南界湖北省的罗田，西连湖北的麻城，北接河南的固始、商城，系商城县的南部，由河南省领属，为大别山的腹地。此地不仅山高林密，险关隘道重重，有险可凭，进可攻退可守，进退自如，交通为人行小路，而且距离当时较近的集镇金家寨，有上百里路程，国民党统治力量相对较弱，鞭长莫及，便于用兵藏兵，为起义的成功举行提供了地理位置上的自然优势。

（五）穷苦百姓的社会根基

1925 年夏，商南党组织就在南溪、斑竹园等地组织发动农民进行反帝反封建和减租减息斗争，组建以贫苦农民为主体的农民协会。1926 年春，在詹谷堂、袁汉铭、周维炯、漆德玮、李书铭、王凤池、曾昭烈、刘再山等组织领导下，斑竹园、南溪一带的乡村农民协会均建立起来，部分贫苦农民成为协会的主要力量。到 1927 年的春天，包括吴家店、南溪、斑竹园在内的金寨境内大部分农民协会组织均建立起来了，这些穷苦百姓紧紧团结在农民协会周围，呈现“一切权力归农会”的革命景象。4 月 9 日，在斑竹园的文昌宫成立了商城县农民协会筹备处。当时的汉口《民国日报》报道：“商城之南乡一带……接受革命的宣传，农会继续组织起来，农会筹备处因特别原因暂设于该县南乡距城 140 里之斑竹园。”后商南一带相继成立了 8 个区农民协会，下辖 97 个乡农民协会，会员人数达到 10955 人。其中佃农人数为 3506 人，占 32%；雇农 767 人，占 7%；半自耕农为 2410 人，占 22%；自耕农 2300 人，占 21%；手工业人数 1205 人，占 11%；其他方面人数 767 人，占 7%。佃农、雇农、半自耕农、自耕农、手工业者占

93%。就连商城县农民协会筹备处的领导者10名委员中，5名为共产党员，其余5人也都是在农民运动中涌现出来的骨干分子和中坚力量，为穷苦百姓说话、办事和谋利益，深受群众喜爱。

同时，驻扎在商南的杨晋阶、郑其玉、柯寿恒3股民团武装中，除民团头头及部分顽固分子外，很多团丁为贫民百姓，有些是大革命时期的农协会员，易于争取，成为立夏节起义最为厚实的社会力量。

（六）积累了丰富的斗争经验

1925年至1929年，商南地区农民协会的迅速发展，组织领导的健全促动农民协会开展反剥削反压迫斗争，积累了较为丰富的斗争经验。在丁家埠大王庙、南溪的火神庙、斑竹园等地，采取召开由农民协会会员和农民群众参加的大会，宣传耕者有其田、国民革命和三民主义道理，高呼“打倒土豪劣绅”“实行减租减息”口号，张贴对联、标语，兴办农民夜校，举行游行示威，布置惩治土豪劣绅行动，甚至与前来镇压的民团开展了面对面的斗争等多种形式，把开大会、贴标语、散传单的活动称为“文字暴动”，1928年9月27日晚的一夜之间，商南地区集镇、农村等的墙壁、道路树干上都贴上了红绿标语，还创新了一种“自流宣传”（又称“流动宣传”）的方式，即在小木板上写上标语，刷上桐油后顺着河道漂流到下游的霍邱、固始等地，引起地方官绅一片恐慌。

1928年春，大旱，秋季庄稼严重减产减收，商南地区相当一部分农民“断炊断粮”，到处是逃荒要饭的黎民百姓，可是国民政府税赋不减反增，官商大贾囤积居奇，粮价疯涨，商城县国民政府乘机发行“流通券”盘剥农民，这种流通券其实就是废纸一张。为此，中共商城县委发动全县人民开展以抗租、抗债、抗粮、抗税、抗捐为主要内容的“五抗”斗争和借粮、均粮斗争，与国民政府、反动民团、地方官绅、地主老财针锋相对，据理力争，先文后武，开仓分粮，在南溪、银沙畈、斑竹园、余富山、大埠口、禅堂、吴家店等局部地区取得了初步胜利，也有部分开明士绅接济无粮农民，掀起了轰轰烈烈的斗争热潮，为后来的立夏节起义顺利进行打下了较为坚实的社会基础和广泛的群众基础，夯实了武装暴动的社会根基。

（七）建立了由党领导的农民武装

农民协会为了保卫自身利益，在商南各地建立了农民自己的武装——农民自卫军3个团3个大队，人数约3000人。如共产党员李书铭领导的30多人的革命武装，以及一些乡村秘密建立的连庄会（队）、摸瓜队，主要任务为惩治恶霸劣绅，阻敌侵犯。农民自卫军先后在门坎山、段辟岭、挥旗山等险关隘口与前来进攻的商城县民团、河南军阀作战。虽然受到很多损失，但这些农民武装仅凭简陋的武器御敌作战，得到了锻炼。

党的八七会议之后，中共商南区委以保卫地方治安为由，组织起 2 个班的武装，在斑竹园一带活动。共产党员赵瑞祥在西河桥办起了 10 多人的农民自卫队。党组织还号召共产党员捐款献枪，张子敬卖田得银元 600 块全部捐出，李梯云等 3 人各捐银元 250 元，漆德琮、周维炯各捐一些钱，用于购买枪支弹药，武装了 3 个正规班，使得农民武装有了快速发展，也为立夏节起义积蓄了一定的武装力量。

（八）革命者的斗争精神

1926 年底至 1927 年春，商南地区党组织先后派出周维炯、漆德玮、漆德琮、漆海峰、张欣之、张子敬、罗银青、朱仕芬、李书铭、赵瑞祥、吴仲华、陈大中等一批共产党员，到武汉黄埔军校和农民运动讲习所学习军事和农运知识，并在革命军中进行实地指挥训练，参加了叶挺部队反击夏斗寅独立师的“平叛”战斗，在军史上从理论到实践都得到了锻炼和提高，增强了革命者的斗争精神。

回到家乡后，这些革命者很快融入到商南革命斗争的第一线，使其成为中坚力量和骨干分子及领导人。1928 年冬，周维炯、漆德玮动员漆树仁带领 3 个班的农民武装打入民团杨晋阶部，漆德玮被委任为第三中队队长，周维炯为第四班班长，半月后升任军事教练，两人还备受团总杨晋阶器重，委托两人全权训练民团。周维炯利用自己担任教练的身份，不断向贫苦团丁讲解反压迫反剥削的革命道理，秘密发展 7 名团丁入党，在丁家埠居民中发展 4 名党员，成立了党支部，周维炯为支部书记。

吴家店民团、白沙河民团、斑竹园文昌宫民团等分别打入了 10 多名共产党员，他们采用烧香结拜的方式，团结了一部分士兵，发展了部分党员。到 1929 年春，商南地区民团中有共产党员 30 多名，近 200 人的民团武装中，半数掌握在党组织手中。正是周维炯等革命者为革命持续奋斗、锲而不舍的斗争精神，为立夏节起义成功举行奠定了共产党人的精神支撑。

三、立夏节起义后的主要成果

立夏节起义是鄂豫皖边区继黄麻起义之后的第二次规模较大的武装起义。这次起义的成功，极大地鼓舞了鄂豫皖边区党组织和广大边区人民群众武装斗争的积极性，主要成果是建立了金寨境内第一支师级建制的革命武装——中国工农红军第十一军第三十二师。

为了巩固立夏节起义胜利成果，加强商南地区政权建设和武装建设，根据中共商罗麻特委指示和原定计划，立夏节起义后的5月9日，各路起义队伍会师斑竹园朱氏祠。中共商罗麻特委主持召开了庆祝大会，公审处决了官僚地主罗维楚及几个反动分子，按照上级命令宣布建立中国工农红军第十一军第三十二师。师长周维炯，副师长漆德玮，党代表、师党委书记徐其虚（也有文献记载师党代表为徐子清），政治部主任李梯云（亦有文献记载政治部主任为漆禹源）。辖两个团、特务营、炸弹队。其中九十七团团长肖方，党代表金佛光；九十八团团长郑延青，党代表王子良；特务营营长姚弟圃，炸弹队队长廖肇炎。全师总人数200人，这也是鄂豫皖边区创建的第二支红军队伍。

随即，商南地区的革命形势开始蓬勃发展起来。

立夏节起义、六霍起义的卓越功勋

六安市政协　刘德新

立夏节起义、六霍起义已经胜利90周年了。成千上万的先烈，为了人民的利益抛头颅洒热血，留下了不朽的丰碑，天地英雄气，千秋尚凛然。本文通过分析起义的发生、根据地的创建及其对中国革命的贡献，去解读两大起义的红色密码，探寻将军故乡的红色基因。

一、立夏节起义、六霍起义是党领导的工农武装割据的成功典范

毛泽东在《中国的红色政权为什么能够存在?》一文中指出："中国红色政权首先发生和能够长期存在的地方……是在1926和1927两年资产阶级民主革命过程中工农兵士群众曾经大大地起来过的地方。"鄂豫皖边区的三大起义就是在这样的基础上发动起来的。

皖西地处大别山东北部，北傍淮河衔中原，南通长江襟吴楚，是中原腹地向东南沿海过渡的咽喉，进出大别山的门户，自古即为兵家必争之地，战略地位重要。皖西人民也具有光荣的革命传统，中国近代以来百余年间发生的重大事件很多都涉及皖西。

早在1920年，六安、霍山包括现属金寨的燕子河就出现了研究、学习马克思主义的组织。1922年寿县就有党小组；1923年冬，安徽第一个农村党组织——直属中共中央领导的寿县小甸集特支成立；1924、1925年，商城南部、六安相继建立了中共特支。1924年底以前加入中国共产党的早期党员，安徽全省40余人，六安籍就有30多人，这还不包括商南地区的党员。随着北伐战争的迅速推进，皖西和商南地区的群众运动迅猛发展，工会、农会、青年团、妇女会等群众团体如雨后春笋。

1921年六安三农进步教师朱蕴山、桂月峰等发起成立六安农会；1922到

1923年，霍山西镇百余里包括现金寨燕子河地区农民开展了维护土地“永佃权”的斗争并取得胜利；1924年夏，皖西大刀会攻下六安、霍山县城，号称农民自治第一军；1926年秋，国共两党曾联合领导了六霍民军起义。1927年3月成立的安徽省农民协会筹备委员会委员长薛卓汉、安徽省总工会筹备委员会委员长舒传贤均是皖西人。

这一时期，霍邱乌龙庙和现属金寨的白塔畈一带有农协会员1000多人，六安县苏家埠、独山和现属金寨的金家寨一带有农协会员3000多人。1927年4月9日，商城县农民协会筹备处在现属金寨的商南斑竹园成立，下设8个区农协、97个乡农协也均在商南地区，会员达1万多人。农民协会在支援北伐战争的同时，也发动农民开展减租减息、抗租抗债、均粮拉籴吃大户的斗争，并提出“耕地农有”的要求。在国民党六安县党部筹委会工作的共产党员周狷之等人，同时在六安城关成立烟业、纺织、杠抬工会，并开展要求增加工资的示威游行和罢工。大革命的风暴席卷城乡，沉重地打击了土豪劣绅、反动官僚等恶劣势力，积聚和锻炼了革命力量。

蒋介石、汪精卫叛变革命后，商南地区的共产党员和革命群众遭到反动派的疯狂进攻和屠杀，没有出路的贫苦农民迫切要求革命。但是在皖西，当地党组织并没有因蒋、汪叛变革命而立即与国民党地方军政当局分裂，因为当地驻军第三十三军官兵多为江淮子弟，并且受到共产党的影响而又与蒋介石嫡系有矛盾，因而领导六安、霍山、霍邱、合肥四县党组织的中共六安特别区委继续维持与三十三军的统战关系，继续在国民党各县党部、县政府和群众团体中占据重要地位并发挥重要作用，抓紧时机发展革命力量。到1927年冬，第三十三军陆续撤离皖西，国民党右派相继在皖西“清党”反共。形势开始恶化时，皖西的党组织主动地、适时地组织在国民党内部工作的同志有秩序地撤退到农村，及时地把工作重点转入到反革命统治比较薄弱的农村中去，把开展农民运动作为党的主要工作，并遵照中共安徽省临委在1927年9月作出的《安徽三个月工作计划纲要》的指示：“用种种方法夺取枪械，秘密组织农军”，以“发展农村中之阶级斗争而引起农民走上斗争的道路，直至暴动夺取政权”，积极准备武装暴动。

大别山地处鄂豫皖边界地区，是实现工农武装割据的理想区域，主客观条件都具备。1927年11月爆发的黄麻起义，是大革命失败后长江以北党领导的第一次大规模武装起义，建立了鄂豫皖边区第一个红色政权。但起义武装工农革命军鄂东军成为各种反动势力进攻、报复的集中目标，受到很大损失，年底上木兰山坚持斗争的只有72人，困难重重。鄂东的革命者迫切希望皖西和豫东南地区及早举行武装起义，形成互相呼应、共同斗争的革命局面。因此，鄂东党组织先后派徐子清、徐其虚等人到商南参与起义的准备和领导工作。1929年5月初，红十一军军长兼三十一师师长吴光浩亲率10余人，由柴山保出发赶赴商南，帮助发动起义，可惜这10多人途中在罗田滕家堡遭反动民团包围，战斗中全部牺牲。

同时，为执行党中央关于实行土地革命和武装反抗国民党反动派的总方针，河南、安徽的党组织一再指示商南、六霍地区尽快发动暴动。而到1929年，这两个地方的起义条件基本成熟，而且到了非暴动不可的地步。如在商南，1929年春反动派开始大规模搜捕、屠杀共产党员，疯狂镇压革命群众，仅白沙河一带就有800多群众被捕，商城各地民团也要清理有嫌疑的人员，打入民团的共产党员随时可能被捕杀。为了保存革命力量、反击敌人的进攻，商南党组织决定提前起义。在六安独山，因敌人捕获农协会员和搜获会员花名册，为避免更多的会员被抓捕，中共六安中心县委决定利用群情激愤之机提前起义。这两次声势浩大的武装起义，大大地鼓舞和发动了人民群众，组织和动员了雄厚的革命力量，沉重地打击了反动势力，有效地策应了鄂东北的革命斗争，革命风暴开始席卷整个大别山区，把鄂豫皖边区的革命运动带入蓬勃发展的新时期。

二、立夏节起义、六霍起义组建的革命武装成为红四方面军的重要组成部分，是人民军队的重要源头

立夏节起义中组建的红三十二师，六霍起义中组建的红三十三师，后来相继编入红一军、红四军、红四方面军。两次起义的武装不仅是后来在鄂豫皖组建革命武装的骨干力量，而且是人民军队的重要源头。两次起义不仅组建了主力红军，而且组建了游击队、赤卫军等地方武装，形成群众性的革命武装，并源源不断地向主力部队输送兵员。据不完全统计，土地革命时期有30多万皖西儿女参军参战，先后组建、改编了18支师级以上的红军队伍，参军参战者大部分为国捐躯。据20世纪50年代民政部门统计，革命战争年代六安地区牺牲了30万人，其中被追认为革命烈士的有25000多人。

立夏节起义、六霍起义，标志着中国共产党在皖西地区独立领导武装斗争的开始，并在斗争中不断建立广大群众的武装，发展游击战争。即使在红四方面军主力、红二十五军、红二十八军撤离后，皖西地区一直有党的力量、有革命武装在坚持斗争，从来没有停止过，28年红旗不倒！

延安时期，郑位三曾说过：党领导的军队中，高级干部有70%来自鄂豫皖。就是说，红四方面军虽然经过长期转战，三过雪山草地，并且有红西路军的重大损失和内部严重的“肃反”扩大化，但仍然保存了大批军事骨干。新中国成立后全国十大将军县中，有金寨县和原六安县，六安籍开国将军有108人。可以说，六安是中国著名的革命老区，是中国革命的摇篮之一，为共和国的诞生奠下

了一方坚实的基石。在包括寿县在内的17976平方公里的皖西大地上，每一寸土地都有先烈英勇战斗的足迹，每个村庄、每片山林都有革命者机智斗争的传奇故事，山山水水都浸润着皖西儿女的青春热血，都熔铸着皖西儿女的不屈忠魂。皖西人民、皖西大地，为中国革命作出过巨大的牺牲、重大的贡献！

三、立夏节起义、六霍起义后创建的革命根据地，是鄂豫皖革命根据地的重要组成部分

大别山雄踞中原门户，自古就有“得中原者得天下”之说。邓小平曾说：“中原形势决定于两个山，一个是大别山，一个是伏牛山，敌人最关切的还是大别山，它比伏牛山更重要，中原要大定就要把大别山控制起来。”① 蒋介石布置第三次、第四次大“围剿”，首先是从鄂豫皖开始的，可见鄂豫皖革命根据地有着重要的战略地位。

立夏节起义后，党组织立即成立商城县临时办事处，代行革命政府职能。起义武装经几个月的战斗，保卫了起义的基本区域，到10月初，红三十二师发展到500多人，在南溪成立商城县工农革命委员会，初步形成了一块以吴家店、斑竹园、南溪（皆在金寨）为中心，纵横各约百里的豫东南革命根据地。

六安独山、霍山西镇起义爆发后，皖西各地纷纷响应，到1930年4月，有几十处武装起义相继爆发，构成了以农民起义为主体与民团起义相结合的连锁式武装起义，范围包括六安县西部、南部，霍山全境，英山县东、北部，霍邱中、南部，潜山北部，舒城西部，初步形成了南北200多里、东西100多里、人口40多万的皖西革命根据地，霍山成为安徽省第一个完全赤化县。可以说，六霍起义是鄂豫皖三大起义中规模最大、持续时间最长的一次起义。

鄂豫皖革命根据地是全国第二大根据地，由鄂东北、豫东南和皖西三块根据地组成。其实，它是由鄂豫边、皖西北两块根据地组成。通过仔细研究不难发现，初期的豫东南根据地主要是在商南，商城的党政群组织、豫东南特委（道委）机关也长期设在今金寨的汤汇、南溪一带。由于商城、光山边区顾敬之等反动民团长期阻隔着鄂豫边和皖西地区，红军几次要打通“商光路线”都没有成功，造成两边联系的困难和指挥的不便，皖西北地区一直有相对独立、自成体系的党政军群组织系统。鄂豫皖首脑机关设在鄂豫边，但在皖西都有派出机构，如苏维埃政府东方办事处、皖西军分会、皖西北苏维埃银行等。商南的革命者一直与皖西的革命者联系密切，立夏节起义后更是密切配合、共同战斗，形成一个整体。

---

① 《邓小平文选》第一卷，人民出版社1994年版，第99页。

1931年4月17日，中共皖西北特区委员会成立，辖六安、霍山、霍邱、商城、英山、合肥、舒城、桐城、潜山、太湖、寿县、颍上、阜阳、凤台、涡阳、蒙城、息县、固始、新蔡19个县党组织。1931年8月成立的中共英山中心县委（先后归皖西北特委、皖西北道委领导）又辖英山、罗田、太湖、蕲水、蕲春、宿松、黄梅、广济、潜山9县党组织。

皖西北的党组织和革命者有较高的革命理论和政策水平，在苏区建设方面有许多好的做法和经验，如党群组织建设、廉政建设，制定的土地政纲实施细则、森林办法、债务办法、雇农工资办法等政策措施都很好，到现在都还有利用和借鉴价值。皖西苏区还抵制了“左”的盲动主义、关门主义、教条主义错误做法，正确地执行了依靠贫农、联合中农、中立富农、保护中小工商业、消灭地主阶级的土地革命路线，给地主豪绅以生活出路，不搞人身消灭，打土豪只打为富不仁的人，积极开展统战工作，促进苏区农业、手工业、商业贸易及各项建设的发展。

因为皖西地区物资充实，群众基础较好，所以红四方面军、红二十五军、红二十八军，每当在鄂豫边遇到困难、麻烦或难以立足时，都到皖西来休整、补充，尤其是红二十五军、二十八军较长时期活动在皖西。1936年春，在陕南活动的红七十四师收到鄂豫皖根据地的一份报告说：红二十五军离开鄂豫皖后，鄂东北地方工作受到损失，而皖西北工作较好。这都说明皖西苏区对鄂豫皖、对中国革命有重大贡献。

四、立夏节起义、六霍起义的成功经验弥足珍贵

战争年代，我们是靠毛泽东思想的指引才取得中国革命胜利的。立夏节起义、六霍起义中形成的革命精神和成功经验丰富了毛泽东思想的理论宝库，是符合毛泽东思想的。皖西早期共产党人的革命理论和实践活动，如坚持共产党的领导，实行土地革命，开展政权建设、武装斗争，加强苏区各项建设，抵制“左”倾教条主义、盲动主义等错误，在发动起义时机的选择上、策略的运用上，对敌方势力的分化、教育、利用上，在革命的退却与革命的进攻的巧妙结合上，都有较早的正确见解和做法。起义中表现出的马列主义与中国实际相结合的精神，勇于探索革命真理的精神，密切联系群众、全心全意为人民服务的精神，调查研究、实事求是的精神，艰苦奋斗、勇于开拓的创新精神，独立自主、自力更生的自强精神，一不怕苦、二不怕死的奉献精神，官兵一致、同甘共苦的平等精神，敢于斗争、敢于胜利的大无畏精神，以及崇高的理想、坚定的信念，廉洁奉公、勤俭朴素、谦虚谨慎、不骄不躁的作风，等等，都是宝贵的精神财富。当然，这

些成功的经验在所有革命根据地中都有不同程度的体现，有些经验是具有共性的。

立夏节起义、六霍起义胜利的意义还在于，把“枪杆子里面出政权”与大别山的实际相结合，走出了一条农村包围城市的革命道路。1927 年党的八七会议提出了我党要有自己的武装力量，要掌握枪杆子的问题。但是八七会议并没有解决枪杆子往哪里打的问题。当年党领导的三大起义，枪杆子都是往城市里打，遭受挫折后，才上了井冈山。如果把大别山根据地与井冈山根据地相比，井冈山的武装力量主要是来自南昌起义、秋收起义、湘南起义三支部队，是以外来的革命力量为主，地方的武装王佐、袁文才融入了主力部队，是一种嫁接式、改造式的革命力量。而大别山根据地则不同，大别山的革命火种是由早期的共产党员点燃，走的是一条孕育式、内生式的道路。在党的领导下，由当地人民组成的革命武装，为自己的父老乡亲斗争，因此这里的农村根据地相对比较稳固。总而言之，两大起义的胜利得益于有利的政治、地理环境，良好的革命传统，有相当力量的地方党组织和广泛的群众基础。

波澜壮阔的立夏节起义、六霍起义革命史，是皖西革命前辈们留下的宝贵财富。可歌可泣的大别山精神，是党员干部不忘初心、牢记使命的鲜活教材。中华民族从站起来、富起来到强起来，经历了太多坎坷，我们走得再远都不能忘记来时的路。让我们牢记两大起义的卓越功勋，用今日的奋斗去告慰 90 年前燃烧的忠魂！

大别山的脊梁

——浅谈支撑鄂豫皖根据地的六大英雄群体

黄冈市红色文化（新四军）研究会　陈太其

山有脊梁不塌方，
虎有脊梁敢称王；
人有脊梁腰杆硬，
顶天立地响当当。
……

这是大型党史文献纪录片《脊梁》的主题曲歌词，对“脊梁”作用的刻画，可谓入木三分。

在中国近代革命斗争历史中，中共领导的开辟根据地、农村包围城市、武装夺取政权，无疑是最为波澜壮阔，最为成功、耀眼的一章，而大别山革命根据地的创建，以及对中国革命的巨大贡献，则是浓墨重彩的一页。大别山根据地为什么能够做到 28 年红旗不倒、22 年武装斗争不断、21 年根据地活动不停？在大别山根据地生死存亡的危急关头、在大别山根据地生存发展的关键时刻，是谁挺起了大别山的脊梁？这是众多专家学者一直都在探讨的重要课题。笔者研究认为，是六大英雄群体的前仆后继、传承接力，起到关键作用。是他们挺起了大别山的脊梁，铸造了大别山的辉煌。

一、以陈独秀、毛泽东、董必武、陈潭秋为代表的播火种者群体

地主阶级的残酷剥削，反动统治者的横征暴敛，帝国主义侵略势力的逐步渗入与疯狂掠夺，使大别山人民长期过着暗无天日、穷困潦倒的悲惨生活，加之战乱和灾害，更是饿殍载道，哀鸿遍野。

哪里有压迫，哪里就有反抗。

“星星之火，可以燎原。”当最早的一批共产主义者高举着《共产党宣言》，在大别山升起第一面以镰刀、斧头为标志的鲜红党旗时，革命火种便成燎原之势，在大别山熊熊燃烧。

早在1918年夏，陈独秀回皖西探亲时，就应邀在霍邱等地讲学，揭露帝国主义和封建军阀的罪行，号召青年学生和各界人士，冲破封建思想束缚，革新教育和政治。五四运动爆发时，在北京的陈独秀、高一涵、张树侯等，迅速将五四运动的消息传到皖西，指导那里的学生运动，高语罕、舒传贤、许继慎、彭干臣等人，不仅都是当地爱国运动的领袖，而且都成为日后皖西革命斗争的骨干。

毛泽东也是大别山地区重要的播火人。他于1927年3月至6月，在武昌举办的中央农民运动讲习所，成为“农民革命大本营”。大别山地区派遣不少优秀青年参加学习培训。学员们经过3个月的学习和参加镇压麻城县地方武装红枪会的反革命暴乱，以及参加粉碎反动军官夏斗寅的武装叛乱的实际战斗，不仅学到了革命理论，而且得到了实际锻炼，这些人大多数成为大别山革命骨干。如黄麻起义指挥部领导成员、鄂东军党代表戴克敏、鄂豫皖特区苏维埃委员熊少山、罗（山）南工委书记郑新民等。

董必武、陈潭秋是大别山最重要的播火者。董必武、陈潭秋在武昌创办的私立武汉中学，被称为革命摇篮。李大钊、李汉俊、恽代英等先后来校任教。为了培养革命新型人才，武汉中学大量招收鄂东及豫东南各县学生，其中不少人在校期间就成为中共党员。他们还通过各种途径，在鄂东地区传播马列主义，建立党团组织。如陈潭秋1922年春回家乡建立的陈策楼党小组，到1924年中共黄冈特别支部成立时，已建立3个党支部，5个党小组，有党员80人。董必武、陈潭秋为大别山革命根据地的创建，播下了最早、最多的革命火种。黄麻起义总指挥部的10名领导成员中，有5人毕业于武汉中学。商南起义总指挥徐子清、副总指挥肖方，均毕业于武汉中学。

二、以徐向前、王树声为代表的红四方面军将士群体

1927年11月爆发的黄麻起义，以及随后的立夏节起义、六霍起义，使大别山红军从无到有，从弱到强，是创建和保卫鄂豫皖革命根据地的中流砥柱。在接连取得第一、第二两次反“围剿”战役的胜利后，1931年11月，红四方面在黄安（今红安）七里坪宣告成立，徐向前任总指挥，下辖2个军4个师3万多人。

红四方面军的成立，是鄂豫皖革命根据地迅速崛起的标志。

面对国民党发动的更大规模的第三次“围剿”，在徐向前的杰出指挥下，王

树声、王宏坤、许世友、陈再道等一批铁血战将，带领大别山红军冲锋陷阵，实施不停顿进攻，短短6个月内，便发动了黄安、商（城）潢（川）、苏家埠、潢（川）光（山）四大战役，共歼敌6万人，其中成建制被歼的国民党正规部队多达40个团。仅苏家埠一战，就聚歼国民党军5个师2个旅3万余人，其中俘敌皖西“剿共”总指挥厉式鼎及以下官兵2万余人，这是红军历史上从未有过的最大胜利。

四大战役的胜利，彻底粉碎了国民党军对大别山军民的第三次“围剿”，使鄂豫皖苏区进入鼎盛时期。根据地东起淠河，西迄平汉路，北达潢川、固始，南至黄梅、广济（今武穴），总面积4万余平方公里，人口350余万，红军主力部队达到4.5万人，地方武装发展到20万人，成为仅次于中央苏区的全国第二大革命根据地。

面对鄂豫皖苏区的日益强大和红四方面军的大战连捷，南京国民政府惊恐万状，蒋介石在1931年底召开的国民党第四次全国代表大会上，把鄂豫皖苏区列为第四次“围剿”的首要攻击目标，过去视为“心腹大患”的中央苏区，则被列为次要目标。此时在蒋介石心中，红四方面军的威胁已超过红一方面军。

1932年7月开始的第四次反“围剿”战役，因蒋介石把鄂豫皖苏区作为首要攻击目标，敌军过于强大，加之张国焘的错误指挥，红四方面军遭受重大损失，主力部队于同年10月撤离大别山，转移到达川陕，在那里重整旗鼓，创建了全国第二大的川陕革命根据地。

三、以吴焕先、徐海东为代表的红二十五军将士群体

这是一支令敌望而生畏的雄师劲旅，军首长在战场上一马当先、带头冲杀，是这支部队的突出特点。首任军长邝继勋，在霍邱保卫战中手持大刀，与连队战士一起奋勇拼杀，身负重伤不下火线。继任军长蔡申熙，为掩护红四方面军主力突围转移，身负重伤仍躺在担架上指挥，坚持到胜利，因流血过多而牺牲，年仅28岁。

原红二十五军主力随红四方面军转移后，为了守住大别山这块战略要地，鄂豫皖省委决定，将留在根据地分散的红军集中起来，重建红二十五军，挑起独立坚持大别山斗争的重担。为恢复根据地和保护人民生命财产，面对敌人疯狂的“围剿”“清剿”“驻剿”，以及惨无人道的“焦土”政策，红二十五军在军长徐海东、政委吴焕先的率领下，在广大人民群众的支持下，以游击战、运动战、歼灭战等多种战法，大量消灭敌人，打出了一片新天地，守住了大别山。

1934年11月，红二十五军高举北上抗日第二先遣队的旗帜，孤军北上，历

时10个月，途经6省，转战万里，历经大小战斗数百次，歼敌数万，在创建鄂豫陕根据地后，于1935年9月胜利到达陕北，是4支参加长征的主力红军中唯一兵员不减反增的部队，并第一个到达陕北，为党中央把中国革命大本营放在大西北奠定了坚实的基础。

四、以高敬亭、林维先、何耀榜为代表的红二十八军将士群体

红二十五军离开大别山时，因军情紧迫，时间仓促，未通知在皖西指导基层工作的鄂豫皖省委常委兼皖西北道委书记高敬亭。红二十五军政委吴焕先派交通员给高敬亭送来亲笔信，要求他“重新建立新的主力，独立自主地担负起保卫鄂豫皖苏区的重担”。以高敬亭、林维先、何耀榜为首的一批党员骨干，坚决服从组织决定，留在鄂豫皖，坚守大别山。

1935年2月3日，也就是大年除夕，在皖西太湖县凉亭坳金家大屋，高敬亭主持召开党员干部会议，作出两大重要决议：一是将留在皖西和鄂东北分散的红军部队集中整编，重建红二十八军。这是主力红军长征后，南方唯一一支有军师建制的红军部队。二是大力发展地方武装，创立游击根据地，不仅成立四路游击师，而且发展亦军亦民的便衣队，遍布大别山。

在与上级失去联系、在鄂豫皖边区革命处于生死存亡的紧要关头，在局势极为险恶、环境极其艰苦的情况下，临危受命的高敬亭和其他党员骨干，以坚定的革命信念和卓越的军事才能，率领不足2000人的红二十八军，转战鄂豫皖边区40多个县，与敌大小战斗数百次，先后战胜“围剿”大别山革命根据地的国民党部队，总计歼敌5万余人，牵制敌正规军约17万人。1937年，毛泽东在延安称赞红二十八军，“与敌人斗争很有成绩，很了不起”。1938年春，周恩来在武汉接见高敬亭时当面夸奖说：“你们在敌后保存这样一支红军部队，这是了不起的。”

全面抗战爆发后，红二十八军整编为新四军第四支队，总兵力3100多人，在新四军4个支队中人数最多，装备最好，战斗力最强。

五、以李先念、张体学为代表的新四军第五师将士群体

1938年春，日本帝国主义把侵华战争的方向调向当时中国的临时首都武汉。在武汉失守后，张体学率领的独立游击第五大队，罗厚福率领的新四军游击第六大队，举起大别山敌后抗战的大旗。

1939年初，李先念受中共中央和中原局委派，率领一支160余人的新四军独立游击大队，自河南确山竹沟镇南下，向武汉外围敌后挺进。在极端困难的情况下，李先念同其他领导人一起，依靠广大人民群众的力量，在具有战略地位的武汉外围敌后地区，创建了新四军第五师和鄂豫边抗日民主根据地，开创了以大别山为中心的孤悬敌后的独立作战区域，先后歼灭日伪军4万余人，解放了鄂豫皖湘赣5省边区的9万多平方公里土地和1300多万人口，建立了7个专区和38个县的抗日民主政权，同时也支援了国民党抗日部队在中原正面战场的作战，在中华民族抗战史上写下了光辉篇章。

抗战胜利后，李先念率领的新四军第五师和中原军区部队，以大别山为支点，顽强进行战斗坚持达10个月之久，把国民党30余万军队牵制在中原地区，有力地支援了华东、华北和东北地区的兄弟部队，为做好迎击蒋介石发动全面内战的准备，赢得了宝贵时间。

1946年6月26日，中原军区为粉碎敌人“48小时内全歼中原解放军”的计划，打响解放战争第一枪，从而揭开了两个中国之命运大决战的序幕。

在中原军区部队主力胜利突围后，留在大别山的鄂东军区独立第二旅，以勇于牺牲的大无畏精神，在极其艰苦的条件下，坚持大别山游击战，成为战略全局中的一枚重要棋子，有力配合了其他解放区的斗争。

六、以刘伯承、邓小平为代表的挺进大别山的刘邓大军将士群体

国民党发动反共反人民的内战，只能是搬起石头砸自己的脚，仅仅一年时间，就一败涂地，人民解放军则愈战愈强。党中央审时度势，决定立即由战略防御转入战略进攻，并将战略主攻方向和切入点选在大别山。

1947年6月30日，刘伯承、邓小平以超人的胆识和气魄，率领晋冀鲁豫野战军主力12万余人，自鲁西一举突破黄河天险，千里挺进大别山，从而揭开人民解放军战略进攻序幕。刘邓大军在胜利发起鲁西南战役后，于8月上旬起分3路向南疾进，以锐不可当之势，经过20多天艰苦跋涉和激烈战斗，插入敌人战略纵深，抵达大别山。随后，发扬不怕疲劳和连续作战的精神，在部队严重减员和缺乏重武器的情况下，主动出击，短短3个月，便歼敌3万余人，特别是高山铺一战，奠定了立足大别山建立革命根据地的基础。到1947年底，挺进中原的刘邓大军，在以大别山为中心的江淮河汉广大地区，建立起拥有4500万人口的新的中原根据地，成为我党我军夺取全国胜利的前沿阵地。

刘邓大军主力虽然于1948年2月转出大别山，其影响却在持续发酵，大别

山的斗争仍未停止。1949 年春百万雄师过大江，大别山解放区直接配合渡江作战，是我军重要的前进基地。

大别山如碑如铭！

当我们今天站在民族复兴、国家富强这个新的历史高度，极目远眺六大英雄群体曾经在大别山翻过的重峦叠嶂，闭目回想他们曾经穿越的战火硝烟、蹚过的曲折泥泞，不由得感到由衷的敬佩。

立夏节起义的主要特点及历史意义

安徽省大别山革命历史研究会　曹能求

1929年5月6日，在中国共产党直接领导与组织下，商南地区（今金寨县境内）爆发了大规模的革命武装暴动。因暴动之日为农历立夏节，故名“立夏节起义”。因暴动地区在原商城南部，又称“商南起义”。

立夏节起义在我党我军历史上具有极其重要地位。起义地理长度100多里，宽度40余里，涉及范围之广，前所未有；起义暴动点达10多个，一夜之间同时行动，并取得全面胜利，也是前所未有；农民武装数百人，起义时无一人伤亡，更是前所未有。可以说，立夏节起义，创造了我党我军发展史上的奇迹。

一、立夏节起义主要特点

（一）审时度势，适时而动

1927年4月至7月，蒋介石、汪精卫先后叛变革命，大肆逮捕、杀害共产党人，极力破坏共产党组织。商南反动当局秉承蒋、汪衣钵，加紧“清乡”，对共产党和革命群众实行残酷镇压和迫害。1929年初，商城县党组织连遭破坏，革命斗争失去了领导核心；5月初，鄂东特委派遣吴光浩从河南光山柴山保到商南指导武装起义，于途中被反动民团杀害。

面对严峻的革命斗争形势，不久之前在金寨吴家店新成立的中共商罗麻特别区委（以下简称商罗麻特委）和中共商南区委，在吴家店太平山穿石庙召开会议，分析研究当时斗争形势和起义条件：一方面反动势力疯狂镇压革命力量；另一方面商南地区大部分已建立了党组织和农民协会，并成立数支农民武装，革命力量日益发展壮大，武装起义时机已经成熟。

“认识情况的过程，不但存在于军事计划建立之前，而且存在于军事计划存在之后……如果计划和情况不符合，或者不完全符合，就必须依照新的认识，构成新的判断，定下新的决定，把已订的计划加以改变，使之适合新的情况。”①

商罗麻特委和商南区委审时度势，为保存商南地区党组织和革命武装，要先发制人，即以革命武装反击反革命武装，而不能丧失有利时机、坐以待毙。于是商罗麻特委和商南区委果断决定：将原定在中秋节起义提前到立夏节。

由于商罗麻特委和商南区委决策正确，适时而动，确保了立夏节起义全面胜利。

（二）统一指挥，里应外合

为保证立夏节起义实行统一指挥协调，中共商罗麻特委和商南区委决定成立立夏节起义指挥部，指挥部设在斑竹园桥口的王家下湾，位置居各起义点中心，而且隐蔽。商罗麻特委书记徐子清任指挥，特委委员肖方任副指挥，特委委员周维炯负责军事部署安排，特委委员廖炳国及漆先棣负责与各起义点联系。商罗麻特委、商南区委及指挥部成员分别率领农民武装分赴各起义点。

5 月 4 日，商南区委书记李梯云在金寨关庙墨园召开商南各党支部和农民武装负责人会议，到会 30 多人。会议传达商罗麻特委决定，强调各起义点要坚决服从统一指挥。各起义点必须在立夏节午夜准时行动。同时要求遵守纪律，做好保密工作。会后，各起义点进一步充实完善行动方案。

为确保起义顺利进行，各地区党组织曾指派共产党员打入民团内部，与团丁交朋友，积极宣传马克思主义，了解民团布防情况，掌握民团动向，起义时机一到，便里应外合，策应外线农民武装。如丁埠暴动点，驻防的民团达 50 多人，人多枪多，但民团中共产党员也多。通过社会关系打入民团的周维炯，不仅取得了民团头目杨晋阶的信任，还担任民团军事教练兼民团第四班班长。由于周维炯曾在武汉黄埔军校（后改为中央军事政治学校）受过专业军事训练，军事素质、文化修养都很高，在团丁中很快树立了威信。周维炯一边训练民团，一边向团丁灌输马克思主义思想，并在团丁中秘密发展了党员，成立了党组织。

立夏节这一天，周维炯与民团内部的田继美、严运生等几个党员商定：借过节清扫卫生、整理军事之机，把民团枪支集中存放到一起。晚上通过过节摆酒筵、灌醉民团反动头目，然后发出信号，控制民团，动员贫苦出身的团丁参加革命。农民武装顺利进占民团驻地，一枪未放，就取得了暴动胜利。吴家店驻有民团 30 多人，徐子清带领农民武装 30 多人，先将民团驻地围住，乘团丁午夜熟睡，潜伏在民团内部的共产党员周厚玉、林树生作内应，顺利摸掉民团岗哨，起义武装奋勇冲进民团驻地，团丁措手不及，全部缴械投降。

---

① 《毛泽东选集》第一卷，人民出版社 1991 年版，第 180 页。

（三）充分发动群众，建立农民武装

长期以来，商南地区广大农民深受地主豪绅的剥削压迫，积贫积弱，特别是占农村人口 70%的贫苦农民，他们苦大仇深，革命意志尤为坚定，是中国革命最广大的动力，是中国革命队伍的主力军。“乡村中一向苦战奋斗的主要力量是贫农。从秘密时期到公开时期，贫农都在那里积极奋斗。他们最听党的领导。他们和土豪劣绅是死对头，他们毫不迟疑地向土豪劣绅营垒进攻。”①

1920 年，金寨境内就建立了马克思主义学习小组。1924 年秋，共产党员詹谷堂在汤家汇笔架山组建了中国共产党支部。此后，金寨地区党组织渐进发展。至 1927 年，金寨境内已建立党支部 11 个，发展党员 150 多人，成立马克思主义学习小组、马克思主义文化研究会、马克思主义读书会、青年学习会等进步组织 9 个。

此后金寨各地党组织得到进一步发展，党员队伍不断壮大。各地党组织和共产党员，特别是知识分子党员，纷纷深入农村开展活动，向广大农民群众宣传马克思主义，通过创办农民夜校、召开会议、印发宣传品、刷写标语等方式，不断提高农民群众的阶级觉悟，引导广大农民组织起来，与土豪劣绅作斗争，翻身求解放。进步青年刘仁辅帮助燕子河地区千余户农民，到霍山县城打官司，夺取“永佃权”。共产党员詹谷堂、袁汉铭在南溪、葛藤山创办农民协会。1926 年 6 月詹谷堂、王凤池利用南溪火神庙会期，召集南溪上、中、下保 2000 多名农民协会会员和群众集会，号召农民开展减租减息斗争，手持镰刀、长矛的农民，吓跑了前来干预的商城县民团头子周凤山。1927 年初，金寨西北部地区，大部分区、乡、村建立了农民协会。4 月 9 日，在斑竹园文昌宫召开了商城县农民代表会，成立县农民协会筹备处，下辖 8 个区 97 乡农民协会，会员总数达到 10955 人，并组织了 3 支 2000 多人的农民自卫军。6 月 2 日，汉口《民国日报》报道：“商城之南乡一带与鄂接壤，得接革命宣传，农民继续组织起来，县农会筹备处因特别原因，暂设于该县南距城一百四十里之斑竹园。”

1927 年以后，金寨县境内的农民协会、农民协会会员、农民自卫军迅猛发展，这为立夏节武装起义奠定了坚实的基础。

二、立夏节起义的历史贡献

（一）立夏节起义建立的武装是人民军队的重要源头之一

1929 年 5 月 9 日，即立夏节起义的第三天，10 多路起义武装在斑竹园朱氏

① 《毛泽东选集》第一卷，人民出版社 1991 年版，第 20 页。

祠会师，依据上级指示，成立了中国工农红军第十一军第三十二师，全师 200 余人。师长周维炯，党代表徐其虚，副师长漆德玮，政治部主任李梯云。下设 2 个团与 1 个特务营、1 个炸弹队。这是豫东南地区第一支红军队伍。

1930 年 4 月，中共中央决定将红三十二师和红三十三师、红三十一师合编为中国工农红军第十一军。这是鄂豫皖边区组建的第一支成军建制的直接受中央指挥的红军队伍。

1930 年 4 月，红十一军与在金寨汤家汇成立的红三十二师独立旅以及在燕子河成立的中央独立第一师等集合编为中国工农红军第一军。

1931 年 11 月，红四军与在金寨麻埠成立的中国工农红军第二十五军合编为中国工农红军第四方面军。

立夏节起义的武装，经过中央多次改编、合编融入到我军不同编制的部队中。雪山草地，万水千山，留下了他们的足迹；在烽火弥漫的青纱帐里，在粉碎日寇灭绝人性的“大扫荡”中，他们大显神威；在解放全中国的战争中，他们驰骋白山黑水，大江南北，浴血奋战在各个疆场。所以说，立夏节起义建立的武装是中国人民军队的重要源头之一。

（二）立夏节起义开辟了豫东南革命根据地

建立革命根据地，是中国共产党重要的军事思想路线，毛泽东曾多次指出建立革命根据地的重要意义和建立根据地的主要条件：“没有根据地，游击战争是不能够长期地生存和发展的，这种根据地也就是游击战争的后方。”①

1929 年 5 月 10 日，即立夏节起义胜利后第 4 天，中共商罗麻特委在斑竹园文昌宫召开会议，地方党组织、红三十二师领导 30 多人参加了会议，会议作出重要决定：积极与鄂东红三十一师联系，协同作战。积极向东发展，和皖西党组织联系，支援皖西地区武装起，建立东方屏障。

商南是大别山腹地，远离沪宁、武汉，境内崇山峻岭，沟壑纵横，地势险要。这里具备了根据地必须有的几个主要条件，即坚强的党组织、英勇善战的红军、群众拥护的人民政权、群众阶级觉悟高并有自己的武装。

1. 建立苏维埃政府

立夏节起义胜利后，金寨境内成立苏维埃政权达 90 多个，政治、经济、军事、文化等机构设置比较齐全，成立了银行、开办了邮政局、设立了兵工厂、建立了红军医院，各乡、村兴办列宁小学、识字班和业余学校等。金寨地区呈现出

---

① 《毛泽东选集》第二卷，人民出版社 1991 年版，第 418 页。

从未有过的生机蓬勃、兴旺发达的新景象，人民群众欢欣鼓舞。

2. 红三十二师不断发展壮大

1929 年 8 月，红三十二师为避强敌锋芒，向光（山）麻（城）边界地区转移。9 月上旬，红三十二师在麻城北部与徐向前率领的红三十一师会合。9 月中旬，红三十二师挥师商南，打击地方民团，镇压反动分子，形成以南溪、斑竹园、吴家店为中心的豫东南革命根据地。12 月 25 日，红三十二师攻占商城县城。

1930 年 1 月上旬，红三十二师第九十七团与一〇一团共同进行第二次东征，途中收编麻埠地区民团，组建第一〇三团。4 月底，红三十二师已发展到 800 多人。

3. 发动群众，发展农民武装

立夏节起义胜利后，各地农民协会公开对外挂牌，宣布一切权力归农会，带领农民打土豪、分田地，没收土豪劣绅的财产，召开群众大会，处决恶霸地主和反动分子，广大农民革命热情空前高涨，农民协会和农民赤卫军迅速发展壮大。1929 年 9 月底，在南溪林氏祠成立商城县工农革命委员会。

与此同时，各地党组织和苏维埃政府，通过夜校学习、开会培训等宣传党的方针政策，不断提高农民骨干的思想觉悟，要求他们遵守纪律、掌握政策，不断改进工作方法。

4. 驰援六合起义，帮助促成了皖西革命根据地的建立

1929 年 5 月 16 日，即立夏节起义第 10 天，红三十二师应六安六区区委书记袁继安之求援，周维炯率红三十二师九十七团挥师东进，包围六区六保保董汪建青住宅，策应由共产党员领导的六保联络自卫团起义，以其 60 多支枪组建了六区游击队。

5 月 20 日，红三十二师和六区游击队共同进攻金家寨，全歼守敌汪东阁商团，缴枪 20 多支，汪东阁随余部逃窜。

5 月 21 日凌晨，周维炯率红三十二师和六区游击队奔赴流波礚，攻打朱盂功民团。在当地农民武装的配合下，毙伤团丁 10 余人，缴枪 10 余支，朱盂功随余部溃逃。

11 月 19 日，在红三十二师的支援下，西镇农民武装暴动胜利，并成立西镇革命委员会和军事指挥部，组建了 360 多人的西镇游击队。

在红三十二师多次出军驰援下，六霍地区武装起义取得全面胜利。起义武装会师流波礚，并于 1930 年 11 月 20 日成立中国工农红军第十一军第三十三师，师长徐百川。随后红三十二师与红三十三师组建前敌总指挥部，周维炯任总指挥，徐百川任副总指挥。之后红军横扫商南和皖西接壤地区反动武装，使商南和

皖西革命根据地连成一片，从而进一步巩固和发展了豫东南革命根据地。

（三）沉重打击了国民党反动势力

1. 肃清地方劣绅的残余武装

红三十二师配合农民协会，收缴地主枪支，镇压了罪大恶极的反动分子，有力地打击了土豪劣绅的嚣张气焰。

2. 反击反动民团

立夏节起义胜利不久，一些反动民团却虎视眈眈、蠢蠢欲动。商城县县长李鹤鸣和县民团大队长王济亚急忙派兵“进剿”。5 月 16 日王济亚率部倾巢出动，与顾敬之民团兵分两路向南进犯，妄图将新生的红三十二师扼杀在革命的摇篮里。红三十二师制定了各个击破的作战方案，王济亚近百人被打得溃不成军，顾敬之见状，不战而逃。李鹤鸣、王济亚因“剿匪不力”被革职。红三十二师大败王济亚，使商城及其周边的反动势力惶惶不可终日，小股民团则龟缩不出。

3. 有力地打击了国民党反动武装

鄂豫皖边区革命力量如火如荼，日益发展壮大。到 1932 年 5 月，鄂豫皖苏区总面积达 4 万多平方公里，人口 350 余万，共建立了 26 个县级苏维埃政权，成为全国第二大苏区。

视共产党为洪水猛兽的蒋介石反动集团坐立不安，从 1930 年冬至 1933 年夏，先后 5 次共调动几十万国民党军队向鄂豫皖边区发动“围剿”，不屈不挠的边区红军奋起反击。第一次反“围剿”收复金家寨，在东、西鲜花岭战斗中，歼敌 3 个团，溃敌 3 个团，毙伤敌团长及以下官兵 300 多人。第二次反“围剿”，全歼独山守敌 1 个团 2000 多人。第三次反“围剿”取得全面胜利，仅苏家埠战役就歼 3 万多人，是我军在第二次国内革命战争中歼敌最多的一次。红军发展到 2 个军 6 个师、1 个少共国际团、7 个独立师共 45000 多人。

红军在几次反“围剿”中，歼灭与牵制了大量国民党军队，使革命红旗高高飘扬在大别山区，有力地支援了红军主力北上，紧密地配合了南方红军坚持斗争。

盘活用好大别山红色教育资源
助推军校学员“传承红色基因、担当强军重任”

陆军炮兵防空兵学院　余世国

我党我军的光荣传统和优良作风是人民军队薪火相传、永葆本色的传家法宝，是培养新一代革命军人不可或缺的“红色基因”。习近平总书记对红色基因传承高度重视，多次强调要“把红色传统发扬好，把红色基因一代代传下去”，专门部署在全军开展“传承红色基因、担当强军重任”主题教育，让“传承红色基因”成为习近平新时代中国特色社会主义思想特别是习近平强军思想的重要内容。为有效破解青年官兵存在的“三个缺乏”，军队院校必须科学统筹、系统推进，注重用红色基因打好青年学员的政治底色，引导他们自觉弘扬革命军人的优良传统。大别山以“千里跃进”“将军故里”闻名于世，蕴含着极为丰富的红色教育资源，深入发掘运用这一红色宝藏，对于区域军队院校扎实推进青年学员“传承红色基因、担当强军重任”具有深远意义和重要作用。

一、大别山地区是横跨鄂豫皖三省的革命老区，经过长期的历史积淀汇聚形成了丰富的红色教育资源

大别山地区是中国革命的重要策源地、人民军队的重要发源地，也是新民主主义革命走向全面胜利的战略转折地。大别山地区长期的革命斗争实践，留下了大量的红色遗迹和宝贵的精神财富，形成了遍布鄂豫皖三省的革命传统教育基地和“坚贞忠诚、牺牲奉献、一心为民、永跟党走”的大别山精神，为鼓舞和激励大别山人民乃至全国人民不断攻坚克难、从胜利走向胜利提供了强大精神动力。

（一）大别山红色历史光荣厚重

早在五四运动影响下，1920 年大别山地区就成立了马克思主义学习小组；

1922年春成立了第一个党小组；1923年冬成立了第一个党支部；1924年秋成立了中共笔架山农校支部。此后，党组织不断发展，成为领导大别山地区革命斗争的核心力量。1927年，大别山地区党组织贯彻党的八七会议精神，先后组织领导了黄麻起义、立夏节起义（商南起义）、六霍起义，组建、重建或改建红一军、红十军、红四军、红二十五军、红二十七军、红二十八军，创建和发展了鄂豫皖革命根据地。抗日战争全面爆发后，新四军第四支队、新四军鄂豫独立大队等先后在该地区进行游击战争。1947年，刘邓大军千里跃进大别山，开启了解放战争战略进攻的序幕。可以说，大别山地区在中国革命史上贡献巨大。

（二）大别山红色遗迹丰富集中

大别山自古就是兵家必争之地。仅新民主主义革命以来，留下的革命遗迹、旧址就多达两三千处，且主要分布于安徽金寨、湖北红安、河南新县等地。根据全国第三次文物普查统计结果，仅中心区域金寨县就有红军广场、金寨革命烈士陵园、立夏节起义旧址、列宁小学旧址、刘邓大军千里跃进大别山前方指挥部等革命旧址288处，其中国家级保护单位7处、省级2处。目前大别山地区已开发的分布于鄂豫皖三省的全国红色旅游经典景区多达数十个。这些革命遗址、遗迹和纪念场所都是大别山军民在中国共产党领导下为民族独立和人民解放事业而英勇奋斗的见证。

（三）大别山红色事迹感人至深

大别山是革命的摇篮，走出了董必武、陈潭秋、包惠僧等3位中共一大代表，长期革命斗争中更是留下了周恩来、刘少奇、邓小平、刘伯承、徐向前等老一辈无产阶级革命家的战斗足迹，1955年到1964年共和国授衔的将军，从大别山走出或在大别山战斗过的多达570人。全国十大将军县中，大别山区有5个，先后有200多万人参军参战，近百万人为革命献出了宝贵生命，登记在册的烈士就有130351人，他们在这片土地上演绎着英雄传奇，他们的事迹受人敬仰，感人至深。

（四）大别山红色经典历久弥新

为了宣传革命精神，鼓舞革命斗志，坚定必胜信念，推动革命进程，大别山地区军民在不同时期创造了许多脍炙人口、催人奋进的红色文化作品。仅《皖西苏区文化史》中记载的就有300多首红色歌谣，《八月桂花遍地开》《送郎当红军》等脍炙人口的革命歌曲至今广为流传。此外，还有影视作品《风雪大别山》《大转折之挺进大别山》《上将许世友》，文学作品《血染大别山》《少年漂泊者》《咆哮了的土地》《霍山大捷》，改编剧目《七夕泪》《杜鹃》《红军小辞店》等众多艺术作品经久传颂，再现了大别山艰苦卓绝的革命历程，讴歌了大别山人民的革命精神。

（五）大别山红色精神影响深远

伟大的历史孕育着伟大的精神。从 1921 年中国共产党成立到 1949 年新中国成立，大别山地区 28 年红旗不倒、革命火种不灭，亲历和见证了中国革命的完整历史进程。在波澜壮阔、烽火连天的峥嵘岁月里，当革命处于高潮时，大别山人民拥军参军，出现了父送子、妻送夫、兄带弟、姐携妹去参加红军的动人情景；当革命处于低潮时，大别山人民的革命信念毫不动摇，始终对党忠诚、信念坚定、勇于牺牲，展现了坚守信仰、胸怀全局、团结奋进、勇当前锋的崇高革命情怀。今天，大别山精神和井冈山精神、延安精神、西柏坡精神、沂蒙精神一样，都是中国共产党领导人民群众在不同时期、不同地域进行革命、建设和改革的精神载体，都是中华民族精神的重要组成部分，都是共产党人砥砺品行的不竭力量、永葆本色的精神之“钙”。

二、发掘运用大别山红色教育资源，当前需要瞄准“通、深、融、统”问题进一步集智用力

习近平总书记 2016 年视察金寨县时专门强调，“我们要沿着革命前辈的足迹继续前行，把红色基因世世代代传下去”。近年来，区域军队院校积极发挥大别山红色教育资源优势，广泛开展党史军史和光荣传统教育，有力有效地推进了红色基因代代传。为进一步盘活用好大别山红色教育资源，当前必须从连通载体、丰富内容、创新方式、健全机制等层面加大工作力度，切实提高对区域军队院校青年学员“传承红色基因、担当强军重任”的贡献率。

（一）载体上要“通”，做到串点成线、点线结合

大别山横跨鄂豫皖三省，许多红色教育资源分属不同区域、不同部门管理，致使完整的红色资源链条被分割，资源丰富的优势被严重削弱，无法最大限度涵括“千里跃进”“将军故里”的历史内涵。近年来，虽然省市层面分别建立了区域合作机制，但进展缓慢，一体化发展格局尚未有效形成。相反，区域军队院校不受利益钳制，可以根据需要，加强多边沟通，按照突出主题、区分类型、兼顾地域的原则遴选一批有影响力的红色遗迹，挂牌建立革命传统现地教学联系点，进而以教学点为依托，连通形成若干条红色教育线路，不断拓展大别山红色教育

资源运用的新格局。

（二）内容上要“深”，做到深知真知、领会实质

红色教育的关键在于找到与现实生活的切合点，深入阐释其在当代的具体内涵，否则就会流于形式，纵然能唤起对先辈的感怀和敬仰，但却很难将先辈身上体现的革命情怀内化于心、外化于行。当前，区域军队院校不同程度地利用大别山红色资源丰富了党史军史教育内容，但由于缺乏对相关背景资料的深入挖掘和对散布在鄂豫皖三省的革命遗迹、历史事件的系统把握，课堂教学、现地讲解往往浮于表面、浅尝辄止，使得青年学员对大别山革命历史更多停留于感性认识，难以将大别山革命精神与当前的强军要求对接衔接，进而达到锤炼思想境界、升华理想信念的目的。

（三）方式上要“融”，做到立体运用、动态渗透

当前，军队院校在大别山红色教育资源运用上，尚未形成与其历史地位相匹配的红色教育品牌，大别山革命史教育基本还停留在参观、讲解、简单讨论等浅表层面，亟须打造具有广泛影响力和强烈感染力的红色资源精品课程。比如，结合军队院校实际，开发创建更具生动性、更有体验感的场景再现、角色扮演、深度研讨、隔空互动等教学形式，积极推进大别山红色教育资源进课堂、进教材、进实践，进一步强化情感认同、激发思想共鸣。

（四）力量上要“统”，做到健全机制、形成合力

推进红色基因代代传需军地多方协调参与。当前，区域军队院校在盘活用好大别山红色教育资源上，还存在外部潜力挖掘不够、内部活力激发不够等问题。一方面，大别山红色教育资源管理方参与共建共育的意愿还没有被充分调动，很多研究成果由于缺乏协作渠道尚未有效互通共享；另一方面，不少区域军队院校还存在认识不足、站位不高、重视不够等问题，对利用大别山红色教育资源推进青年学员红色基因代代传投入力量少、成效不明显。比如，有的消极保安全，开展现场教学不主动不积极，有的教育教学方法单一陈旧，创新意识不强、授课内容不精，在资源统筹融合上没有下足功夫。因此，军队院校必须下大力统筹校内校外多方力量资源，充分调动军队院校和地方机构两个积极因素，不断搭建合作共赢、合力育人的机制平台。

三、依托大别山红色教育资源，积极探索助推区域军队院校青年学员“传承红色基因、担当强军重任”的方法路径

军队院校肩负着夯实青年学员“兵之初”“官之初”素质基础的神圣使命，必须着眼常态化长效化扎实推进青年学员“传承红色基因、担当强军重任”。作为大别山区域军队院校，就是要紧贴青年学员思想特点，注重盘活用好大别山红色教育资源，积极探索构建红色思想引领、红色实践磨砺、红色文化熏陶、科学机制保障的整体联动、协调推进的教育体系。

（一）坚持红色思想引领，强固红色基因传承之本

大别山红色思想是大别山红色教育资源的灵魂，在助推青年学员“传承红色基因、担当强军重任”中具有引领和奠基的重要作用。一是要坚守课堂主渠道，在开设“大别山地区军事斗争史”选修课程的基础上，积极利用“中国近现代史纲要”“军人思想道德修养与法律基础”等主干课程组织“大别山革命历史”“大别山革命精神”等专题授课，同时定期邀请地方党史专家开展讲座，形成“一课为主、多课渗透、讲座补充”的大别山红色思想课堂灌输模式，引导学员深切感悟大别山地区艰苦卓绝的革命斗争史。二是要打造研究主力军，依托区域军队院校成立大别山红色文化研究所，通过定期召开理论研讨会、申报国家专项社科基金课题等形式，广泛动员军队和地方的专家教授积极参与研究大别山革命历史，深入挖掘大别山红色基因的时代内涵和精神图谱，为红色教育资源进教材、进课堂提供坚实支撑。三是要建强宣传主阵地，统筹广播、电视、报刊等传统媒体和“两微一端”等主流新媒体，广泛宣扬大别山红色思想，积极推广以大别山革命史为创作背景的经典读物、艺术作品，使之成为青年学员继承红色思想、打牢政治底色的重要平台。

（二）坚持红色实践磨砺，深悟红色基因传承之魂

大别山红色思想不是孤立存在的，只有深度融入红色实践才能彰显强大威力。一是要通过现地参观加深感悟，比如，在大别山地区建立“10+1+2”红色教育资源库，即挂牌 10 个教学点、建立 1 条涵盖鄂豫皖三省的大环线、建立 2 条立足区域突出主题的小环线，定期组织学员赴教学点参观践学，结合入学入伍教育、野外战术演练、毕业综合演习等组织环线行军拉动，让学员置身其中，增加感性认识，强化思想认同。二是要借助情景体验激发共鸣，在现地教学时，可引入拓展训练理念，遴选部分学员赋予一定的角色和任务，设定特定的红色场

景、人物、事件，再现红色历史，让学员在“穿红军衣、吃红军饭、走红军路、演红军剧”等模拟场景中亲历体验、激发想象，追寻与历史的情感共鸣。三是要依托社会实践提升境界，利用寒暑假安排学员深入大别山区，广泛组织现地调研，寻访红军传人，参与政策宣讲，积极开展支教帮扶等公益活动，让学员通过社会实践自我教育、自我提升，不断增强对党、对国家、对人民的深厚感情。

（三）坚持红色文化熏陶，深扎红色基因传承之根

红色文化对学员思想有着潜移默化的影响，只有持续不断地强化红色文化熏陶，信仰信念才能更加深沉而执着。一是让红色活动“热”起来。依托校园文化艺术节，组织以“红色大别山”为主题的系列文化活动，鼓励文化骨干积极创作反映大别山精神的文学作品和文艺节目，引导青年学员讲红色故事、读红色书籍、看红色影片、唱红色歌曲，自觉传承红色基因。二是让红色典型“火”起来。搜集整理大别山地区英模事迹材料，编印《大别山红色故事》《大别山英模人物》；邀请健在的老红军和革命烈士亲属来院作报告；把大别山红色人物的事迹贴进橱窗、放进史馆、搬上舞台，大力营造学习大别山红色典型、争当新时代强军先锋的浓厚氛围。三是让红色营区“靓”起来。划分重要时期，突出重大事件，广泛搜集整理有关大别山军事斗争史的图片、视频和实物资料，在营区开辟党史墙、军史园，制作以红色格言、励志标语为主题的灯箱橱窗，使之成为引导青年学员传承红色基因的“凝固的教材、无言的课堂”。

（四）坚持科学机制保障，广聚红色基因传承之力

红色基因传承是一项长期的系统工程，既需要持之以恒抓落实，又需要科学机制作保障。一是要健全组织领导机制，学院党委统筹机关、基层和政治理论教员三方力量，联合建立相互协调、紧密配合、齐抓共管的深化“传承红色基因、担当强军重任”主题教育领导小组，将基因传承纳入人才培养顶层设计，加大政策支持，加强常态管理和效果评价，确保有序有效推进。二是要健全联动协作机制，加强与大别山地区党委、政府、社会文化部门、社科研究部门、社会教育基地的协调沟通，签订长期合作协议，共同推进大别山红色教育研究和红色园区建设。三是要健全互利共赢机制，发挥学院专家智库作用，为地方政府依托大别山资源发展经济提供智力支持；加大军民共建力度，积极参与大别山贫困地区精准扶贫，广泛开展对口医疗救治和爱心帮扶。

略论大别山红色文化的形成、内涵与传承

中共安徽省委党史研究院第七研究室　鲁敏

大别山是红军的故乡、将军的摇篮，在血与火的斗争中凝成了内涵丰富、底蕴深厚的红色文化，大别山红色文化作为中国共产党在新民主主义革命过程中创建的无产阶级政治文化，是一种独特的文化现象，也是一种重要的文化资源，具有重要的时代价值，传承和弘扬大别山红色文化对今天中国特色社会主义建设有着重要的启示作用。

一、大别山红色文化的形成

大别山地处鄂豫皖三省交界地区，是长江、淮河的分水岭。范围包括：安徽省六安市、安庆市全境；河南省信阳市、驻马店市全境，南阳市的桐柏县、唐河县；湖北省黄冈市、随州市全境，孝感市的孝南区、安陆市、应城市、大悟县、孝昌县、云梦县，襄阳市的枣阳市，武汉市的黄陂区、新洲区。区域总面积10.86万平方公里，是一条自西向东、蜿蜒于江淮之间的重要山脉，西接桐柏山，东延为霍山和张八岭。山地一般海拔500—800米，主要部分海拔1500米左右，主峰白马尖海拔1777米，位于安徽省霍山县南部。大别山区多为低山丘陵，山间谷地宽广开阔，并有河漫滩和阶地平原。区域内气温差异较大，光照条件较好，有利于农作物的生长。大别山物产丰富、区位重要，在文化上既受到中原文化的辐射，又是楚文化和吴文化的交汇之地，自古以来就是兵家必争之地。

（一）马克思主义在大别山区的传播

土地革命前，大别山区的贫困农民劳苦终生，广大农民在遭受封建地主阶级剥削压迫的同时，还要遭受新旧军阀混战和国民党黑暗统治带来的痛苦。当时的金寨县流传这样一首歌谣：“冷天无衣裳，热天一身光。吃的苦菜饭，喝的苦根

汤。麦黄望接谷，谷黄望插秧。一年忙四季，都为别人忙。”1921 年 7 月，代表武汉共产主义小组出席党的一大的董必武、陈潭秋等返回湖北后，积极发展党的组织。1922 年春，陈潭秋回家乡黄冈县发展党员，成立了中共陈策楼小组，为鄂豫皖边区第一个党小组。参加北京共产主义小组的高语罕，作为陈独秀“策划在各地组织共产党小组”的安徽联系人，于 1920 年 10 月回皖从事建党工作。他的家乡寿县于 1922 年春建立了中共小甸集小组，1923 年冬扩建为小甸集特别支部，为鄂豫皖边区第一个党支部。

（二）组建革命武装

在党的八七会议指引下，1927 年 11 月 13 日，共产党员潘忠汝、戴克敏、王树声等领导湖北省黄安、麻城 3 万余名农民自卫军和义勇军，发动著名的“黄麻起义”，打响了鄂豫皖大别山地区武装反对国民党反动派的第一枪。1929 年 5 月 6 日，共产党员周维炯、徐其虚等在丁家埠率领士兵发动“商南（立夏节）起义”；同年 11 月 8 日，周狷之、吴干才等共产党员领导近万名农民，在安徽六安独山发动“六霍起义”。三次武装起义后，革命武装在大别山迅速建立起来，先后组建了红一军、红四军、红二十五军、红二十八军等四支红军主力，革命烽火燃遍大别山。

（三）鄂豫皖革命根据地的形成

鄂豫边、豫东南、皖西三块革命根据地相继建立，总面积达 1.5 万平方公里，人口逾百万。1930 年 2 月 25 日，中共中央致信湖北省委、河南省委和六安中心县委，决定在鄂豫皖三省边区建立鄂豫皖边区特委，统一鄂豫皖边区的党政军建制，创建鄂豫皖革命根据地。3 月 20 日，鄂豫皖边区党代表大会在湖北黄安县召开，成立中共鄂豫皖边区特委，郭述申任书记，许继慎、曹大俊、何玉琳等 9 人组成特委常委会。6 月下旬，鄂豫皖苏区第一次工农兵代表大会在河南省光山县王家湾召开，三省苏维埃代表和平汉铁路工人代表共 200 多人参加会议。大会选举甘元景为鄂豫皖特区苏维埃政府主席。至此，统一的以大别山为中心的鄂豫皖革命根据地开始形成。

（四）大别山红色文化资源

这块仅次于中央革命根据地的鄂豫皖革命根据地在经历第一、二、三次反“围剿”胜利和第四次反“围剿”失利的艰苦战斗进程中，萌芽了以“不怕牺牲、无私奉献”革命精神为主题的大别山红色文化。红安县“一要三不要”（要革命，不要钱、不要家、不要命）、“一图两不图”（图奉献，不图名、不图利）”的精神正是这个时期大别山红色文化鲜明的体现。抗日战争时期，大别山先后是新四军第四支队、第五师的重要活动地区；解放战争时期，大别山是刘邓大军千里挺进大别山的主阵地。在这片红色的热土上，走出了董必武、李先念两位国家主席，走出了陈锡联、韩先楚、秦基伟、徐海东、王树声、许世友、李德生、洪学智等400余位开国将领。大别山人民以坚定的革命信念和不屈的革命精神开创了鄂豫皖革命老区28年红旗不倒、22年武装斗争不断的光辉历史，留下了厚重的具有物质载体和精神内涵的红色文化资源。

从物质形态的红色文化资源来看，大别山区现在有数量众多的革命活动遗址、名人故居、烈士陵园、革命纪念建筑等。在全国100个“红色旅游经典景区”中，大别山地区有13个：湖北省有红安县黄麻起义和鄂豫皖苏区革命烈士陵园、麻城市烈士陵园和罗田县胜利烈士陵园，安徽省有金寨县革命烈士陵园、岳西县及金寨县红二十八军军部及重建旧址、红二十五军军政机构旧址、皖西烈士陵园、独山革命旧址群，河南省有新县鄂豫皖苏区首府革命博物馆、鄂豫皖苏区革命烈士陵园、首府路和航空路革命旧址、商城县金刚台红军洞群、罗山县铁铺乡红二十五军长征出发地等。

从非物质形态的红色文化资源来看，大别山精神和红安精神是英雄的大别山人民奉献和牺牲精神的真实写照。此外，还有以歌谣、楹联、家书、诗抄、民间文学为主要形式的革命题材文艺作品，如：民歌《八月桂花遍地开》《送郎当红军》《诉苦歌》《发动歌》《妇女歌》，民间舞蹈《天足舞》《大刀舞》，鼓书《王秀松大义灭亲》，民间器乐《我跟情郎带红花》《红军哥哥回来了》，楚剧《铜锣记》《英雄树》等；以革命宣传资料、传单、标语、报告、通知、会议记录、手稿、书信等为主要形式的革命文献资料。

二、大别山红色文化的内涵

大别山红色文化是民主革命时期大别山区军民在党的领导下进行的革命活动及其结果，资源丰富、内涵深厚，是革命先辈留给我们的宝贵的精神财富。

（一）信念坚定、对党忠诚

理想信念是中国共产党人的政治灵魂。大别山是马克思主义最早传播地区之一，1922年春，湖北黄冈、安徽寿县就建立了党小组，一大批先进知识分子义无反顾投入革命洪流。随着鄂豫皖革命根据地的建立，大别山人民在血与火的革命斗争中增强了对马克思主义的认识，逐渐树立了坚定的革命理想信念。在20多年的浴血奋战中，大别山区军民始终自觉地将中国共产党看作自己的“主心骨”和“领路人”，对党无限忠诚，不管革命是处于高潮还是低谷，历经无数次敌人的“会剿”“清剿”“围剿”“驻剿”“追剿”，在艰难困苦中、在生死考验时，他们始终都能做到不动摇、不退缩、敢担当，始终都能以饱满的热情、高昂的斗志和顽强的毅力投身到革命斗争中去。立夏节起义领导人之一詹谷堂不幸被捕后，遭到敌人严刑拷打，4 次陪斩，仍坚贞不屈，临刑前咬破手指，用鲜血在牢房墙壁上写下“共产党万岁”5 个大字。1932 年 11 月，主力红军撤离鄂豫皖革命根据地，便衣队坚持艰苦卓绝的三年游击战争，便衣队员们在《便衣队之歌》中唱道：“哪怕敌人再‘围剿’，红军越打越坚强。哪朵葵花不向太阳，哪个穷人不向共产党？”实际上正是因为有着坚定的信念，忠诚于党的事业，大别山区的斗争才能一直坚持下来，直到中国革命的最后胜利。

（二）不怕牺牲、甘于奉献

为了革命的胜利，民主革命时期，大别山区先后有 200 多万人参军参战，近百万人英勇牺牲，仅登记在册的烈士就有 130351 名，仅金寨县就达 10408 名。不怕牺牲、甘于奉献体现出革命战争年代大别山军民在极端困苦环境下不屈不挠的革命斗志，是大别山红色文化的鲜明特征和品格特质。六安中心县委宣传部部长兼前方办事处主任周狷之就义时留下“头颅抛千斛，风雨憾孤舟。宁为革命死，不做阶下囚”的千古绝唱。六安独山暴动总指挥朱雅清面对地方反动民团的迫害，毫不畏惧地说：“老家六安城，四个同根生，杀了我一个，还有三个拼。”八年抗战中，大别山区我军在日、伪、顽夹击中对日伪作战达到 4000 余次，歼灭日伪 10 万余人，部队由分散的游击队发展为主力部队达到 8 万人、民兵部队 30 余万人，用鲜血和生命坚持了大别山区的敌后抗战。全国第二大将军县、大别山革命老区金寨县，从大革命时期到解放战争时期，共有 10 万儿女参军参战，绝大多数为国捐躯。在社会主义建设时期，为了响应毛泽东主席“一定要把淮河修好”的伟大号召，金寨县境内修建了梅山、响洪甸两大水库，库区蓄水淹没 10 万亩良田；与此同时，10 万老区人民挥泪告别故土家园。这三个“10 万”，最好地诠释了不怕牺牲、无私奉献的精神内涵。

（三）联系群众、生死与共

植根人民、依靠人民、服务人民是中国共产党区别于其他政党的显著标志。中国共产党在大别山区坚持 28 年红旗不倒，一个重要原因就是与广大人民群众建立了血肉联系。在大别山区，中国共产党一直致力于解决农民最关心也最根本的土地问题：土地革命战争时期，实行打土豪、分田地，使广大贫苦农民都获得了土地；抗日战争时期，实行地主减租减息、农民交租交息的政策；解放战争时期，没收地主的土地分配给农民，实行“耕者有其田”的政策。在漫长的革命岁月里，大别山人民也倾力支持革命事业。1947 年 8 月 27 日，中原局指示全体指战员“全心全意地义无反顾地创造巩固大别山根据地，并与友邻兵团配合，全部控制中原区”。大别山区地瘠民贫，又是饱受战争创伤的重灾区，多数群众衣食不周。但严冬来临，得知刘邓大军依旧身着单衣时，群众纷纷慷慨解囊，踊跃捐献粮棉布匹，半个多月就解决了部队的冬衣问题。群众的支援，不仅帮助部队解决了物质困难，也鼓舞了广大指战员的斗志，坚定了坚持大别山斗争的信心，克服了无后方依托、地形不熟等重重困难，迅速完成展开并站稳脚跟。正是这种生死与共，中国共产党获得了人民群众的坚定支持，领导人民群众闯过了各种艰难险阻，在革命、建设和改革中取得一个又一个伟大胜利。

（四）实事求是、艰苦奋斗

实事求是是马克思主义的根本观点，艰苦奋斗是大别山红色文化的基石。在民主革命时期，大别山地区的共产党人始终从本地实际出发，创造性地贯彻党的路线、方针、政策，适时调整战略，创新战术。大别山区军民正是凭着坚持真理、实事求是又勇于创新的精神，才使大别山地区的革命力量在艰苦的革命斗争形势下赢得生机，并最终取得胜利。党的八七会议后，如果不是老一辈革命家坚持实事求是原则，果断放弃攻打中心城市，把起义部队转移到敌人统治力量薄弱的农村山区，就没有鄂豫皖等革命根据地的创建，就没有中华苏维埃共和国的诞生，就没有农村包围城市、武装夺取政权的正确革命道路。1931 年 11 月，红四方面军成立时有近 3 万人，到 1932 年 6 月第三次反“围剿”结束，已发展到 4.5 万余人，可是，在第四次反“围剿”失败后，主力红军仅有 2 万余人，他们果断实行战略转移，西征川陕。正是因为坚持实事求是、一切从实际出发，革命的火种才得以在大别山区保存。苏区干部“吃的金丝汤（红薯丝），睡的金丝床（稻草），穿的金丝鞋（草鞋），打的胜利仗”。在学习、工作、生活中，共产党人总是吃苦在前、享乐在后，正是这种艰苦奋斗精神创造了人间的奇迹。

三、大别山红色文化的传承

党的十八大以来，习近平总书记多次强调，要把红色传统的基因一代代传下去，让革命事业薪火相传、血脉永续。2016 年 4 月 24 日，习近平总书记在金寨县视察时深情地说：“一寸山河一寸血，一抔热土一抔魂。回想过去的烽火岁月，金寨人民以大无畏的牺牲精神，为中国革命事业建立了彪炳史册的功勋，我们要沿着革命前辈的足迹继续前行，把红色江山世世代代传下去。革命传统教育要从娃娃抓起，既注重知识灌输，又加强情感培育，使红色基因渗进血液、浸入心扉，引导广大青少年树立正确的世界观、人生观、价值观。”大别山红色文化作为一种特殊的意识形态载体，是中国共产党执政文化的源头之一，具有强大的教育价值和精神教化功能，在新时代中国特色社会主义伟大实践中，我们要缅怀先烈、赓续精神、矢志不渝地传承红色基因。

（一）挖掘红色资源，激活大别山红色文化，始终牢记共产党人的初心使命

红色文化是党的奋斗历史的浓缩，承载着中国共产党人的初心和使命。走得再远，也不能忘记为什么出发；成就再辉煌，也不能忘记曾经的奋斗和牺牲。大别山是一方红色沃土，在党领导中国人民进行革命、建设和改革波澜壮阔的伟大进程中，始终有着重要的历史地位，无数优秀共产党人在这里战斗、生活，谱写了可歌可泣的壮丽篇章、留下了丰富的红色资源。据统计，大别山地区仅红色文化遗存就达上千处之多，枪支、刀剑、书信、文件等革命斗争遗物，红色歌谣、革命精神等非物质形态红色文化资源十分丰富，因此这里最早成为全国著名的革命传统教育基地和青少年爱国主义教育基地。除此之外，与红色文化资源并存的自然生态资源、人文历史资源，以及农耕文化、乡风民俗、名优特产等资源也丰富多彩，共同开发可以扩大社会效益和文化价值。众多的革命传统教育资源，正是我们最需要激活的精神密码。我们要让红色资源“动”起来。通过搜集整理，将红色资源转化为看得见、摸得着、感受得到的人物事件，通过听红色歌曲、读红色经典、观红色文物、看红色电影，让人们随时随地感受到红色基因的存在和传承，使红色资源发挥出长期、潜移默化的作用。我们要让红色文化“活”起来。贴近时代、贴近游客、贴近市场，改变单一的展陈及游览方式，积极运用高科技手段和创新性方法，推行平面、立体、动态、表演等相结合的多维展陈，形成强烈的视觉冲击和情感震撼，让游客“可玩”“可视”“可参与”，见物、见人、见精神。我们要让红色基因“新”起来。在守护红色基因的同时，我们应重视红色基因内涵的挖掘，结合新的历史条件，为其不断注入新的活力，使红色基因更加突出、鲜明。

（二）强化红色教育，厚植大别山红色文化，凝聚实现中国梦的磅礴力量

习近平总书记指出：“对我们共产党人来说，中国革命历史是最好的营养剂。多重温我们党领导人民进行革命的伟大历史，心中就会增加很多正能量。”[①] 要

① 李军主编：《治国理政的思维艺术》，人民出版社 2018 年版，第 45 页。

发挥党史“教科书”“必修课”“营养剂”“清醒剂”的作用，就要注重党史知识的普及与传播，让广大干部群众全面系统地把握大别山革命历史发展的主题和主线、主流和本质，全面系统地把握大别山老区人民的伟大历史贡献、铸造的伟大革命精神，以及取得的历史经验和教训。要把革命历史知识的学习教育作为广大党员干部和青少年学习教育的必修课，适时开展理想信念教育、思想路线教育、优良传统和作风教育、社会主义核心价值观教育等专题文化教育，利用重要时间节点，以及重大党史事件和重要人物纪念，举办纪念会、座谈会、学术交流会、专题宣讲、图片展览、知识竞赛等系列活动，集中宣传党的奋斗历史和辉煌成就，直接发挥安徽党史、革命史正面宣传鼓舞人、激励人、启迪人、警示人的作用。要充分发挥爱国主义教育基地、党史教育基地、干部教育基地、革命烈士陵园、红色旅游经典景区的教育功能，讲好红色故事，补充红色营养，把红色火种播进一代代年轻人的心中，激发大家的信仰伟力，凝聚起同心共筑中国梦的磅礴力量！

（三）发扬红色传统，传承大别山红色文化，奋力抒写新时代的华美篇章

大别山红色文化来自于我们党带领老区人民进行革命、建设和改革的伟大实践，把红色资源利用好、把红色传统发扬好、把红色基因传承好，是共产党人的重要使命。传承大别山红色文化，就是要发扬革命传统，高举旗帜跟党走。要高举中国特色社会主义伟大旗帜，牢固树立“四个意识”，坚定革命理想信念，练就共产党人的钢筋铁骨。传承大别山红色文化，就是要弘扬英雄精神，发挥榜样作用。要注重发挥先进典型作用，多讲革命烈士和英雄人物的崇高风范，多讲吴焕先、周维炯、许继慎等众多烈士的感人事迹，把他们的诗抄、家书、楹联编辑成书用于干部教育，让英雄人物成为引人向前、催人奋斗的精神坐标，让红色基因渗进我们的血液、融入我们的血脉。传承大别山红色文化，就是要躬耕践行，做新时代的奋斗者。不能停留在书本上、口头中，要融入人们的日常工作、生活中，真正使之内化于心、外化于行。我们要大力弘扬奋斗精神，锐意进取，不断攻坚克难，满怀激情地投入新时代中国特色社会主义伟大实践。

论金寨“两源两地”的历史地位及现实启示

中共北京市海淀区委党校　何昭瑾

安徽金寨位于大别山北坡，在土地革命时期是中国革命的策源地、人民军队的发源地，是鄂豫皖苏区的标志性地区，是领导19个县的皖西北道委、特委所在地，在中国革命历史上有着崇高的历史地位。2016年4月24日，习近平总书记视察金寨时满怀深情地说：“一寸山河一寸血，一抔热土一抔魂。回想过去的烽火岁月，金寨人民以大无畏的牺牲精神，为中国革命事业建立了彪炳史册的功勋。”这是习近平总书记对金寨人民为中国革命所作贡献的高度评价，对金寨在中国革命中的历史地位作出的精准定位。回顾金寨创建革命根据地和创建人民军队的艰难历程，展示金寨“两源两地”历史地位和作用，对于我们传承红色基因，弘扬红色精神，努力做到“不忘初心，继续前行”具有重要的现实意义。

一、对金寨“两源两地”历史地位的认识和理解

（一）“两源两地”是对金寨在中国革命历史中所处地位的科学论断

金寨是红军的摇篮，将军的故乡，是烈士鲜血浸透的红色土地。金寨在中国革命史上有着崇高的历史地位，为中国革命史写下了光辉的历史篇章。

1. 金寨是大别山地区传播马列主义的先遣之地

20世纪20年代初，在俄国十月革命胜利的影响和五四运动的推动下，以蒋光慈为代表的金寨籍进步知识分子和青年学生较早地接受了马克思主义进步思想，并积极投身革命活动、秘密传播马克思主义理论。1920年10月，徐狩西在金寨燕溪小学成立了马克思主义学习小组，在一些进步青年中宣传马克思主义，

使封闭的金寨山区中的一些进步知识分子开阔了视野，从而开始了新的探索。1922 年，詹谷堂在金寨北部的固始县志成小学成立青年读书会，旨在学习宣传马克思主义。随着马克思主义在金寨境内的广泛深入传播，一批先进分子加入了中国共产党，建立起党的基层组织。1924 年冬，在詹谷堂的推动下成立了中共笔架山农校支部，这是鄂豫皖地区最早建立的党组织之一。1925 年 3 月，金寨地区又成立了中共南溪支部。此后，党组织不断发展，成为领导金寨地区革命斗争的核心力量。1927 年大革命失败后，金寨党组织迅速贯彻党的八七会议精神，走工农武装割据的道路；积极建立农会组织，开展“五抗”（抗租、抗债、抗粮、抗税、抗捐）和借粮、均粮斗争。这些活动，都为以后的革命武装起义奠定了坚实广泛的革命基础。

2. 金寨是大别山地区开展农民武装革命的模范之地

在党组织的坚强领导下，金寨县接连爆发了两大起义并取得了胜利，其中 1929 年 5 月 6 日爆发的立夏节起义成为豫东南革命斗争的燎原星火，接着爆发的六霍起义成为鄂豫皖革命根据地连成一片的重要环节。金寨县在一个县域、一个年度内，接连组织爆发两次大规模武装起义并取得完全胜利，随之成立了革命政权，组建两支红军队伍，形成两块革命根据地，并最终与鄂东根据地连为一体，形成了仅次于中央苏区的全国第二大根据地，从而促使金寨成为鄂豫皖边区大规模革命武装起义的主要策源地和爆发地。

3. 金寨是大别山地区组织抗日战争的指挥中心

1937 年抗日战争全面爆发，由于遭受日军大规模的侵略，国民党安徽省政府于 1937 年 12 月由安庆迁至六安。1938 年 5 月，日军进逼皖中，蚌埠、合肥两地相继沦陷，从 1938 年 6 月至 1939 年 7 月，中共安徽省工委、鄂豫皖区党委设在了金寨的花石乡汪家老屋，秘密地领导“津浦路以西、平汉路以东、浦信以南的广大地区工作”，积极宣传抗日，建立群众组织，发展党的组织。可见，金寨因其优越的地理位置和政治基础，成为当时国共两党在安徽省乃至大别山地区发展抗日民族统一战线、领导抗日民主救亡运动的指挥中心。

4. 金寨是解放战争时期的重要战略基地

1947 年 8 月底，刘伯承、邓小平率领的晋冀鲁豫野战军千里跃进大别山，揭开人民解放战争战略进攻的序幕。9 月 2 日，三纵八旅攻克金家寨。4 日，金寨县委、县政府成立，改“立煌县”为“金寨县”。1949 年初，人民解放军挥师南下，发起渡江战役，金寨人民再次掀起支前高潮，一个月内就筹粮 100 万斤、钱款 5 万元、鞋 2 万双，有力地支援了解放军南下作战。毛泽东曾高度评价刘邓大军千里跃进大别山的重大意义，指出这是一个历史的转折点，是蒋介石和帝国主义在中国的反动统治由发展到消灭的转折点。同时，以金寨为中心的皖西革命根据地在斗争中不断巩固，也成为了解放大军举行淮海决战、渡江作战的前进基地和渡江后的巩固后方。

（二）“两源两地”是对金寨为人民军队创建发展所作贡献的高度评价

金寨是全国著名的革命老区，也是中国工农红军第一县和全国第二大将军县。土地革命时期，在中国共产党的领导下，金寨境内先后组建了 12 支主力红军队伍，全国第一。从金寨走出的红四方面军主力、红二十五军、红二十八军等革命武装后来成为八路军、新四军的重要组成部分，也成为人民解放军的骨干和源头，为人民军队的发展壮大作出巨大贡献。

1. 金寨境内组建红军队伍众多、渊源深

金寨县组建诞生的主力红军队伍最多，是名副其实、当之无愧的“中国工农红军第一县”和“红军源”。土地革命时期，金寨一个县就组建了 12 支主力红军队伍；在全国的 4 支长征队伍中，就有 2 支（红二十五军和红四方面军）直接诞生于金寨和主要发源于金寨；在抗日战争和解放战争时期，各有 3 支革命武装力量（八路军一二九师和中原野战军、一一五师和华北野战军、新四军第四支队和华北野战军）在这里成长壮大；解放后，18 个集团军中有 6 个与金寨有渊源关系。在一个县诞生 3 个层次、12 支主力红军队伍，这在中国人民军队的发展史上乃至世界军事史上都是罕见的。

2. 金寨人民参军参战人数多、牺牲奉献烈士多

金寨红军史就是一部战斗史，血泪史，金寨人民为中国革命的胜利作出了巨大牺牲。在土地革命时期，境内爆发了鄂豫皖革命根据地著名的三大起义中的立夏节起义（又称商南起义）和六霍起义。在战争中先后有 10 万英雄儿女参军参战，绝大多数血洒疆场、为国捐躯。解放后，被追认为革命烈士的有 10400 多人，占安徽省烈士总数的 1/5。民政部编著的《中华英烈大辞典》共收录全国县团级以上英烈 1.5 万人，其中仅金寨县就有 330 人，占全国总数的 1/50。

3. 金寨儿女浴血奋战英雄辈出、诞生将军众多

在金寨组建的红军队伍及金寨的红军将士，为中国革命事业的胜利舍生忘死，浴血奋战，建立了不朽功勋。到新中国成立时，幸存下来、在全国各地工作的金寨籍老红军只有 700 多人，红军流失人员 3500 多人，却涌现出开国将军 59 位、省军级领导干部 147 位、地师级领导干部 382 位，占幸存红军总数的 60% 以上。金寨县成为全国第二大将军县，全国 1/5 以上的开国将军和数千名高级领

导干部在金寨参军、战斗和工作过，金寨成为革命将领的红色摇篮。

二、对金寨成为“两源两地”的原因剖析

金寨地区之所以能够成为中国革命的重要策源地和人民军队的重要发源地，是由当时的政治、地理、人文以及复杂的社会矛盾和革命斗争形势决定的，有其历史的必然性。金寨的自然社会环境独特，自古为兵家争夺之地，人民群众饱受封建统治的压迫，反剥削、反压迫斗争历史悠久。民国初期，金寨地区在经过五四运动影响和马克思主义思想洗礼后，在党团组织和农民组织的建立、恢复、发展后，在进行有意识的武装反抗后，孕育红军的沃土已经形成，随着武装起义条件的日趋成熟，金寨红军队伍的诞生成了革命历史发展的必然结果。

（一）五四运动以及马克思主义传播奠定的思想基础

1. 五四运动带来了思想进步

1919 年 5 月 4 日，在俄国十月革命的影响与推动下，中国爆发了人民群众反帝反封建的伟大革命运动——五四运动。五四运动的浪潮很快波及到金寨地区，在青年学生的主导下，各阶层人民迅速参与到这场运动中。在这场运动中，各地还广泛开展了提倡新风尚、提倡新文化等活动，使封建思想受到了猛烈抨击，很多进步刊物不断传入金寨，有力促进了金寨地区新文化运动和革命活动的开展。在五四运动的积极影响下，群众反剥削、反压迫的斗争不断。佃户们反抗地主豪绅的盘剥、工人们罢工斗争要求改善生活条件，大都在一定程度上取得了胜利。

2. 马克思主义传播掀起了革命思潮

经过五四运动的洗礼，金寨地区的青年知识分子逐渐认识到马克思主义的先进性和科学性。一些进步人士以学习小组、读书会等形式，积极促进马克思主义的传播，比较有代表性的有徐狩西等人成立的马克思主义学习小组、王明等人组建的豫皖青年学会、詹谷堂主导成立的青年读书会和马克思主义学习研究会。这些形式的学习小组、读书会等，有效促进了马克思主义思想在金寨人民中的传播，推动群众革命运动的理性发展，促进一批无产阶级革命战士的迅速成长。

（二）党团组织以及农户组织建立搭建的组织保障

1. 中共党团基层组织的建立与发展

1924 年，金寨优秀青年蒋光慈回国任教，在其返乡时发展詹谷堂加入中国

共产党。随后，詹谷堂又发展数名进步教师加入中国共产党，并在志成小学成立了党支部。其后，詹谷堂等人又利用讲学的方式，发展笔架山农校青年读书会数名骨干加入中国共产党，并成立党小组，不久扩展为中共笔架山农校支部。次年，詹谷堂回乡任南溪明强小学校长，发展数名进步教师加入中国共产党，成立中共南溪支部。同年秋，南溪支部与笔架山农校支部一起，成立商南特别支部，詹谷堂任书记。1925—1926 年间，在外地学习的金寨籍进步知识分子很多加入党组织，他们始终与家乡保持着联系，有的被派回金寨工作，有的利用假期回乡活动。在他们的推动下，马克思主义思想得以迅速传播，党团组织也得到快速发展。1926 年秋，中共简家坳支部成立；8 月至 9 月，中共禅堂（白沙河）和太平山支部成立；10 月，中共商罗麻特别支部成立。1927 年 3 月，中共漆家店（沙堰）支部成立；10 月，中共燕子河支部成立；11 月，中共古碑冲和白塔畈支部成立。到 1928 年夏，金寨境内的党组织均有了较大发展，组织机构也都建立健全起来。此外，斑竹园一带还建立了小河、桥口、简家坳、吴家店等团支部。这些基层党团组织的建立，成为领导金寨地区革命斗争的核心力量，从而为该地区革命运动的深入发展提供了组织保障。

2. 农会组织的建立和斗争

1925 年 1 月，中国共产党第四次全国代表大会在上海召开，提出要普遍建立农会，开展农民运动。为了响应号召，金寨地区党组织积极创办农会组织，农民运动开始兴起。1925 年 3 月，南溪、葛藤山创办了农民协会；4 月，开顺、叶集、尧岭等地的农协组织也秘密发展起来；至夏季，商南党组织在双河、斑竹园、南溪等地组建农协会，组织发动农民开展减租减息斗争。1926 年春节期间，双河香炉石（今学堂村）农民协会建立，一个月后，成立农民委员会。至 1926 年秋，双河的下店、桃岭，以及古碑冲、闻家店、燕子河、七邻湾、金家寨、麻埠、油坊店、白塔畈、流波 、大岗子等乡村，也相继建立起农协组织。由于北伐战争的推动，金寨地区农民运动深入发展，到 1927 年 3 月，金寨地区大部分乡村农民协会均建立起来，仅斑竹园、南溪、吴家店一带就成立了 8 个区农民协会、97 个乡农民协会，会员 10900 余人。各地农民协会成立以后，广泛开展打击地主、土豪劣绅和反动官僚的政治斗争以及抗租抗债和减租减息的经济斗争。在政治上，农民协会利用国民政府和孙中山制定的联俄、联共、扶助农工的政策，将地主豪绅按照罪恶大小，对其进行清算、罚款、游街等，对个别罪大恶极者进行审判；在经济上，采取召开农民群众大会、代表发言揭露地主恶行、示威游行等办法，向地主展开“佃户不拿租”“穷人不还债”“耕地农有”等不同形式的减租减息斗争，为此后的土地革命打下了基础。

（三）金寨人民是金寨革命的力量之源、胜利之基

1. 金寨人民拥有勇于抗争的光荣传统

金寨地区有它特殊的地理环境，山区、土地贫瘠、灾荒频发、生产力低下、交通不便。在这种地理环境下，经济社会极不稳定，农民生活没有保障，长期过着极端悲惨的苦难生活。哪里有压迫哪里就有反抗。为反抗剥削和压迫，金寨人民奋起抗争，早在1894—1921年间，金寨县燕子河地区就持续发生反天主教会的斗争，鼓舞了山区人民反帝反封建的斗志；1895—1898年间，在白塔畈、大岗、江店一带，因水旱灾害和地主豪绅加租加息盘剥群众，发生过抗租抗债斗争；1913年，金寨人民又参加了白朗义军的兴师讨袁和劫富济贫斗争。20世纪二三十年代的旧中国，国民党统治下战乱频仍、民生凋敝，通过中国共产党带领群众闹革命的火热实践，金寨人民群众深刻认识到，只有紧跟共产党、紧跟红军，才能改变现状，才能找到出路。因此，大批金寨人民加入到红军队伍中来，成为金寨革命的力量之源。

2. 金寨人民拥有无私奉献的高度自觉

战争年代，金寨人民许多家庭自愿举家投身革命，直接从事革命工作，有的家庭满门英烈，很多人甚至没有留下姓名，但他们始终无怨无悔、前仆后继。无论革命处于高潮、低潮，自身处于顺境、逆境，无论革命斗争再苦再难、个人处境再险再恶，革命群众都始终不渝地坚信党的纲领，坚定革命信念，坚决服从党的领导。正是金寨人民这种全心全意、不遗余力地支持，才帮助革命渡过一道道难关，取得一个个胜利。

三、金寨“两源两地”革命精神的现实启示

“以铜为鉴，可以正衣冠；以人为鉴，可以知得失；以史为鉴，可以知兴替。”回顾金寨“两源两地”形成和发展的历程，总结蕴含其中的经验，可以获得弥足珍贵的启示，有利于我们在继承优良传统的基础上，更好地指导今后的工作。

1. 始终坚持党的领导，争做永跟党走的举旗人

从建党之初到新中国成立，无论革命进入高潮，还是转入低谷，金寨军民始终铁心跟党走，一心一意干革命，创造了金寨革命老区28年红旗不倒、火种不灭的传奇历史，铸就了中国革命史上的一座不朽的丰碑。在革命战争年代，金寨军民展现出来的那种始终坚守信仰、始终坚定信念、始终坚持斗争、始终坚持党

的领导的优良品质值得我们继续继承和发扬。金寨的革命斗争28年红旗不倒，是千千万万个金寨共产党人和革命军民用鲜血和泪水创造出来的不朽奇迹，也是金寨党政军民不畏牺牲、崇尚真理的一面光辉的旗帜。新时代弘扬旗帜精神，就是要大力传承“两源两地”的红色基因，坚守共产党人的理想信念，坚决维护和绝对服从党中央的坚强领导，拥护核心、维护核心、看齐追随，在思想上政治上行动上始终与党中央保持高度一致，做到坚定不移听党话、始终不渝跟党走。

2. 始终践行群众路线，争做爱民为民的服务队

在条件十分艰苦的年代，金寨的革命斗争队伍之所以能够不断地发展壮大，靠的就是人民群众源源不断的补充和倾尽全力的支持。人民群众是金寨党组织和人民军队坚持长期革命和与强敌奋战的力量源泉，也是金寨革命事业始终立于不败之地的根本保证。金寨党政军民生死与共的血肉联系，正是红军能够生存、发展、克敌制胜的根本原因和根基，也是金寨革命斗争的最大政治优势和制胜法宝。习近平总书记反复强调，要把人民放在心中最高的位置，实现好、维护好、发展好最广大人民根本利益。历史经验告诫我们，唯有牢记初心，永不脱离群众，永远依靠群众，方能无往而不胜。所以无论何时何地，人民利益都是最高利益，人民需要都是最高需要；无论何种情况，我们都要做到与人民群众同呼吸、共命运、心连心的立场不能变，全心全意为人民服务的宗旨不能忘，坚信群众是真正英雄的唯物史观不能丢。

3. 始终彰显奉献品格，争做甘于奉献的“老黄牛”

金寨的革命斗争史，也是金寨军民的牺牲奉献史。面对残酷的斗争形势，共产党人、红军战士、革命群众，都要随时随地作出重大的牺牲。在金寨苏区，广为流传的“一要三不”（要革命，不要钱、不要家、不要命）和“一图两不图”（图贡献，不图名、不图利）的革命誓言，能够生动反映出金寨军民为了革命敢于牺牲、无私奉献的革命心声。正是金寨的先烈先辈们以破家革命、舍身革命的英雄气概，才凝结了金寨老区特有的革命气质，彰显出金寨军民独特的胸襟气度。新时代，建设社会主义伟大强国更加需要我们每个人的奉献精神，唯有奉献方显英雄本色，唯有奉献方显个人魅力。

4. 始终彰显奋斗风貌，争做勇于担当的实干家

在长期革命斗争实践中，金寨军民攻坚克难的革命斗志、百折不挠的坚强毅力和埋头苦干的工作作风，是保证金寨革命红旗不倒、火种不灭的重要精神力量。在那种难以想象的困难条件下，金寨军民还是创造了一个又一个以劣胜优、人定胜天的伟大奇迹，正是源自金寨军民那种能吃苦奋斗、能战天斗地的革命精神。新时代实现中华民族伟大复兴的中国梦，我们更要把这种吃苦奋斗精神作为

“营养剂”，融入到具体的工作实践中。空谈误国，实干兴邦。我们干工作不能只要嘴皮子，只停留在文件上、讲话中，而是要扑下身子付诸行动，真抓实干、埋头肯干、持续苦干，发扬锲而不舍的钉钉子精神，以“抓铁有痕”“踏石留印”的执着和“咬定青山不放松”的韧劲，将明确的事情抓紧实施，将部署的任务一抓到底，确保工作善始善终，善做善成，见底见效。

霍山县苏维埃政府的历史贡献

霍山县政协文化文史和学习委员会　汤祖祥

2019年是六霍起义胜利90周年。回顾霍山县苏维埃政府的历史贡献，对于继承和弘扬大别山精神，全面建设小康社会，推进老区改革开放和现代化建设事业具有一定的现实意义。

一、霍山县苏维埃政府成立的历史经过

霍山县有着光荣的革命传统，是一片红色的土地。霍山县是安徽省建党较早的县之一。1920年，马克思主义就开始在霍山传播。1924年，霍山就有党员活动。1927年秋，舒传贤、徐育三、刘仁辅分别在东北乡、西镇、燕子河建立了舒家庙、漫水河、燕子河3个党支部。1929年1月，舒传贤在家乡舒家庙杨伯平家主持召开了霍山县第一次党代会，选举产生了中共霍山县第一届县委，舒传贤任书记，隶属中共安徽省临委领导，下设东北、西镇、南乡3个区委和西乡、城关2个特支。全县党员发展到107人。马克思主义的传播与霍山党组织的建立为霍山县苏维埃政府的成立作了思想上、组织上的准备。

中共霍山县委成立后，领导人民发动了威震皖西的六霍起义，在安徽革命斗争史上创下了4项“第一”：一是1929年5月初，共产党员刘淠西、朱体仁组织、发动了诸佛庵民团起义，在皖西向国民党反动派打响了“第一枪”，拉开了六霍起义的序幕。1929年11月19日，为响应六安独山暴动，在六安中心县委书记舒传贤和霍山县委书记喻石泉的领导下，霍山县委成功地举行了西镇暴动，接着又发动了桃源河暴动、诸佛庵—新店河暴动、大化坪—舞旗河暴动、东北乡暴动，头陀河、包家河暴动等近20起农民武装暴动。这些暴动成为六霍起义的重要组成部分。二是1930年1月，中共六安中心县委书记舒传贤在霍山的流波碹主持召开会议，组建了安徽第一支正规红军——中国工农红军第十一军第三十三师，其一〇七团主要由霍山赤卫队组成。红三十三师的创立，标志着皖西苏区及

安徽正规红军的建立。三是1930年4月12日，红军攻克霍山县城，成立了霍山县首届苏维埃政府，这是安徽省第一个县级苏维埃政府。设机关于城内西大街，曹品三任主席。四是1930年4月底，霍山县在全省内率先赤化。霍山境内所有城镇、村庄、山岗无一处不插遍农民起义的红旗。1931年5月，第二届县苏维埃政府在诸佛庵成立，赵小波任主席。苏维埃政权建立后，领导人民先后进行了3次土改，并进行了武装、经济、文化教育等各项建设。从1930年4月到1932年10月红色政权存在的2年零7个月，各项建设蓬勃发展，显示了工农专政的威力，这对巩固和发展皖西革命根据地、支援红军作战、改善苏区人民生活等都起了巨大的作用，为全省所瞩目，被中共安徽省委确定为安徽省红色区域中心。1931年2月23日，中共安徽省委向中共中央报告称“全省规定四个中心县，红色区域以霍山为中心县，白色区域以安庆、合肥、屯溪三县作中心”。

二、霍山县苏维埃政府成立的历史条件

“枪杆子里面出政权。”霍山县苏维埃政府的成立是六霍起义胜利的产物。霍山县苏维埃政府的成立，霍山成为全省红色区域中心，究其原因，除了是霍山当时社会主要矛盾——地主阶级和广大农民的矛盾即阶级矛盾激化的必然结果之外，主要还有如下几点。

一是立夏节起义的影响及红三十二师的大力支持，是霍山县苏维埃政府成立、安徽省红色区域中心形成的外部动力。没有革命的武装，便没有人民的一切。1929年5月立夏节起义胜利后，成立了中国工农红军第十一军第三十二师，它有力地打击、牵制了霍山西部之敌，支援了农民暴动的全面爆发，提供了可资借鉴的成功经验。与此同时，红三十二师与霍山游击队先后发动了西镇暴动，组建了红三十三师，并直接参与了桃源河暴动、东北乡暴动，两次攻克霍山县城，成立首届霍山县苏维埃政府。

二是独特的地理环境是霍山县苏维埃政府成立、安徽省红色区域中心形成的必备条件。霍山县位于安徽省西南边缘，与鄂、豫两省接壤，地处大别山腹地，境内崇山峻岭，交通闭塞，文化落后，经济不发达，且远离国民党统治中心，敌人鞭长莫及，适宜游击战。霍山群众基础较好，反帝反封建斗争一直未停止过，这充分说明霍山人民具有极大的革命积极性。同时，皖西反动统治阶级力量比较薄弱，国民党新军阀还没来得及在皖西建立反动统治，驻六安一带的北伐军第三十三军军长柏文蔚与蒋介石素有矛盾，同情革命，革命力量得以迅速发展，再加上1927年10月至1930年11月间，先后在鄂豫皖边界地区与周边爆发的宁汉战争、蒋桂战争、蒋冯阎大战等，都给开展革命斗争以有利之机，皖西敌人兵力大

为减少。正如毛泽东所指出，“军阀间的分裂和战争，削弱了白色政权的统治势力。因此，小地方红色政权得以乘时产生出来”①，革命的星星之火迅速燃成燎原之势。红三十二师、红三十三师、潜山独立师以霍山为依托，趁军阀混战之际积极出击，消灭大量反动武装，不断壮大发展自己。这些，都加速了霍山县苏维埃政府的成立、安徽省红色区域中心的形成。

三是党的正确领导是六霍起义取得胜利、霍山县苏维埃政府成立的决定性因素。1929 年 10 月经中共中央批准成立了以舒传贤为书记的中共六安中心县委，负责六安、霍山、霍邱、英山、寿县、合肥 6 县党的工作，形成了皖西地区的领导核心，统一领导和部署各地的武装暴动，是各地暴动的总指挥部。这是六霍起义迅速发展并取得胜利、霍山县苏维埃政府成立的根本原因之一。

党的坚强领导，主要表现在坚决贯彻执行党的正确路线方面，敢于抵制错误路线方面。舒传贤、刘淠西、黎本益等县委领导人有着丰富的阅历和斗争经验，有识别正确路线与错误路线的能力。1927 年 10 月和 1928 年春，安徽省临委不顾皖西已处于白色恐怖之下的严重局势，指示六安特别区委立即暴动。特别区委在分析了当时的形势之后，认为暴动条件不成熟，没有盲目地执行上级指示，两次抵制了省临委的错误指示。1929 年秋，在“群众生活非常恶化”的情况下，霍山县委发动了以抗租为主要内容的秋收斗争。之后，才根据全县农协已有较大发展，农民武装已初步建立的形势，根据中心县委统一部署，在全县范围内开展了“武装冲突和建立苏维埃”的斗争，发动了全县农民大暴动。在六霍起义中，从中心县委到霍山县委以及各区委，斗争目标都非常明确，即以武装暴动推翻国民党反动统治，建立苏维埃政权。这一点，在霍山各地暴动中表现得最为突出，即在一定范围内举行暴动，暴动一胜利，立即建立相应的苏维埃政权。在一个乡范围内暴动，即成立乡苏维埃政府；在一个区范围内暴动，即成立区苏维埃政府；最后攻克县城，即宣布县苏维埃政府成立。

党的领导核心作用还表现在各级党的干部和广大党员的先锋模范作用方面。他们紧密联系群众，与群众同甘共苦，并肩战斗。舒传贤等中心县委成员，日以继夜，忘我工作。既要部署整个皖西地区暴动，又要亲临前线指挥战斗。霍山规模较大的西镇暴动、东北乡暴动都是舒传贤精心布置、亲自指挥的。他患有严重的肺病，却毫不在意，往往一边吐血，一边参战。在所有暴动中，各级干部和共产党员无不身先士卒，吃苦在前，冲锋在前，牺牲在前，他们把革命事业看得高于一切，而将个人利益乃至生命置之度外。正是这些共产党人的模范带头作用，才能指挥和带领千万群众与敌人作殊死的斗争，才能取得六霍起义的胜利，才能

① 《毛泽东选集》第一卷，人民出版社 1991 年版，第 51 页。

成立人民自己的政权。

四是人民群众的顽强战斗，是六霍起义胜利、霍山县苏维埃政府成立的重要条件。六霍起义的主力军是广大贫苦农民。他们受压迫最深，最富有反抗精神。六霍起义前，在春荒和秋收斗争中，仅东北乡就发动大小斗争 200 多起，其中武装斗争 60 多次。广大贫苦农民在斗争中认识到“他们唯一的出路只有推翻军阀国民党的统治，建立苏维埃政权”。纵观六霍起义的全过程，每次暴动，都有千万农民积极参加战斗，男的打仗，女的送饭，儿童站岗放哨，传递情报，涌现了很多可歌可泣的英雄事迹。全家参战、村村参战、全乡参战，形成了人民战争的汪洋大海。他们前仆后继，英勇顽强，表现了用先进思想武装起来的人民群众有着无穷的凝聚力和战斗力。东北乡暴动，总计有四五万农民参加，几乎占全县成年人口的半数。其范围之广，规模之大，组织之严密，战斗之激烈在鄂豫皖革命根据地都是前所未有的。六霍起义充分显示了党的领导的关键作用，显示了广大贫苦农民敢于斗争，敢于胜利，不怕牺牲，不屈不挠的革命精神。

三、霍山县苏维埃政府的各项建设

霍山县苏维埃政府的成立，标志着霍山的革命运动由此进入了崭新的发展阶段。霍山县苏维埃政府成立后进行了各项建设，取得了宝贵的经验，培育形成了伟大的大别山精神，在安徽革命斗争史上写下了光辉的篇章。

（一）政权建设

县苏维埃政府政权建设包括权力机关、行政机关、司法和监察机关 3 个不可分割的组成部分。这虽然形同资产阶级的三权分立，但在内容和实质上有根本变革，既废除了封建政权的专制主义，又摒弃了资产阶级的虚伪民主，今天的人民民主专政的政权，当时已显示出雏形。

1. 行政机关是县区乡苏维埃政府

霍山县第一届苏维埃政府委员会，是六霍起义期间，由六安中心县委书记舒传贤主持在燕子河召开的各县代表和干部、积极分子大会上选举产生的。各区、乡苏维埃政府一般都是在当地暴动胜利后，由区、乡党组织和农协领导成员中由工农兵代表选举若干人组成，个别缺干部的地方由上级委派干部组成，成立时间有先有后。1930 年 4 月 12 日第一届县苏维埃政府成立后，选举产生政府委员会执行委员 21 人，候补委员 5 人，并从执委中选出高维琪等 9 人组成常委会，苏维埃分设土地、裁判、经济兼肃反、粮食、武装、文化、交通、赤卫等委员会，分管全县的各项行政事务，行使政权。县苏维埃政府将全县化为7区：一区舒家庙，二区城关，三区管家渡，四区杨家河，五区漫水河，六区闻家店，七区诸佛庵。区苏维埃政府的组织与县苏维埃政府的组织相同，选执行委员13至15人，其中常委5至10人。每区辖8至15个乡不等，乡苏维埃政府的组织除以财政委员会取代经济委员会外，其余均与县区相同。选执行委员11至13人，其中常委3至5人。在乡苏维埃政府之下，有的设立村苏维埃组织，有的仍保持暴动前的农协支、分会组织。这样，一个全县从上到下的政权组织系统形成，从而保证了各项政策法令的贯彻执行以及各项建设的实施。

1930年5月2日，“因红军大部援助潜山的工农革命，游击潜山，留霍山的部分，中心任务攻河口、麻埠”。国民党六安新编第五旅进犯霍山。县委和县苏维埃政府机关随红军暂避黑石渡。6月中旬，红军收复县城，县委和县苏维埃机关又迁回城内。7月上旬，敌潘旅再占县城。县委和县苏维埃机关先后在黑石渡、诸佛庵、太子庙、杨氏祠、闻家店、杨家河、头陀河等地办公，是年冬，撤至潜山县境内。

1930年冬，鄂豫皖红军反围攻胜利，鄂豫皖区苏维埃政府和皖西北特区（1931年10月改为道区）苏维埃政府相继成立。1931年2月，霍山县召开了全县工农兵代表大会，5月21日，霍山县第二届苏维埃政府在诸佛庵后街曹家行成立，主席赵小波，常委吴仲孚、胡立庭、王树柄、王胜楷、余佩海、林少亭、黄志方等人。县苏维埃政府按鄂豫皖区苏维埃政府规定，设内务、土地、粮食、文化教育、劳工、财政经济等委员会和军事指挥部、革命法庭（后改为政治保卫局）。全县设8个区：一区下符桥，二区城关，三区舞旗河，四区头陀河，五区道士冲，六区闻家店，七区诸佛庵，八区（市郊区）流波𬒗。其中二、四区正式成立苏维埃政府较迟。八区是新增设的。各乡苏维埃政府迅速恢复正常办公。

2. 各级苏维埃政府的组织原则是人民代表大会制

当时，各级工农兵代表大会是行使权力的机关，政府成员是在党组织领导下，由选举产生。为了行使权力，一是严格审定选民。《苏维埃选举法》规定：“凡中农、贫农、雇农、工人及独立劳动者、学生及革命职业者均有选举权和被选举权”，剥夺地主、豪绅、资本家、富农、僧侣、道士及反动党政分子、官吏、警察、宪兵、法警的选举权和被选举权。二是选好代表。《苏维埃选举法》规定，500选民中选举代表1人，工人和士兵皆50人中选举代表1人，代表产生后，再召开工农兵代表大会（苏维埃）产生区、乡苏维埃政府委员会。这样就确保了无产阶级在苏维埃政权中的领导地位和工农联盟的牢固基础。三是坚持一切重大事务由工农兵代表大会决定。

3. 县苏维埃政府领导下的各种群众团体也纷纷建立

在诸佛庵成立有县总工会、雇农工会、贫农团、赤色互济会、反帝同盟、共青团、少先队、妇女会、童子团等，还办了雪花报社、经济合作社、医院、药房、修械所、俱乐部、列宁室、列宁模范小学、捐税征收处等。各项活动轰轰烈烈，霍山县苏维埃运动呈现出蓬勃发展的全盛时期。

4. 司法和监察机关初见雏形

按规定设立工农兵监察委员会，从工农兵代表大会产生，作为对政府的监督机构。裁判委员会和革命法庭虽曾作为政府的下设机构，但一般能独立进行工作，有按照法律行使审判、检查的自主权。

5. 县苏维埃各项制度逐步完善

1931 年 7 月，鄂豫皖区苏维埃政府召开了第一次全区工农兵代表大会，颁布了《选举条例》《土地法大纲》等一系列法令，使制度渐趋完善。皖西北特区又颁布了《妇女问题决议案》，并将六安六区（金家寨）苏维埃大会所通过的《土地政纲实施细则》《雇农工资办法》《手工业工人办法》《债务办法》《森林办法》等决议案，翻印发至各苏区县，要求参照执行。这些政策、法令具有鲜明的阶级性，代表了工农群众利益，深受工农群众的拥护，在霍山县全境得以迅速贯彻执行，显示了苏维埃政权的职能作用。也正是由于这些政策法令的贯彻执行，使得新生的苏维埃政权更加巩固和得以发展。

苏维埃建政伊始各方面都很不完备，但已有一整套机构，保证了政令畅通，而且在政权建设的诸方面中，把权力机关放在主导地位，体现了人民当家作主，维护了人民根本利益，这是十分可贵的。

1931 年 9 月，霍山开始大“肃反”。县委和县苏维埃政府被全盘换班改组，大批优秀干部被捕被杀，但由于广大人民出于对革命的忠诚和对党、苏维埃政权的信任，霍山苏维埃运动仍在发展，各项政策法令仍能贯彻执行，各项建设仍在进行，直到 1932 年 10 月红四方面军撤离鄂豫皖根据地。

（二）武装建设

霍山县苏维埃政权是在六霍起义中用枪杆子打出来的，它的巩固与发展，同样需要革命武装。霍山县委对革命武装建设始终很重视。六霍起义前，县委在领导发动农民进行以抗租、抗捐、抗税、抗伕、抗债及扒粮斗争中，以农民协会为基础，在东北乡、西镇、西乡等地普遍组织了赤卫队、敢死队、保卫队等秘密或半公开的农民武装组织。这些由贫苦农民组成的武装组织名称不一，武器低劣，一般以本乡为活动基地。在 1929 年的春荒和秋收斗争中起了重要作用，这是霍山县革命武装的雏形。

县委成立后，纷纷派共产党员打入国民党民团内部，相机掌握兵权。1929年5月，打入国民党内部担任诸佛庵民团团总的共产党员刘湃西与东北乡赤卫队里应外合，发动了诸佛庵兵变，揭开了武装斗争的序幕，使农民武装经受了一次很好的演练。

11月，六霍起义爆发，霍山各地农民武装组织全部公开，县委为了加强对革命武装的领导成立了军委会，军委书记由六安中心县委书记舒传贤兼任，下设组织、训练、枪械、交通各部及士兵委员会、游民无产阶级运动委员会。派党员到各游击队加强领导，及时纠正了农民武装中无政府状况和以暗杀为主要手段的“摸瓜”现象。以农民为主体的游击队、赤卫队是六霍起义的主力军，它们在起义中创建了不可磨灭的功勋。

西镇暴动后，霍山县委决定：“把所有的武装完全集中于西镇，一方面牵制敌人对西镇的进攻，一方面扩大西镇军事力量，准备在西镇建立根据地，训练红军。”六安中心县委第10次常委会还决定“把西镇的游击队编为安徽游击队第二纵队，把县委自己的枪支编为第一纵队”。1930年1月20日，六安中心县委在霍山的流波碰将独山、西镇、金家寨等地的游击队合编为中国工农红军第十一军第三十三师，师长徐百川，成立正式红军。全县赤卫军1200多人，每区都有1个大队，县里设县赤卫军指挥部，有正指挥1人，副指挥若干人。

1930年6月中旬，为贯彻李立三“左”倾路线，六霍两县于豪珠岭召开了党的联席会议，成立了“六霍暴动总指挥部”，制订了“六霍总暴动计划”，提出了“截断长江打到武汉过中秋”的口号，强调“一支枪也要集中到红军中去”，地方武装大量被编并。这是霍山的地方武装第二次编入正式红军——中央独立第一师。当时，凡有作战能力的游击队员、赤卫队员（包括武器）都集中到独立一师中去了，全县仍还有赤卫队组织，六霍两县有“赤卫队及游击队约万人”，县、区还成立了常备队。

9月中旬，红一军3个师及独立一师转移至豫南，皖西敌人趁我红军主力西调，乘虚而入。敌潘善斋旅及六霍地方反动武装600余人，又从颍上、寿县、合肥等地请来“红枪会”“黄枪会”匪众5000人，大举进犯苏区。我独立一师在麻埠、流波碰、抱儿山等地与敌苦战月余，终因该师组建不久，缺乏战斗经验，且武器低劣，无力担负起保卫苏区的任务，被迫转移，大片苏区沦入敌手。为保存革命力量，六安中心县委决定：由舒传贤率领六、霍干部、群众3000多人退至商南，霍山六区（闻家店）负责同志率赤卫队、党政机关和部分避难群众经漫水河去英山与独立二师取得联系。退至商城后，六安、霍山、商城县委独立一师负责人召开了联席会议，决定集中独立一师全部力量，配合各地赤卫队，打回皖西，为此，成立了六、英、霍行动委员会领导三县工作，随部队行动。

12 月初，红一军再克霍山县城，霍山淠河以西大片苏区又获恢复。月底，红一师与红二师部分兵力及霍山游击队在东西香火岭阻击敌四十六师一部，歼敌 3 个团，击溃 3 个团，毙、俘敌团长及以下官兵 3000 多人，缴长短枪 1700 余支，山炮 1 门，电台 1 部和迫击炮数门。

1931 年 1 月 20 日，六安中心县委召开皖西各县联席会议，会议根据鄂豫皖特委指示，成立皖西分特委，决定集中和统一各地方武装，成立特委军委会，指挥黎本益，辖商城、霍山、六安、霍邱 4 县赤卫军，并将原独立第一师改编为教导第二师，5 月 2 日，军委会麻埠会议决定将教导二师编入十二师，辖三十四团、三十六团。霍山县各地地方武装又活跃起来。5 月 5 日，皖西北军事委员会成立，着手“对各县赤卫军整理”，凡年满 18 至 35 周岁的男子，除地富分子及残废者外均编入赤卫军，任务是坚持生产，加强军事训练，积极协助红军作战，巩固苏区。5 月，在常备队的基础上成立了霍山赤卫军，司令王胜楷，政治委员肖青，辖 2 个团另 2 个独立营，有长短枪 200 多支。从赤卫军中挑选成立了 1 个霍山独立团，辖 3 个营，人枪千余，团长张滔。同时，各区、乡游击队、赤卫队组织纷纷恢复和壮大。

5 月 21 日，霍山县第二届苏维埃政府成立，为加强对革命武装的领导，将原赤卫委员会改为军事指挥部，主任俞昆白、袁仲由。各群众组织纷纷建立。

霍山独立团成立后，不仅在县内打击敌人、保卫苏区，而且多次配合红军作战，直接参加了著名的苏家埠战役。苏家埠战役胜利后，红军和皖西各县地方武装猛烈发展。兵源、武器、弹药得到了大量补充。地方游击队、赤卫队也得到扩充。

红二十五军长征后，留在皖西的还有一、二、三路游击师，其中三路游击师主要在霍山活动，师长高克文，有 200 多人枪。霍山的地方武装并入该师，后编入了红二十八军。红二十八军在高敬亭的率领下，在皖西坚持了极其艰苦的三年游击战争，直到抗战爆发编入新四军四支队。

由上可见，霍山党组织和苏维埃政府始终重视革命武装建设，积极组织地方游击队、赤卫军，成批向红军输送，成建制地编入红军。霍山先后有 1 万余人分别加入红四方面军和红二十五军，参加了举世瞩目的长征。霍山籍红军战士大多倒在了长征路上，为中国革命的发展作出了重要贡献。他们是老区人民的骄傲，值得我们永远崇敬和怀念。

（三）土地改革

霍山山多田少，土地集中于少数地主豪绅手中，东北乡土地占全县耕地近五成，大部分在地主手中，仅李鸿章的“积善堂”在该地就收租6000担。地主豪绅在封建土地制度的庇护下，对广大无地、少地农民进行残酷剥削，广大农民强烈要求推翻封建土地制度。

霍山县苏维埃政权建立后领导人民先后进行了3次土改。

第一次土改是1930年四五月间开始，历时3个多月，到是年8月结束。霍山县苏维埃政府成立后，根据六安中心县委《工作计划决议案》中关于“彻底执行土地政纲的任务”的指示精神，并根据六安第六区苏维埃代表大会通过的《土地政纲实施细则》的具体规定，编印了《土地问答》，在全县范围内进行了土地改革。这次土改，没收了豪绅、地主、反革命分子及祠堂、庙宇等一切公产、官地，对富农，则没收其“剩余之土地”。分配土地一般以乡或村为单位，由各地土地委员会（或土地委员）会同原农民协会或分支会发动群众将没收之土地分配给无地和少地的农民、愿耕种的工人等，对中农，不得侵犯其利益，“中农在别乡之土地，交给别乡的，本乡得以同量之土地分给中农，如无土地调换，则别乡不得分配”。分配土地，主要是以人口多少为标准，也有土地特少的地方以劳动力为标准，还规定“分配土地尽先分给革命死难家属”，一等田分给红军和烈属，二等田分给雇农贫农，对鳏、寡、孤、独、残疾及无力耕种者，也酌情分给适量土地，可雇人耕种或由当地负责管理或代耕。这些规定都比较切合霍山的实际情况，很受群众欢迎。在全县范围内迅速掀起了分田分地热潮。全县有近20万人分到了土地。6月后，虽有“左”倾思想的影响，提出消灭富农和建立集体农庄等口号，但由于不符合实际情况，干部有抵触情绪、群众坚决反对，因而对霍山县土改危害不大。

第二次土改是1931年2月。1930年5月2日，县城被国民党六安新编第五旅侵占，县苏维埃政府随红军转移，到8月，霍山大部分地区被敌占领，豪绅地主疯狂反攻倒算，收回全部分配的土地。1930年冬，红军反“围剿”胜利，霍山光复，各区、乡基层苏维埃政权迅速恢复，并开展土改斗争。农民同豪绅、地主斗争十分激烈，捉土豪、罚劣绅，没收其土地、财产重新分配给农民。

这次土改，除恢复了第一次土改成果外，并根据曾中生主持的鄂豫皖特委及皖西北特委的指示精神，结合当地实际情况，对第一次土改作了更完善的规定：一是改变了上次分配土地单纯按人口平均分地的标准，而是按人口和劳动力的标准来重新分配，并将森林山场都分配给农民，这样就能使得雇农、贫农多分得土地；二是缩小了分田范围。无力耕种的小商贩、手工业工人、革命职业家只分得二分之一的标准田、或不分田，并严格按照“除了红军士兵及为革命而残废的人任何人也不能采用代耕制”，减轻了农民的负担；三是纠正了个别地方把地主赶上山，把富农赶出门“左”的错误，实行了“给出路”政策。这些规定切合霍山实际，极易为群众接受，所以这次土改进行很顺利，没有影响春耕生产。

第三次土改是1931年7月间。1931年5月12日鄂豫皖中央分局成立，7月1日召开了鄂豫皖全区第二次工农兵代表（苏维埃）大会，会上颁布了《土地法令》。由于张国焘大力推行王明“左”倾错误路线，全盘否定皖西苏区的土改，强令推行一套极左的政策，如“地主不分田，富农分坏田”等，给鄂豫皖苏区土地革命造成很大损害，霍山也有影响。

7月23日，霍山县苏维埃政府土地委员会在诸佛庵召开了全县土地委员会议，贯彻鄂豫皖区苏维埃第二次代表大会精神，布置在全县范围内重新进行土改。皖西北特委书记王平章出席了会议。

会后，全县又进行了一次重新分配土地运动，这次土改的突出成绩是设立了红军公田制度，即每乡留路边好田一至五石作红军公田，由乡苏维埃政府组织耕种，收获物充作红军军粮。霍山、金寨等县展出的“红军公田”石碑就是这次土改留下的。由于张国焘推行王明极左路线的影响，发生将经济上有所节余的中农上升为富农，将富农上升为地主，没收所有剩余土地重新分配的现象，严重侵犯了中农利益，地主被扫地出门，富农上山开荒谋生，统统不给出路，造成树敌过多，有财产的人，有的公开投敌，有的逃往白区。同时，在雇农、贫农中也产生不良影响。一度造成雇农不要田、贫农怕多分田，致使一部分田地荒芜，究其原因是雇农、贫农怕多分了田成为地主、富农，成为革命的对象。但由于霍山干部的抵制，广大农民的反对，错误路线贯彻得不彻底，对土改有影响，但危害不大。这次重新分配土地运动一直持续到年底。

霍山县三次土改，摧毁了封建土地制度，解放了生产力，极大地调动了广大农民的劳动积极性。通过土改，广大农民得到了实际利益，更加拥护苏维埃政权和红军，青壮年农民一批批踊跃参军、参战，广大农民为筹集军粮、军饷作出了巨大贡献，这对巩固、发展苏维埃政权，壮大红军起了巨大作用。

（四）经济、文化建设

霍山县苏维埃政权建立后，国民党反动派在残酷“围剿”的同时，对苏区实行严密的经济封锁，粮食、食盐、布匹等一些必要的生活日用品严重匮乏。针对这一严重的经济形势，县苏维埃政府在进行土地改革的同时，采取了一系列鼓励生产、鼓励贸易的政策。

土地改革，极大地调动了广大农民劳动积极性，苏维埃政府又废除了过去多如牛毛的苛捐杂税和高利贷制度，实行统一累进税，五石田以下的雇、贫农免税，“牺牲的红色战士家属完全免税”。农民遇自然灾害，耕牛、农具缺乏者亦免税或减税，并由苏维埃政府帮助解决农具、种子等问题。这样就将税收的大部分加在富农身上，减轻了雇、贫农的负担，保护了农村中占绝大多数的雇、贫、中农利益，有利于农业生产的发展。

苏维埃政府还规定："不让苏区土地有一寸荒芜"，尽快恢复山区纸棚、铁厂、锅棚，并放宽政策，允许个人经营。为了发展苏区贸易，对商人实行"保护中小商人的利益"的政策（后又改为"中小商人营业自由"），允许白区商人到苏区做生意，发给出入苏区的通行证，保证其合法利益和人身安全，并免税或少征税。此外，利用没收地主豪绅的物资或采用群众集资办起了经济合作社。霍山县苏维埃政府在燕子河办起了县经济合作社，在道士冲、清铺沟等地都办有区、乡经济合作社。通过各种渠道，与白区商人做生意，曾先后到济南、安庆推销茶叶，购回粮食、食盐、棉布、药品等苏区奇缺物品，并为苏维埃政权积累了资金。这一系列政策和措施实行的结果，使得霍山大量积存的木、竹、茶叶得以售出，粮食、食盐、布区、药品等得以通过各种方式输入苏区，除诸佛庵、流波
䃥等较大集镇，在苏维埃政权巩固期间，贸易都较活跃，而大量的、经常的贸易则是在赤白交界的地区通过各种渠道，秘密进行的，这对解决苏区物资困难、打破敌人的经济封锁起了很大作用。

为了筹集资金和发展经济，1931 年 5 月，鄂豫皖区和皖西北特区苏维埃政府各设立一个银行，发行纸币，在苏区流通。对白区来的国民党的交通银行、中央银行发行的纸币，一概九六折扣，同时限制银元流出。

霍山苏区祖祖辈辈被剥夺了受教育权利、饱尝无文化之苦的广大贫苦农民，在政治上、经济上翻了身，对学文化受教育的要求更加迫切。1931 年 5 月，中共皖西北道委会翻印鄂豫皖军区总政治部颁布的《农民斗争纲领》中，就有"普及农村教育，提高群众文化程度"的内容。当时在霍山苏区发展最迅速、最普遍的是各级列宁小学。县苏维埃政府文化委员会在诸佛庵办了一所列宁模范小学，此外，在桃源河、石家河、漫水河、闻家店等较大集镇也有列宁模范小学。各乡、村普遍设立或以原农村私塾更名的列宁小学。列宁小学"撤退不良教师，编印课本，废除旧的书籍"，霍山县苏维埃政府自己培养教师，办了一所师资训练所和一所女子识字速成学校，六区也曾办过师资训练所和女子识字速成班。到 1932 年春，霍山全县乡乡都办起了列宁小学，六区（闻家店）有 61 个村，村村都有列宁小学。列宁小学成为霍山苏区最具有代表性的教育形式，并在其推动下，整个苏区出现了多种办学形式，工农识字班、妇女速成识字班、农民夜校等如雨后春笋，蓬勃发展。翻身农民"男的、女的、老的、少的，入学非常拥护"，学习热情甚高，掀起了前所未有的文化高潮。

此外，苏区的文化、卫生等事业也有所发展，霍山县苏维埃政府办有《雪花报》、列宁室、俱乐部等，还设有一所红军医院，五区（道士冲）苏维埃还办了

一所赤光药社。

霍山县苏维埃政府在其存在的2年零7个月的时间里，在国民党反动派多次疯狂“围剿”的艰苦条件下，顶住极左错误路线的干扰破坏，紧密依靠全县人民，创建并巩固了完全新型的革命政权，贯彻执行了一系列代表工农利益的政策法令。组织了革命武装，开展了土改，进行了经济、文化等各方面建设，做了大量工作，显示了工农专政的威力，这对巩固和发展皖西革命根据地、支援红军作战、改善苏区广大人民群众的生活等都起了巨大的作用。

霍山县苏维埃政府的成立，是霍山党组织走农村包围城市、武装夺取政权道路的探索和尝试，扩大了党的影响。

霍山县苏维埃政府进行的政权建设、武装建设、土地改革、经济建设、文化建设等各项建设，为抗日战争、解放战争时期根据地建设提供了丰富的历史经验。

霍山县苏维埃政府领导全县人民开展了轰轰烈烈的土地革命斗争，创建了皖西革命根据地，坚持斗争达2年零10个月之久，在进行苏区各项建设过程中所形成的“坚定信念，艰苦奋斗，勇于奉献，求实创新”为核心内容的苏区精神，是我们克服困难、胜利前进的巨大动力和宝贵财富。

霍山县苏维埃政府的成立是安徽革命斗争史上的一件大事，在安徽革命史上占有极其重要的地位，把霍山乃至大别山区党的建设、地方政权建设和革命武装斗争推向了新阶段，值得我们永远牢记。

坚守与担当：红二十八军在三年游击战争中的历史贡献

河南省信阳市委党史研究室　祝辉

1934年11月，中共鄂豫皖省委率领红二十五军开始长征后，根据鄂豫皖省委第十四次会议的决定，鄂豫皖省委常委兼皖西北道委书记高敬亭重新组建了红二十八军。在与党中央和鄂豫皖省委失去联系的情况下，高敬亭率领红二十八军和红军游击队在大别山区，从实际出发，采取正确的政策和策略，运用灵活机动的战略战术，挫败国民党军的多次“清剿”，在极其艰苦的条件下，独立自主地坚持了三年游击战争，使大别山始终火种不灭，并且为中国革命保存了一支淬火成钢的雄师劲旅，红二十八军在以大别山为中心的鄂豫皖边坚持的三年游击战争，是大别山革命斗争史的重要组成部分，在中国革命战争史上占有重要的历史地位。它保存了革命骨干力量和战略支点，扩大了党在大别山的政治影响，为党在抗日战争和解放战争时期在大别山开展革命战争奠定了基础。

一、红二十八军开辟了南方三年游击战争时期最大的游击区

1934年8月下旬，红一方面军第二十二师师长程子华奉中革军委副主席周恩来之命，来到鄂豫皖革命根据地，传达了红军主力实行战略转移，建立新根据地的指示。11月16日，中共鄂豫皖省委根据中央的指示，率领红二十五军从河南罗山县何家冲出发，实施战略转移。由于中共鄂豫皖省委常委兼皖西北道委书记高敬亭没有参加省委会议，省委临行前指示由鄂东北道委派人寻找高敬亭，传达省委会议精神，并责成高敬亭组织鄂豫皖边区党的新的领导机构，以红八十二师为基础，加上地方武装，重建红二十八军，在鄂豫皖边区坚持游击战争和进行秘密工作。

在皖西活动的高敬亭，并不知道省委已率领红二十五军长征。1935年2月1

日，方永乐、徐成基率领鄂东北独立团在立煌县抱儿山与高敬亭会合，向他传达了鄂豫皖省委的指示。2月3日，高敬亭率部队到太湖县凉亭坳，在这里主持召开了干部会议。会议根据省委的指示，决定重新组建红二十八军，由高敬亭任政治委员（未设军长）。由于中共鄂豫皖省委已随红二十五军长征，会议决定由红二十八军政治委员高敬亭统一领导鄂豫皖边区的党政军全面工作。

红二十八军成立后，活动的区域主要是在皖西的舒城、霍山、潜山、英山、太湖等县。国民党军队对红二十八军的活动非常惊恐，急调重兵进行“驻剿”和“追剿”，企图在两个月内消灭红二十八军。面临国民党军的围攻，高敬亭于5月7日召开会议，决定红二十八军离开鄂豫皖边区，西进河南桐柏山区，寻找红二十五军。22日，红二十八军越过平汉路离开鄂豫皖边区，经湖北应山、随县和河南桐柏县，于28日抵达泌阳五道岭。在这里得知红二十五军在陕南活动的消息后，高敬亭召开营以上干部会议，决定到陕南区找红二十五军。29日，部队刚出发，就面临前面有东北军堵截，后有敌人追兵的情况。高敬亭再次召开营以上干部会议，讨论部队行动方向。会上，大多数干部认为：省委给红二十八军的任务是坚持鄂豫皖边区游击战争，保存和发展大别山区的革命力量。会议决定红二十八军重返鄂豫皖边区。6月初，红二十八军东返，途中在随县桃花山、光山县王园、麻城县段水山连战皆捷，歼敌1000余人，坚定了广大干部、战士坚持在大别山区进行革命斗争的信心。

7月2日，红二十八军回到皖西。此后，红二十八军和鄂豫皖边的地方武装，先后活动在湖北的黄梅、蕲春、浠水、黄冈、广济（今武穴市）、麻城、黄安（今红安）、黄陂、英山、罗田、孝感、礼山（今大悟），河南的光山、经扶（今新县）、罗山、信阳、商城、固始、潢川等县，安徽的六安、霍山、舒城、潜山、太湖、宿松、岳西、立煌（今金寨）、霍邱等县。很明显，红二十八军及其地方武装利用大别山的特殊地理条件，其活动区域几乎覆盖了鄂豫皖革命根据地的主要区域。1937年12月，中共中央政治局会议高度评价了南方各游击区的历史贡献，指出：“南方各游击区的同志在主力红军离开南方后，在极艰苦的条件下，长期坚持了英勇的游击战争，基本上正确地执行了党的路线，完成了党所给予他们的任务。以致能够保存各游击区在今天成为中国人民反日抗战的重要支点。”[①] 鄂豫皖边游击区，是红二十八军及其地方党组织和武装经过血与火的不懈斗争，为中国全民族抗战留下的一块极为重要的战略支点。

全国抗战爆发后，党领导的南方红军游击队改编为新四军，由湘鄂赣边游击区、湘赣边、赣粤边、皖浙赣边、湘南游击区的红军游击队编为第一支队，下辖

① 中央档案馆编：《中共中央文件选集》第十一册，中共中央党校出版社1991年版，第403页。

第一、第二两个团，全支队 2366 人；由活动在闽西、闽粤赣边、闽赣边和浙南游击区的红军游击队组成第二支队，下辖第三、第四团，全支队 1800 余人；由原活动在闽北、闽东游击区的红军游击队编为第三支队，下辖第五、第六团，全支队共 2100 余人。由鄂豫皖边的红二十八军和鄂豫边游击区红军游击队编为第四支队，下辖第七、第八、第九团和手枪团，全支队共 3100 余人。很明显，在新四军四个支队中，前三个支队都是下辖两个团，第四支队则下辖四个团，人数也是最多的。据有关资料，大别山游击区的红二十八军、地方武装和便衣队在编入新四军第四支队时为 1800 余人，同第二支队的人数相当。通过这些数字可以看出，大别山游击区对中国抗战劲旅新四军的建立作出的贡献是不言而喻的。

二、鄂豫皖游击区党组织建设成效显著

在艰苦的三年游击战争中，鄂豫皖游击区党的建设不断加强。中共鄂豫皖省委率领红二十五军长征后，省委常委兼皖西北道委书记高敬亭留在根据地坚持斗争。中共鄂豫皖省委转移前的决议，由高敬亭组建鄂豫皖边新的党的领导机构。红二十八军重建后，高敬亭以政治委员身份统一领导鄂豫皖边党政军全面工作，使边区有了统一的领导，为边区革命形势的稳定奠定了组织基础，从而开启了边区斗争的新的历史阶段。在此期间，高敬亭往返于边区各地，投入很大的精力恢复整顿各地党组织，建立各级党的领导机构，成为各地区坚持游击战争的领导核心。

红二十八军始终坚持了政治委员制度，军、师、团、营都有政治委员，连队有党支部，由政治指导员任支部书记。初期还成立了师政治部，下设负责党务工作的专职党委书记和组织、宣传、民运科及少共团委。部队以营为单位分散活动时，政治部人员也分散随各营行动。党的领导和强有力的政治工作，使红二十八军始终保持了旺盛的斗志、坚定的信念和严格的纪律。

在鄂东北地区，由于中共鄂东北道委主要负责人随红二十五军长征，原鄂东北道苏维埃政府主席王福明于 1934 年 11 月 17 日在河南省罗山县金竹林召开会议，调整充实中共鄂东北道委，由王福明任书记，道委常委由王福明、徐成基、何耀榜、吴光陆、罗厚福等五人组成。1935 年 2 月，由于叛徒出卖，王福明不幸被捕，英勇牺牲。此后，中共鄂东北道委书记先后由芦丛珠、罗作凡、陈守信担任。1937 年 5 月，陈守信由于“肃反”被错杀，高敬亭宣布由胡继亭担任中共鄂东北道委书记。在胡继亭没有到任前，由吴先元主持道委工作。先后担任少共鄂东北道委书记的有方永乐、洪益万、刘赤南、张金台等。

中共鄂东北道委所属的党组织有：罗陂孝特委、新集县委、光山县委、红安

县委、麻城县委。

中共罗陂孝特委是于1934年9月成立的，书记吴光陆。特委辖罗山县委（书记张家胜）、陂孝北县委（书记黄云先）、河口县委（书记董志新）。中共罗山县委有4个区委，每个区委领导一个或数个便衣队。1935年3月，中共陂孝北县委、河口县委先后撤销，鄂东北道委将罗山县委改为中心县委，由道委直接领导。此后，特委没有下属的县区委，其所领导的便衣队直接开展活动。

由于敌人的摧残，属于鄂豫皖老苏区的光麻地区，各级党组织受到严重破坏，中共麻城县委、新集县委先后撤销。1935年2月，以中共光山县委为基础，组建光麻中心县委，张宗杏任书记。随后，中共光麻中心县委迁回经扶（今新县）以东的周河一带。1935年秋，张宗杏调回鄂东北道委，由芦祖应接任光麻中心县委书记。同年冬，芦祖应被“肃反”错杀，由罗厚福接任光麻中心县委书记。这一时期，中共光麻中心县委先后恢复了夏青区、砖桥区、八里区和麻城乘马区等区委。1936年2月，中共鄂东北道委派何耀榜、黄宏儒到光麻地区，将光麻中心县委改组为光麻特委，何耀榜任书记，黄宏儒任副书记。经过整顿，中共光麻特委下属的区委有：光山南区、夏青区、砖桥区、八里区、河区、杨帆区、千斤区和麻城乘马区。1936年7月，何耀榜调皖西后，张家胜、张赐福先后接任特委书记。他们在“肃反”中被错杀后，由黄宏儒接任特委书记，直到国共合作。

1935年3月，中共罗山县委改为中心县委后，主要负责红安、罗山、光山三县交界一带山区的工作，因而也称红罗光中心县委，下属红安四区、罗山四区、光山南区。1936年7月，中共红罗光县委书记张家胜调任光麻特委书记后，吴昌夫任书记。1936年底，吴昌夫在“肃反”中被错杀，刘名榜接任红罗光中心县委书记，直到国共合作。刘名榜在坚持和巩固老苏区斗争中，作出了重要贡献。

中共红安县委下属3个区委，即三区、四区和五区。后来，四区和五区一度合并。中共红罗光中心县委成立后，四区划归其管辖。1935年6月，中共红安县委恢复了城区区委。先后担任中共红安县委书记的有江传芳、岳明芳、黄志新、吴昌夫、官楚印、郑维忠等。

在皖西北地区，中共皖西北道委书记原为高敬亭兼任，1935年2月，高敬亭决定成立中共皖西特委，由徐成基任书记，下属潜山县委，书记先后为叶朗清、刘汝聪；潜山工委，书记为吴云霞。直属高敬亭领导的有：赤城中心县委，书记石裕田；商南县委，书记先后为邱玉生、张泽礼。

到1936年5月，在鄂豫皖边区，属于高敬亭领导的党组织就有：皖鄂特委，由何耀榜任书记；商南县委，书记张泽礼；鄂东北道委，书记陈守信；黄冈中心县委，书记漆先廷。高敬亭通过这四个地区党的领导机构，发展武装，组织建立了许多地方部队和便衣队，使这些地区逐步成为坚持三年游击战争的重要支撑点和根据地。事实证明，鄂豫皖边区的党组织具有坚强的领导力，是经得起残酷斗争考验的，是鄂豫皖边区三年游击战争取得最后胜利的根本保证。

三、以大别山为中心的鄂豫皖边游击区具有鲜明的历史特点

（一）红二十八军是南方三年游击战争期间唯一保留下来的军级建制红军部队

三年游击战争中，红二十八军以灵活的战略战术，依托大别山区，与“清剿”鄂豫皖边游击区的国民党军队作战。红二十八军坚持了三年之久的游击战争，一直至 1937 年全国抗日战争爆发。其他游击区，有的是独立师、独立团，还有不少是游击队。只有鄂豫皖边游击区的部队是军级建制的红军部队，并且始终坚持了三年游击战争。

（二）鄂豫皖游击区是南方三年游击战争中游击区域最广阔的游击区

鄂豫皖游击区以大别山为中心，游击区域包括鄂、豫、皖三省的近 30 个县，曾一度扩大到 45 个县境的辽阔地域，是三年游击战争中游击区域最广阔的。其他游击区最多的十几个县，有的游击区只有几个县，甚至一两个县。所以说，鄂豫皖游击区是南方三年游击战争中游击区域最广阔的游击区。

（三）鄂豫皖游击区是南方三年游击战争中牵制敌人最多的游击区

鄂豫皖游击区先后挫败了国民党军 4 次大的“清剿”，牵制国民党正规军最多时达 68 个团，约 17 万人，歼敌 18 个营零 15 个连和大量反动民团武装，有力地在战略上配合了主力红军的长征和其他游击区的斗争。据统计，在三年游击战争时期，红二十八军先后与国民党军进行了大小数百次战斗，典型战例有 67 个，其中获大胜的 26 例，小胜 28 例，多次取得以弱胜强的胜利，可谓是创造了中外战争史上的奇迹。

（四）鄂豫皖游击区是南方三年游击战争保存力量最多的游击区

在国民党军的重兵“清剿”下，在艰苦卓绝的斗争中，鄂豫皖游击区造就了一批忠于党和人民、英勇善战的军政干部，锻炼出了一支打不散、拖不垮的红

军部队。南方三年游击战争结束时，鄂豫皖游击区保存下来的红军和游击队1800余人，后改编为新四军第四支队，全支队有3100多人（包括鄂豫边红军游击队改编的新四军第八团）。鄂豫皖游击区是南方三年游击战争保存力量最多的游击区。

四、红二十八军坚决执行党的抗日民族统一战线政策，服从改编，东进抗日

抗日战争全面爆发后，在大别山坚持了三年游击战争的红二十八军，在政委高敬亭的领导下，坚决执行党中央关于建立最广泛的抗日民族统一战线的方针，果断作出主动与国民党地方当局举行停战谈判的决定。1937年7月22日，鄂豫皖边区国共双方停战谈判正式开始。在谈判中，停战谈判虽然激烈，但最终均达成协议，并商定于28日在岳西县九河朱家大屋举行签字仪式。到10月下旬，红二十八军和鄂豫皖边区各地党组织及其所属的地方武装、便衣队，分别在黄安县七里坪、两道桥和礼山县宣化店、黄陂站集中完毕，共1800余人。在集中整训期间，部队还派出一部分干部战士与抗日救亡团体一起深入乡村，走上街头，掀起抗日救亡宣传的新高潮。经过广泛深入的宣传动员，许多爱国青年踊跃报名参军，广大群众积极开展拥军优属活动。

红二十八军在扩充新兵的同时，将地方游击队和便衣队编进，使全军在很短的时间里就发展到2000余人。10月2日，国共两党达成协议，将南方八省的红军和游击队改编为国民革命军新编第四军。12月，新四军军部在武汉成立。长江以北的红军和游击队改编为新四军第四支队，由高敬亭任司令员，1938年2月中旬，新四军第四支队正式编成。

红二十八军及各游击队集中后，由郑位三、肖望东、何伟等同志负责，在七里坪附近的福德乡秦家祠堂举办了有100多人参加的红军干部培训班，学员主要是红二十八军排以上干部，学习的课程有党的建设、抗日民族统一战线、游击战术和唯物辩证法等，在部队整训期间，中央先后又派聂鹤亭、郭树勋、方毅、彭康、戴季英等来到七里坪，充实红二十八军的领导力量。

1938年1月16日，叶剑英和吴克华、余立金等人从汉口来到七里坪，检查部队整训工作和东进抗日前的准备情况。叶剑英在视察过程中，和高敬亭仔细谈了抗日民族统一战线问题，分析了皖中、皖东地区的形势，具体部署了东进抗日、创建敌后根据地的任务。

1938年2月20日，四支队接到新四军军部东进的命令。3月1日，四支队

七团、九团和手枪团在高敬亭的率领下从七里坪出发东进。8 日，八团在信阳北部的邢集举行东征抗日誓师大会，罗炳辉代表长江局和周恩来副主席参加了誓师大会。次日，八团经信阳、商城，于 14 日在皖西流波疃同主力会师，不久，全支队即挺进皖中、皖东抗日前线，投入创建敌后抗日游击根据地的斗争，成为皖中、皖东地区的一支抗日主力军。

纵观鄂豫皖边区三年游击战争历史，可以得出这样的结论：鄂豫皖边游击区作为南方三年游击战争时期唯一一块位于长江以北的游击根据地，红二十八军和游击队在和中央、省委完全失去联系的情况下，紧紧依靠边区人民，不断加强部队和根据地党组织建设，使部队和根据地始终置于党的领导之下，不断取得反“围剿”斗争的胜利。不但牵制了大量国民党部队，支援了主力红军的战略转移，而且有力配合了南方其他根据地的游击战争，也为新四军成立以后东进抗日奠定了基础。